认知篇

完全图解 多动症（ADHD）儿童行为训练指南

—上册—

孙　瑾　刘大粼◎编著

天津出版传媒集团
天津科学技术出版社

图书在版编目（CIP）数据

完全图解多动症（ADHD）儿童行为训练指南 ： 上下册 / 孙瑾，刘大鄰编著 . -- 天津 ： 天津科学技术出版社，2025. 8. -- ISBN 978-7-5742-3313-3

Ⅰ. R748-64

中国国家版本馆 CIP 数据核字第 2025GR7235 号

完全图解多动症（ADHD）儿童行为训练指南（上下册）

WANQUANTUJIE DUODONGZHENG(ADHD) ERTONG XINGWEI XUNLIAN ZHINAN(SHANGXIACE)

责任编辑：马妍吉

责任印制：兰　毅

出　　版：天津出版传媒集团 / 天津科学技术出版社

地　　址：天津市西康路 35 号

邮　　编：300051

电　　话：（022）23332377

网　　址：www. tjkjcbs. com. cn

发　　行：新华书店经销

印　　刷：三河市兴达印务有限公司

开本 710×1000　1/16　印张 22　字数 281 000

2025 年 8 月第 1 版第 1 次印刷

定价：99.00 元

前言
Preface

在当今社会，儿童心理健康问题日益受到全社会的广泛关注。其中，注意力缺陷多动障碍（ADHD，即多动症）作为一种常见的儿童疾病，患病率呈逐年升高的趋势。多动症（ADHD）可能导致学习困难、人际关系紧张、情绪波动大、工作效率低，易冲动引发风险行为，长期可能影响自尊心和心理健康。因此，早期干预和科学治疗可显著改善这些症状。

鉴于此，我们编写了这本书。本书的编写基于大量的实证研究和临床经验，涵盖了各个年龄段儿童可能出现的心理和行为问题。书中重点介绍了多动症的病因、表现、评估与干预策略，还详细列举了常见的问题行为，如攻击性行为、焦虑、抑郁等，特别针对多动症进行了深入的探讨，以期为读者提供更具体和深入的指导。并且，本书还提供了相应的评估工具和干预策略，旨在帮助读者更好地理解多动症儿童行为背后的深层原因，并提供科学、有效的应对方法。

本书十分注重实用性和操作性。书中通过案例分析、行为

量表、问卷调查等多种形式，让读者能够将理论知识应用于实际情境中。此外，书中还特别强调了跨学科合作的重要性，鼓励家长、教师、心理学家、儿科医生等专业人士之间的沟通与合作，共同为多动症儿童的心理健康和行为发展提供支持。

总的来说，本书旨在为家长、教师以及相关从业人士提供一个全面、实用的指导工具，帮助他们识别、评估和应对儿童在成长过程中可能出现的多动症的心理和行为问题。我们相信，本书将成为家长和教育工作者在理解和应对多动症等儿童心理行为问题上的得力助手，帮助他们更好地引导孩子健康成长。

* 本书中所有涉及的药物用法仅限医学行业学术交流之用，不作为患者自行处置之用。相关病患者须谨遵医嘱。

目录 Contents

part 4 药物能够治愈多动症吗

part 5 哪些方法对治疗多动症真正有效

part 6 综合治疗：从个体到家庭的全面支持

附录

part 1

我的孩子怎么会患多动症

01 多动症的成因

1845 年，德国医生霍夫曼（Hoffman）在精神医学相关研究中，借助“坐立不安的菲利普”的故事，首次将儿童活动过度视为病态现象加以描述，打破了以往人们认为多动只是孩子顽皮的固有认知。但是，多动症属于行为问题的范畴，其与感冒、发烧这类具有明确检查指标的疾病存在本质差异。在区分正常行为与多动症相关行为时，人们常常难以有明确的界限，使得人类对多动症的理解和研究之路异常漫长。直至 2018 年，世界卫生组织的《国际疾病分类》第十一版（ICD-11）首次将多动症定义为“注意缺陷多动障碍”（Attention Deficit Hyperactivity Disorder，ADHD），并划分出注意缺陷型（I 型）、多动 / 冲动型（HI 型）和混合型（C 型）三种亚型（见图 1-1）。

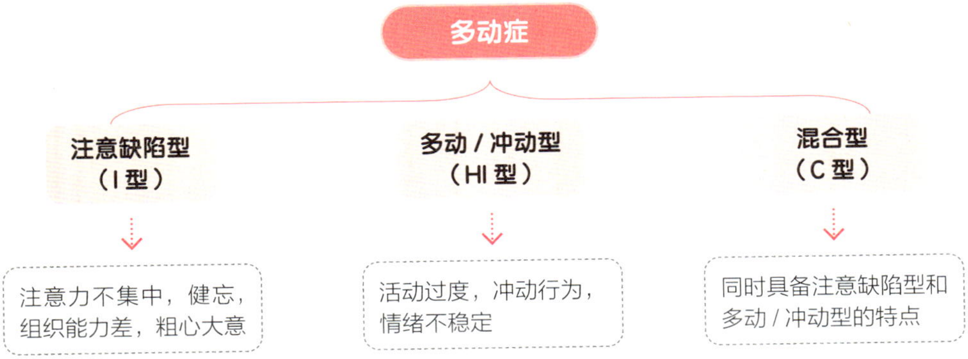

图 1-1　多动症的三种亚型

如今，多动症这一名称已被广泛接受和使用。不过，关于儿童多动症的成因，业界至今尚无定论。但是，随着众多研究的不断深入，逐渐达成了一项初步共识，即多动症并非由单一因素引起，而是多种因素相互作用、共同影响而引发的一种综合征。

遗传因素

多动症具有很高的遗传性，25% ～ 50% 的多动症病例有家族遗传史，存在明显的家族聚集性。

1. 家系研究

家系研究是确定儿童多动症是否遗传的一种方法。

目前普遍认为，遗传因素在多动症的发病机制中扮演着至关重要的角色。当多动症儿童的一级亲属（即生物学父母而非收养父母）中出现多动症症状时，其后代患多动症的相对风险将增加 2 ～ 8 倍。此外，双胞胎研究揭示了同卵双胞胎在多动症上的共病率高达 51.0%，而异卵双胞胎则为 33.0%，遗传度约为 61%，证实多动症存在家族遗传倾向。

2. 基因研究

目前分子遗传学研究显示与多动症相关的重点基因主要有多巴胺 D4 受体基因，多巴胺 D5 受体基因，多巴胺转运体基因（DAT1）等，这些基因可能通过影响大脑中的神经递质功能，从而使儿童出现多动症相关症状，需要强调的是，这些基因只是与多动症相关的候选基因，目前还无法准确定义多动症的确切基因。

大脑发育异常

迄今为止，很多科学研究都揭示了多动症儿童大脑中特定化学物质的改变，以及特定脑区活动的减弱、发育不成熟和体积缩小。大脑的额叶区域可能与儿童多动症的发生密切相关，这一区域通常被称为眼—额叶区，它通过神经纤维的众多连接通路与尾状核（纹状体的一部分）相连，而尾状核又与大脑深层的边缘系统相连接。这些大脑区域负责帮助个体抑制行为、维持注意力，并控制反应。它们同样能够调节和控制人的情感与动机，并协助个体使用语言（规则或指示语）来管理行为和规划未来。

1. 神经生化研究

儿童多动症的生化研究认为，儿童多动症可能与神经递质失衡，特别是去甲肾上腺素、多巴胺和 5- 羟色胺这三个系统的失调有关（见图 1-2）。此外，研究还指出，患有多动症的儿童可能同时存在兴奋性氨基酸（如谷氨酸 Glu 和天冬氨酸 Asp）与抑制性氨基酸（如 γ- 氨基丁酸 GABA 和甘氨酸 Gly）代谢的失衡。

图1-2　神经递质失衡引发多动症的原理

2. 脑结构与功能研究

随着磁共振成像（MRI）、正电子发射型计算机断层显像（PET）、功能性磁共振成像（fMRI）以及单光子发射计算机断层扫描（SPECT）等技术的成熟及其在多动症治疗中的应用，发现前额叶和纹状体区域的损伤与多动症的发病机制有关。通过磁共振成像进行的结构影像学研究，发现多动症儿童的大脑前额叶区域结构存在异常，这些异常主要表现为前额叶皮质和基底核轻微、独特的结构变化。具体来说，右侧前额叶皮质、尾状核和苍白球体积较小，胼胝体膝体积减小，顶叶和枕叶的白质减少，以及后小脑蚓体积缩小。功能影像学（包括 fMRI、PET 和 SPECT）的研究结果表明，多动症儿童的前额叶皮质和纹状体的基础活动水平降低，这些区域的损伤与多动症相应的行为症状有关。

进一步研究发现，以下四方面因素可能会对儿童脑部异常产生影响（见图 1–3）。

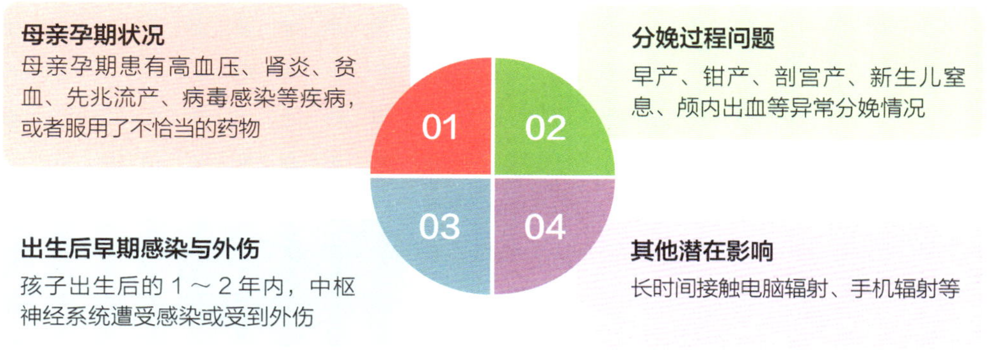

图 1–3　影响多动症儿童脑部异常的四大因素

饮食和铅中毒

在对多动症成因的探讨中，饮食因素备受关注。儿童食品中的调味剂、人工色素、防腐剂、膨化剂、香精、咖啡因、糖精等添加剂与多动症的成因虽无直接关联，但对多动症儿童的症状有一定影响。尤其是随着人们物质生活水平的提高，儿童接触饮料、糖果、冰激凌、香肠、罐头等休闲食品和方便食品的机会越来越多，家长应注意对此进行控制或鉴别。

值得注意的是，铁元素的缺乏可能会导致多巴胺受体功能障碍，从而诱发儿童出现易怒、不安、注意力分散和多动等行为问题。同时，铅中毒也是导致儿童多动症的一个因素。即便铅的摄入量未达到中毒水平，也可能诱发多动症。在现代社会，随着经济的高速发展，空气污染问题日益加剧，人们因吸入铅而中毒（见表 1–1）的风险也随之增加。例如，吸入汽车尾气、频繁接触油漆、塑料玩具及其他化学制品等。血液中的铅含量超过 100 微克 / 升时，就会抑制大脑组织中酶的活性，干扰神经递质的正常代谢，影响儿童的智力、记忆力、视觉运动和听觉运动的能力，导致其自控能力减弱。

表 1-1　儿童可能接触的含铅物品汇总

类别	具体物品	含铅原因	接触风险
学习用品	彩色铅笔和蜡笔	颜料可能含铅	使用中啃咬，铅进入体内
	涂改液	劣质涂改液含铅等重金属	打开使用时，挥发气体被吸入体内
	课桌椅和教具	油漆质量不佳或材质不合格，涂层含铅	经常接触，通过手口途径摄入
玩具	彩色涂料玩具	表面彩色涂料含铅	玩耍时通过皮肤或手口接触进入体内
	含铅合金玩具	使用含铅量超标的材料	玩耍时接触，可能摄入
	传统工艺玩具	制作使用含铅颜料或材料	接触玩耍，可能摄入
生活用品	餐具	陶瓷餐具釉彩含铅，遇酸性食物或饮料易溶出	盛放食物时，铅溶出被儿童摄入
	化妆品	部分成人化妆品含铅	儿童接触后误食
	钥匙	通常含有一定量的铅	玩耍后不洗手吃东西，摄入铅
环境相关物品	汽车尾气	尾气含铅	在交通繁忙处吸入含铅空气
	油漆和涂料	老旧油漆含铅，老化剥落产生含铅碎屑和灰尘	接触剥落物或吸入灰尘
	土壤和灰尘	工业污染区或老旧城区，含铅量高	户外活动时，手接触后放入口中
食物	松花蛋	传统工艺制作可能使用含铅物质	食用时摄入
	爆米花	传统爆米花机含铅，加工时铅进入爆米花	食用时摄入
	罐头食品	焊接处可能含铅	长期大量食用，增加摄入风险

家庭和社会因素

尽管家庭和社会因素并非多动症的直接诱因，且它们单独存在时通常不足以引发多动症，但这些因素一旦出现，便会对多动症儿童产生不良影响。

在家庭因素方面，多动症的发生与家庭环境不佳或家长的不合理教养有一定关系（见图 1–4）。

01 父母育儿经验匮乏，缺乏有效的沟通和统一的教育理念，导致孩子在矛盾的教育环境中无所适从

02 父母对孩子的陪伴与关注缺失

03 父母的教育方式简单粗暴，甚至在身体和精神方面虐待孩子

04 父母对孩子期望过高，实行严格管控，导致孩子心理压力过大，或者父母对孩子过度溺爱，使孩子养成自私自利、以自我为中心的性格

05 家庭成员之间的关系不和谐，或家庭遭遇重大变故

图 1–4　影响多动症的家庭因素

在社会因素方面，探讨多动症的成因时，学校和其他社会因素的影响也不容小觑（见图 1–5）。

- 学校过度关注分数，忽略学生的心理健康状况
- 教师的教育方法单一或缺乏耐心，导致学校氛围沉闷或压抑
- 学校的教育使孩子丧失学习兴趣，却承受着沉重的学习压力

- 电影、电视、游戏中充斥着暴力场景、不良价值观等内容
- 多种复杂的社会现象，共同作用于儿童的成长过程，对儿童的心理健康造成了影响
- 人们的世界观、人生观和价值观在时代变迁中发生改变，社会道德规范对人们行为的约束作用减弱

图 1–5　影响多动症的社会因素

02 多动症儿童的行为特征

多动症是儿童期较为常见的一类行为问题，主要表现为注意力不集中、活动过度和冲动行为，同时可伴发非智力因素导致的学习成绩低下、情绪、社交、生活等问题，其发病年龄多为学龄前期，若不及时治疗，部分症状可延续至成年，严重影响个人的学习和生活。

活动过度

多动症儿童的一个主要特征是活动过度，他们的精力十分旺盛，活动水平和行为动作远超出正常儿童或成人的预期，对睡眠的要求非常少。即便是在需要维持秩序的场合，他们依然处于活跃状态。部分儿童从婴儿期，甚至在胎儿期就开始有过度活动的表现，如孕期胎动较为频繁。多动症儿童的活动往往是任意的、无组织的、缺乏目标的，这与正常儿童有目标的活动对比存在明显的差异。通常，多动症儿童的活动过度主要表现为三个特点（见图 1–6）。

跨场合的稳定性

- 多动行为并不局限于家庭或学校，即使在别人家做客、于公共场合看电影、前往医院就诊等场合，多动症儿童依然会表现出活动过度，难以保持安静的状态

时间的持续性

- 多动行为从胎儿期持续到青少年期，甚至持续至成年
- 一天中的不同时段，多动症儿童都活动过度，严重者甚至睡眠期间也会活动过度

不能自我控制

- 无论在何种场合，多动症儿童都难以控制自己的多动行为，即使意识到自己的行为不妥，他们也难以凭借自身的意志进行自我约束与纠正。同样，他们也难以接受环境的约束，对家长、老师的说教、批评等往往反应淡漠

图 1–6　多动症儿童活动过度的主要特点

需注意的是，在多动症群体中，约四分之一的儿童没有显著的多动症状，他们相对安静，尤其是女孩。这些孩子看似安静，也鲜少有小动作，容易被忽视，因此大家注意鉴别。一般来说，多动症儿童活动过度的症状在上学后会有所缓和，到青少年时期，这种情况可能大幅减少，只有极少数孩子在成年后依旧存在这种问题。

注意不集中

注意力不集中是多动症儿童的另一大主要特征，注意分为有意注意（认真听老师讲课）和无意注意（不由自主地被突然响起的巨响吸引），多动症儿童的注意力不集中主要特点是主动注意存在障碍，被动注意增强，具体表现为以下两点。

1. 易被无关刺激吸引，缺乏抗干扰能力

多动症儿童往往缺乏有效过滤无关刺激的能力，对各类刺激都会产生反应。这就使得他们在课堂上难以全程专注地听讲，做作业时也无法一心一意，总是同时被多种事物吸引，注意力容易分散（见图 1–7）。无论是视觉方面的一闪而过，还是听觉方面的细微声响，都能轻而易举地干扰他们，使他们注意力分散。此类儿童在学校是比较容易识别的。

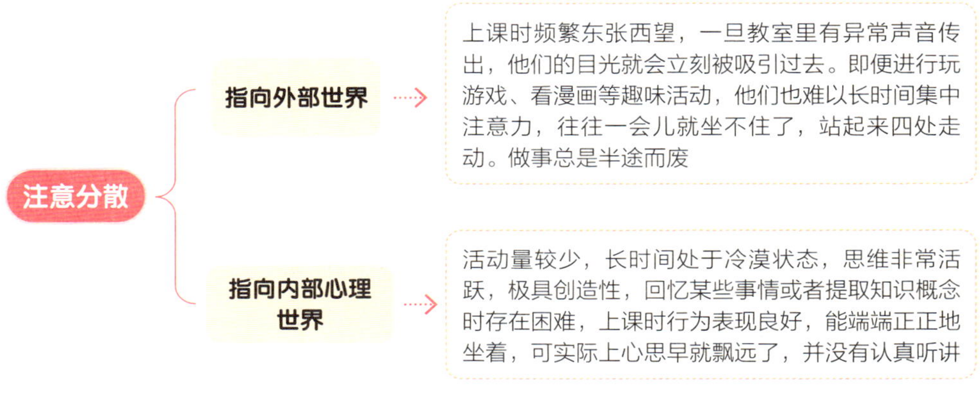

图 1–7　多动症儿童注意力分散的主要表现

2. 注意范围狭窄，注意的分配和转换困难

正常儿童能较好地进行注意分配，做作业时多感官协调配合。而多动症儿童在注意分配上存在问题，常花费更少时间专注于被要求做的事。例如，在课堂上，老师要求边听讲边做笔记，正常儿童能有序兼顾二者，但多动症儿童往往顾此失彼，笔记杂乱无章，关键知识点也遗漏大半。

任性冲动

任性冲动，一般是指多动症儿童在情况不明朗、信息不完整的情况下引发的快速、随便、非合理的行为反应，表现为情绪不稳定、行为冲动、自控力差。多动症儿童常和其他儿童吵架、打架，脾气喜怒无常，让同学、伙伴感到害怕、讨厌，所以这类儿童通常难以融入集体。长此以往，多动症儿童还会滋生反抗心理，引发伤人、自伤行为，甚至酿成大祸。多动症儿童的任性冲动主要有以下两个方面的特点。

1. 盲目冲动、有破坏性、不计后果

多动症儿童的行为往往鲁莽、冲动，做事情往往不计后果。其具体内容如图 1–8 所示。

图 1–8　多动症儿童盲目冲动的常见表现

2. 情绪不稳定、自控力差

这类儿童情绪起伏很大，集体活动里也很难遵守纪律。开心时，兴奋得手舞足蹈，让人费解；不开心时，大喊大叫，还可能咬人、踢人或伤害自己；对于感兴趣的事，他们会过度兴奋；可一旦受挫，马上发怒、哭闹。

学习困难

一般来说，多动症儿童的智力水平大多都在正常范围。他们在学习上遇到的挑战与智力低下所致的学习困难有着本质区别。引发多动症儿童学习困难的原因一般有以下几四种。

1. 注意分散

多动症儿童往往难以集中注意力，导致他们在课堂上难以专心听讲，容易遗漏重要的内容，从而对知识的理解停留在表层，学习上常常面临挑战。

2. 多动

在课堂上，多动症儿童通常表现出坐立不安，频繁地四处张望，以及做小动作等过度活跃行为，导致他们难以集中注意力听讲，进而知识掌握得缓慢。

3. 冲动任性

多动症儿童常表现出高度的冲动行为，缺乏对事物的深思熟虑。这使得他们在学习过程中一旦遭遇挑战，便可能缺乏耐心去应对，严重情况下甚至会选择逃避学习。

4. 学习能力障碍

（1）在记忆方面，多动症儿童具有如下四点表现（见图 1–9）。

（2）部分多动症儿童还存在其他学习功能缺陷，其主要包括以下五点（见图 1–10）。

识记速度慢，保持时间短，易遗忘，再认不准确、不稳定

对材料的选择、加工和分类能力弱

课堂上背不会平常能背的课文，考试时用不上平时记住的公式

数字计算题尚可，应用题就难以理解；背诵课文原文还行，复述段落大意时却抓不住重点

图 1-9　多动症儿童记忆方面困难的表现

视觉运动障碍：例如，在临摹图画时，画面布局显得杂乱无章，无法按照原图的结构进行排列，书写文字时字迹潦草

听觉辨识障碍：难以区分音节，无法将听到的语音组合成词汇或句子

认知障碍：难以区分方向、颜色、地点等

朗读障碍：容易读错字，如将 89 读成 98，或将“开花”读成“花开”

考试时“晕场”：即使平时能够回答的问题，在考试时也会全部忘记，导致成绩明显下降，表现出显著的学习困难

图 1-10　多动症儿童存在的学习功能缺陷

言语障碍

部分多动症儿童存在言语障碍问题，其主要体现在两个方面（见图 1-11）。

语言发育迟缓，产生表达性和感受性语言障碍

口头语言发育程度明显低于正常儿童，开口说话较晚，有的到 2 岁还不会说单词句。日常生活中，表达自身的想法和理解他人的意思都存在困难

特定性言语异常，像发音异常与口吃

发 l、m、n、j、q、zh、ch、sh、s、z、c 这些音时出错，言语节律异常，具体体现为字音、字词多次重复、不合理拉长发音以及出现异常停顿等情况

图 1–11　多动症儿童语言障碍的表现

其他特征

多数多动症儿童体貌特征正常，但也有部分多动症儿童存在以下不同的表现（见图 1–12）。

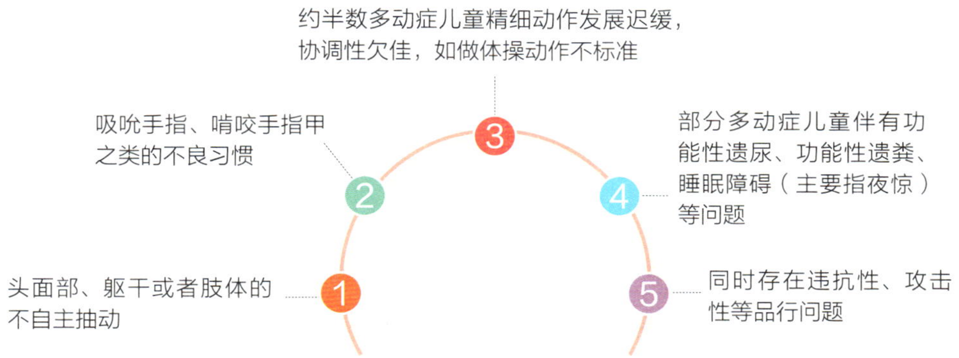

图 1–12　多动症儿童其他特征的表现

综上，多动症儿童的行为问题呈现出多样化、复杂且难以预测的特点，这无疑给康复指导工作带来了困难。在注意缺陷、多动及冲动等方面，每个儿童的具体表现都各不相同。因此，唯有依据每个儿童的独特情况，制定并实施针对性强的康复治疗方案和干预训练，配合家庭、学校和社会的力量，才有可能收到理想的康复效果。

03 多动症的认知误区

误区1：多动症是个性使然，不是脑部发育问题

目前，尽管多动症的成因尚不明确，但大量研究已经表明，多动症属于神经发育障碍的范畴。遗传因素和脑部神经发育异常是其主要致病因素。与同龄儿童相比，患有多动症的儿童在行为和情绪方面都表现出显著的异常。

误区2：多动症跟心理疾病无关

越来越多的研究与临床实践表明，多动症与心理疾病之间存在着紧密的关联。

从症状表现来看，儿童多动症可合并多种心理上的障碍（见图1–13），许多心理疾病也存在注意障碍的问题，在临床诊断上极易混淆，需仔细鉴别。

01

性格内向的多动症儿童，可表现出焦虑、抑郁等症状，这与焦虑障碍和抑郁障碍等心理疾病的症状有相似之处

02

孤独症谱系障碍和其他精神障碍，如适应障碍、行为障碍、躁狂症、思维障碍、强迫症等，与多动症的临床表现有交叉之处

图1–13 儿童多动症合并其他心理疾病

从中医理论角度来看，神被视为人体脏腑功能活动的外在表现，而心理活动则源于脏腑精气的转化。心脏主导的心理活动需要五脏分藏五神协同合作来实

现。儿童多动症的典型症状表现为五神失调（见图 1–14），表明多动症是一种神志方面的病变，与心理活动有着密切的联系。中医的形神辩证统一观，即“形具神生”和“神为形主”，构成了心身并治的理论基础。因此，对于多动症的治疗，中医采取心身并治的方法，亦即“意疗”。这进一步说明了多动症与心理疾病的关联性，强调多动症的治疗必须从心理和生理两个层面同时着手，才能获得更佳的疗效。

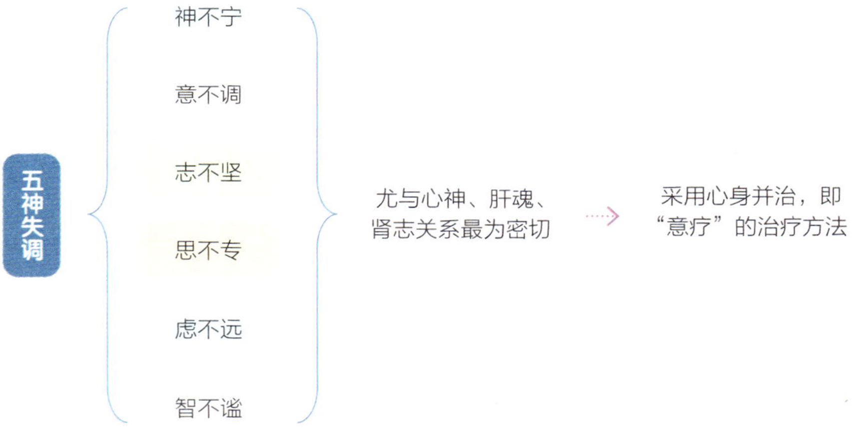

图 1–14　从中医视角看多动症的病因

误区 3：孩子不爱学习，做事情也不上心，只是因为懒

儿童对学习缺乏兴趣、对待事务不专注，并不一定是因为懒惰，有可能是多动症的表现。

注意力分散是多动症的一个主要症状，患有此症的儿童在集中注意力方面存在巨大挑战。多动症儿童学习困难的主要原因如图 1–15 所示。对于正常儿童来说，他们集中注意力 20 分钟可能不费吹灰之力，但是多动症儿童需要付出额外的努力与自己的大脑进行“斗争”。因此，我们不应轻易地给孩子贴上“懒惰”或“缺乏天赋”的标签，因为长期的否定性评价可能会对他们造成伤害。相反，较多的认可和表扬能够更有效地激励他们进步。

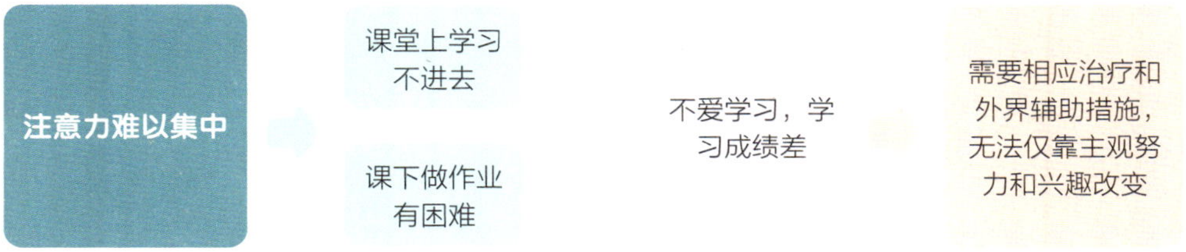

图 1-15　多动症儿童学习困难的原因分析

误区 4：孩子只是过于顽皮，不是多动症

判断儿童究竟是“顽皮”还是患有“多动症”，可以从以下四个维度进行辨别（见表 1-2）。

表 1-2　多动症儿童与顽皮儿童的不同表现

对比维度	顽皮儿童	多动症儿童
注意力维持时间	5～6 岁儿童注意力可维持 10～15 分钟；12 岁以上儿童注意力可维持超 30 分钟	注意力持续时间短于同龄儿童，无意注意亢进，易受周围事物影响而分心
规则性	在一定环境下能自我控制或自我约束	即使在不合适的场合也很难安静下来，无视规则，活动盲目
冲动性	对不愉快的刺激反应正常，做事前有一定的思考，不会频繁出现不计后果的行为	易冲动，对小事反应过度，做事不计后果，屡教不改，可能出现攻击行为
社会交往、学习、家庭功能方面	在社交上，顽皮可能使其成为受欢迎的孩子；在学习上，注意力集中，成绩受注意力影响较小；在家庭中，与家人相处融洽，较少因自身行为而引发矛盾	在社交上，情绪控制和社交易受挫，易被孤立；在学习上，注意力不集中，影响成绩或学习能力，高年级学习吃力；在家庭中，症状全天候显现，易与家人发生矛盾，导致家庭氛围紧张

误区 5：只有多动，才是多动症

儿童只有多动，才是多动症。这种理解是对多动症的片面认识。实际上，多动症不仅仅表现为多动，注意力不集中和任性冲动等也是其典型症状，有时这些症状甚至更为显著。

除此之外，还有一部分多动症儿童的行为相对内敛，表面上看没有典型的多动症状，只是偶尔会出现一些细微的动作。在课堂上，他们难以保持专注，眼神容易飘忽不定、思维容易受到外界干扰。这类被称为“安静型”多动症，往往很难被察觉。因此，很多家长和家长没有意识到孩子的这些行为是异常的，而是简单地将其视为“缺乏学习兴趣”或“态度问题”。这样很容易误导成人，导致这类儿童无法及时获得专业医生的诊断和治疗，从而错失了最佳的干预时机。

误区 6：多动症儿童长大后就会自愈

目前，学术界普遍认同，多动症是一种长期的慢性疾病，它会对儿童的一生产生影响。在学业、职业发展及社会交往等领域，多动症都可能带来广泛而消极的后果。研究显示，大约 70% 的多动症儿童的症状会持续到青春期，而 30% 的儿童会将症状延续至成年期。

诚然，一些多动症儿童在成长过程中表现出的多动行为会有所减少。但是，未经系统治疗，多动症的症状会随着年龄的增长而演变（见图 1–16）。实际上，疾病对这类儿童的影响，以及这类儿童的功能障碍并未消退，甚至可能带来更严重的后果。

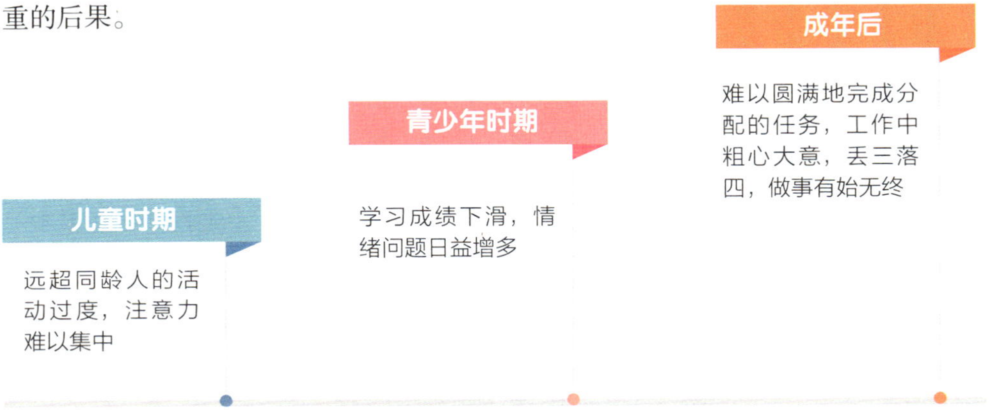

图 1–16　不同年龄段多动症的行为表现

04 多动症的影响

多动症是一种持续性的慢性疾病，其症状往往持续多年，甚至可能伴随一个人的一生。如今，尽管人们对多动症这一疾病已有一定程度的认识，但对其引发的深远影响和严重后果的认识十分有限。如果多动症儿童未能及时得到诊断和治疗，那么他们的病情会持续恶化。这样不仅会严重妨碍他们的学习进度，影响日常生活，还会给家庭带来沉重的负担，给学校的教育管理带来诸多挑战，甚至对社会的秩序和发展产生不良的影响。

对个人的影响

根据有关资料显示，多数多动症儿童在成年后的文化教育水平显著低于正常的同龄人。且多动症儿童在成年后的工作中表现得极度不负责任，人际交往困难，缺乏自信；还有的多动症儿童存在冲动行为、自大或自卑等情绪问题。同时，他们在社交活动中遇到问题的概率以及出现说谎、逃学、过失行为或青少年犯罪的比例，均显著高于正常的同龄人。

对家庭的影响

1. 家庭教养负担加重（见表 1-3）

表 1-3　多动症儿童的家庭教养负担

项目	具体说明
经济上	（1）在多动症诊断和治疗过程中，家庭需要大量资金的投入，无论是长期服用的药物，还是各种康复训练课程，抑或辗转多个医院，甚至前往不同城市求证和确诊，都需要持续消耗一个家庭的经济资源。

续表

项目	具体说明
经济上	（2）在教育方面，由于多动症儿童普遍成绩较差，家长通常需要聘请家庭教师，或送儿童到特殊教育学校，这些额外的教育支出，也会进一步加重家庭的经济压力
精力上	（1）在生活上，多动症儿童常伴有行动笨拙、协调性差等问题，行为莽撞易涉险，不听劝阻，如爬高处、摸危险物品等，家长需时刻紧盯，以防止多动症儿童发生骨折、触电等危险。 （2）有的多动症儿童睡眠紊乱，入睡难、易醒且醒后难再入睡，影响日常学习生活，需家长费心照料。 （3）在日常事务上，绝大多数多动症儿童完成简单任务，如早上起床等都需反复帮助、督导和提醒，即便知道时间紧迫，他们也需要家人反复催促，因此家长需不断投入精力。 （4）多动症儿童若同时存在情绪障碍、品行问题，还会表现出不听家长话，对立违抗，多嘴爱争吵，自私，占有欲强，动不动就大发脾气，在家人面前蛮横无理，要求即刻满足，甚至还易出现违反社会常规的行为。这样不仅影响家庭和睦，还需要家长花费大量精力去纠正引导。 （5）有时多动症儿童为了应对注意力不集中、学习成绩差，为了免受批评，常通过开玩笑、扮丑等方式逃避。此时，家长便需辨认其话语的真实性，还不宜当面揭穿，这也增加了家长的精力负担

2. 家庭心理负担加重（见图 1–17）

精神长期高度集中、紧张

多动症儿童自我约束能力差，行为冲动，难以自控，极具危险性和破坏性。家长需时刻留意孩子举动，以防不可控的局面出现，长期精神高度集中，易感到劳累、疲倦、烦躁，陷入紧张、担忧又无奈的情绪，可能出现身心问题或精神疾病

内部压力

面对多动症儿童，父母的教养方式易存在分歧，引发激烈冲突。即便教养方向一致，父母也会对另一方要求严苛，希望对方多对孩子负责，增加彼此的厌烦或嫌隙。若一方长期独自投入，压力倍增，则易抱怨另一方，导致双方的关系恶化

外部压力

多动症儿童行为问题多且难以管教，容易给他人带来麻烦，导致家庭遭受外界质疑、挑衅和排斥。其他家庭担心自家孩子受不良习惯影响，从而排挤、躲避多动症家庭，减少甚至断绝与其交往

图 1–17 多动症家庭的心理负担

对学校的影响

多动症儿童对学校的影响，主要如图 1–18 所示。

校园管理方面

常无视学校规章制度，频繁扰乱课堂秩序，带动同学打架斗殴、偷窃破坏等

校园教育方面

学习存在较大困难，常成绩下滑，考试不及格甚至被留级；课堂上，干扰其他同学的学习；教师不得不更留意多动症儿童，使得教师有限的精力被分散，难以保证教学效果达到预期

校园关系方面

多动症儿童性格冲动、行为任性，很难与同学、教师融洽相处；可能会顶撞教师，和同学发生肢体冲突；也可能因此被同学孤立

图 1–18　多动症儿童对学校的影响

对社会的影响

1. 社会秩序方面

患有多动症的儿童在游戏活动中往往缺乏耐心，常表现出插队、中途放弃等行为；他们容易进行危险活动，如攀爬高处、横穿马路、随意跳跃，这些行为容易扰乱公共秩序。同时，部分多动症儿童可能会表现出攻击性、对立违抗以及持续的反社会行为，这样不仅严重威胁周围人的财产和人身安全，还破坏了社会秩序的稳定。

2. 社会隐患方面

若未及时治疗，多动症儿童可能会因一系列行为表现而遭到周围人的忽视，甚至会遭遇暴力对待。在这样的环境中，他们难以产生归属感，对爱的需求也难以得到满足。这样会导致他们对家长、老师和学校抱有敌意，自身更容易产生心理问题，甚至出现品行障碍（conduct disorder，CD）。在严重的情况下，他们可能会对社会产生仇视情绪。

part 2

多动症要与七种疾病相区分

01 多动症与对立违抗性障碍的鉴别

对立违抗性障碍（Oppositional Defiant Disorder，简称 ODD），其常表现为儿童出现对抗、消极抵抗、易怒及报复等行为，在学龄期（求学阶段）儿童群体中尤为多见，其发展呈缓慢趋势。孩子一旦进入青春期，其对立违抗性障碍症状便会与逆反心理相互交织，致使症状愈发严重。

对立违抗性障碍的影响不容小觑，不仅全方位干扰儿童在学校的学习、家庭中的相处以及社会上的人际交往，还极易导致儿童学习困难、行为偏差，使得儿童自尊心低落，进而滋生更多情绪问题与人际交往障碍。对立违抗性障碍的主要特征如图 2-1 所示。

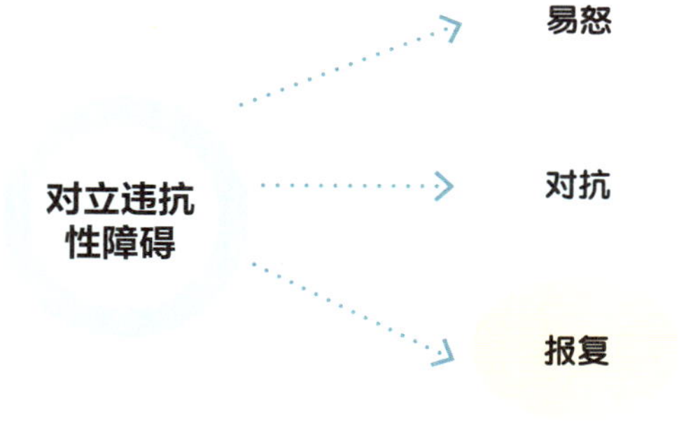

图 2-1　对立违抗性障碍的主要特征

对立违抗性障碍的病因（见图 2-2）

01 **情绪调控能力不足**

调节愤怒、敌意这类负面情绪时能力不足。一旦生活中遭遇不愉快的事情，他们往往借助发脾气、与人对抗或实施攻击行为来排解内心的负面情绪

02 **不当教育手段的反作用**

家长和教师往往采取提醒、责备、训诫、惩罚等方式面对多动症儿童的不良行为。当他们朝着目标努力的行为受到阻碍或被迫中断时，挫折感便会油然而生，而这种挫折感不仅无法让他们变得顺从，反而会引发他们出现高频率和激烈的违抗行为

03 **家庭环境的负面影响**

父母离婚、分居，家庭关系不和谐，教育理念和方法不一致，以及频繁打骂孩子，长此以往，多动症儿童的内心对父母和家庭充满了不满与敌视，这种负面情绪会通过对抗行为表现出来

图 2-2　对立违抗性障碍的病因

对立违抗性障碍的表现

1. 易怒的心

对立违抗性障碍儿童在童年早期常有腹痛、烦躁不安、爱发脾气等表现，照料者即便费尽心思哄劝、安慰，往往也徒劳无功。这类儿童通常情绪极易波动，爱发脾气，日常生活中表现得十分敏感，遇到一点小事就能触动其神经，容易被激怒，内心总是充斥着愤怒与怨恨。

2. 对抗、报复的情绪和行为

患有对立违抗性障碍的儿童经常与权威人士或成人辩论，主动挑战、拒绝遵守权威人士或规则的要求。他们有时会采取隐秘和被动的方式表达对权力的质疑和敌对情绪。例如，成人通常会对儿童在日常对话、用餐、睡眠、上厕所等方面施加管教。当这类儿童未能遵循这些要求时，成人可能会给予严厉的批评甚至惩罚。在这种情况下，这类儿童会采取一些特殊的方式来反抗，如进食或睡眠障碍、遗尿或遗粪，以及选择性缄默等。他们故意且频繁地反抗和挑衅父母、兄弟姐妹和老师。然而，他们内心深处也常常感到无助，自尊心严重受挫，觉得难以适应周围的一切。

对违抗性障碍儿童对抗、报复的情绪行为在不同阶段有不同的表现，如

图 2-3 所示。

01 学龄期（求学阶段）以前

愿望得不到满足时，可能会出现上述行为。但只要要求被满足，或者过一段时间，他们通常就能自然恢复正常

02 学龄期（求学阶段）

频繁地与教师、父母唱反调，拒不服从管教。往往为逃避批评和惩罚，将自己犯下的错误、造成的不良后果，统统归咎于他人，甚至会怀恨在心，找机会报复

图 2-3　对立违抗性障碍儿童对抗、报复的情绪和行为在不同阶段的表现

3. 学业及社会功能受损（见图 2-4）

学习方面：对学习不感兴趣，难于接受知识，学习成绩差，常以“忘记了”或“没听到”为借口而不做或晚交作业；伴有多动症的对立违抗性障碍儿童，学习困难的程度较单纯的对立违抗性障碍儿童更加严重

执行功能方面存在缺陷：缺乏目的性、计划性，做事情没有效率，没有上进心

社会功能受损：由于对立违抗性障碍儿童常烦扰、怨恨、敌视他人，自我评价低，与他人相处困难，社会适应不良，随着年龄的增长，可能合并或发展为焦虑障碍及情感性精神障碍，少数还可能发展为人格缺陷等

图 2-4　对立违抗性障碍儿童的学业及社会功能受损的表现

多动症与对立违抗性障碍的鉴别

1. 多动症儿童为何易共患对立违抗性障碍

目前，关于多动症儿童易同时患有对立违抗性障碍的具体原因尚不明确。过于简单和粗暴的家庭教育以及学校教育管理方式，会增加多动症儿童患对立违抗性障碍的风险。此外，多动症儿童本身也会增加患对立违抗性障碍的风险，尤其

在以多动和冲动为主型的多动症儿童身上表现得更为显著。在患有多动症的青少年中，如果持续并发对立性违抗障碍，会增加孩子出现违法行为、物质依赖、焦虑、抑郁等问题的风险。

2. 如何对二者进行鉴别

对立违抗性障碍的临床特征与多动症存在差异，对立违抗性障碍不涉及注意力缺陷或过度活动的症状。然而，两种障碍在症状上也存在一定程度的重叠。其内容鉴别内容如图 2–5 所示。多动症儿童因注意力不集中、多动冲动，可能难以遵守规则，表现出对指令的抗拒，这与对立违抗障碍的违抗行为有相似之处。而对立违抗障碍儿童情绪不稳定，容易冲动发脾气，这在行为表现上与多动症的冲动症状有重合，在这种情况下，对品行障碍与多动症进行鉴别诊断是非常有必要的。

01 多动症儿童之所以表现出不遵守指示、不完成作业、干扰他人等行为，主要是因为自控能力不足，他们常常试图控制自己的行为，却难以实现；而对立违抗障碍儿童之所以出现类似行为，通常是因为他们有意对抗权威或故意为之，他们往往缺乏控制这些行为的意愿

02 多动症儿童从幼儿期或学龄前期就开始表现出注意力分散、过度活跃等特征，随着他们进入学校，这些症状变得更加显著。相比之下，仅表现出对立违抗性障碍的儿童在学前和小学低年级阶段，注意力分散和过度活跃的行为并不太明显

03 对立违抗障碍儿童具有其相应的特征性临床

04 在临床中发现，许多患有对立违抗障碍的儿童在早期曾表现出多动症的症状。随着病情的进展以及社会心理因素的作用，这些症状可能演变为对立违抗障碍。这种情况可以诊断为共病状态，即对立违抗障碍与儿童多动症需同时进行诊断

图 2–5 对立违抗性障碍与多动症的鉴别

02 多动症与品行障碍的鉴别

品行障碍，主要发生在18周岁以下的儿童或青少年群体中，其具体表现为反复且长期出现违背其年龄阶段应遵守的行为规范，实施侵犯他人权益或公共利益的行为，其中涵盖反社会性、攻击性及对抗性的行为。这类孩子的行为明显偏离了与其年龄相符的社会行为规范和道德标准，轻则会干扰孩子自身的学习进程，阻碍他们正常开展社交活动，对个人成长与未来发展造成不利的影响；重则会对他人权益或公共利益造成实质性的损害，不仅让家人承受巨大的痛苦，还会给整个社会带来危害。

品行障碍的病因

1. 生物学因素（见图2-6）

01 **神经递质异常**
中枢神经系统的5-羟色胺神经元功能减低与冲动、攻击性行为有关

02 **神经影像学研究**
功能性磁共振研究发现，品行障碍患者前额叶皮质、岛叶及杏仁核体积减小、灰质密度降低

03 **遗传因素**
品行障碍患者的家族中，反社会行为出现的概率显著高于普通人群，双生子研究发现单卵双生子的同病率为35%，双卵双生子为13%。分子遗传学研究发现DRD2和DRD4基因的交互作用与品行障碍相关

图2-6　诱发品行障碍的生物学因素

2. 社会心理因素

（1）认知因素

在人际交往中，攻击性较强的孩子往往陷入一种认知误区，总觉得他人对自

己充满恶意。当面临社交冲突时，他们由于缺乏多样化的解决策略，常常会采取不恰当的方式来应对，使得矛盾进一步激化。此外，智力发育迟缓的孩子，存在语言表达和执行功能方面的缺陷，包括注意力难以集中、抽象思维能力薄弱、缺乏计划能力以及无法有效地抑制不恰当反应等。这些能力的缺失，使他们在面对社会规则和道德约束时，难以做出正确的判断和行为选择，进而增加了他们参与违法犯罪活动的风险。

（2）家庭因素

不良的亲子关系，家庭中关爱的缺失与温暖的匮乏，父母动辄对孩子粗暴打骂、实施躯体虐待，这些都是导致孩子品行障碍的明确原因。父母对孩子管教的严重不足，也与品行障碍存在关联。此外，父母婚姻关系紧张、离异，父母一方患有精神疾病，或者存在反社会性人格障碍、有犯罪行为或酒精滥用问题，以及家庭经济状况不佳等，这些因素都和孩子品行障碍的发生有着密切且显著的联系。

（3）社会因素

除了认知因素与家庭因素，社会因素（见图 2-7）对儿童品行障碍形成的影响也不容小觑。

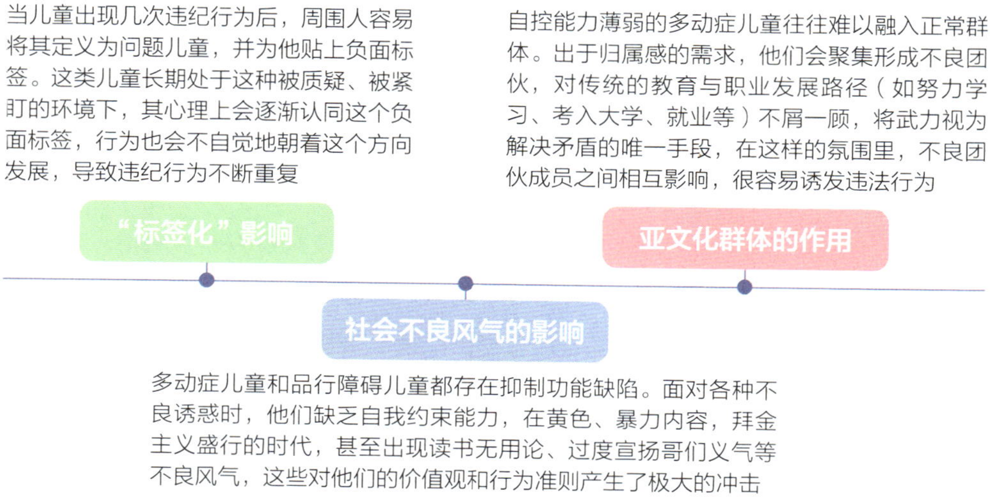

图 2-7 诱发品行障碍的社会因素

品行障碍的表现

患有品行障碍的孩子，其异常行为往往比正常儿童的“顽皮”或青少年的叛逆行为更严重。其核心症状是反社会行为和攻击性行为，具体内容表现在以下四个方面。

1. 反社会行为

反社会行为主要是指孩子在日常生活中表现出不符合道德规范和社会准则的行为（见图 2–8）。

01 虐待他人或欺凌他人（如捆绑、刀割或烧烫等）

02 强迫他人与自己发生性行为或存在猥亵行为

03 偷窃、勒索、欺诈或抢劫财物

04 频繁编造谎言、逃学、擅自离家出走或外出不归

05 参与犯罪团伙，从事违法犯罪行为

图 2–8 品行障碍者的反社会行为的表现

2. 攻击性行为

攻击性行为主要表现如图 2–9 所示。这些孩子情绪自控力差，对他人评价反应过度，一点小事就能引发他们强烈情绪反应，从而陷入暴怒状态。内心烦躁痛苦时，他们往往诉诸暴力，用攻击行为宣泄情绪、解决矛盾。面对这些行为，大人要及时干预，否则，发展严重时，孩子极易走上违法犯罪的道路。

1 男孩以躯体性攻击为主，女孩以语言性攻击为主

2 学龄前儿童多表现为暴怒发作、吵闹、推搡或打架；学龄期儿童多表现为恶语伤人、打架斗殴、恃强凌弱、性攻击、抢劫，甚至结成团伙械斗

图 2-9　品行障碍者攻击性行为的表现

3. 共同患有其他障碍表现（见图 2-10）

1 **同时患有多动症**
难以集中注意力，好动不安，品行问题相较于单纯多动症更严重，持续的时间也更长久

2 **同时患有情绪障碍**
易陷入焦虑、抑郁等情绪

3 **同时患有发育障碍**
语言表达和接受能力不足，阅读时困难重重，运动时肢体协调性差，遗尿

4 **伴有人际交往问题**
踌躇、羞涩，性格内向，总是选择回避，参与学习活动和社会适应性活动的频率明显减少

图 2-10　品行障碍者的共患病的表现

4. 其他表现

患有品行障碍的孩子通常只关注自身需求与感受，以自我为中心。他们行事完全按照自己的意愿，丝毫不顾及他人的想法，还特别热衷于表现自己，以吸引他人的目光。在日常生活中，他们喜欢对他人指指点点，试图掌控和支配身边的人。一旦犯错，他们不但不会承认错误，不会承担相应责任，而且会想尽办法为自己的错误行为辩解。在生活中，他们频繁挑起事端，对他人的痛苦和困境也毫无同情之心。

多动症与品行障碍的鉴别

1. 多动症儿童为何易共患品行障碍

多动症儿童由于大脑结构异常和神经递质失衡，常有情绪不稳定、易冲动和

自控能力不足的表现，因此他们往往难以遵循社会规范和行为准则，更易出现打架、破坏物品等行为。同时，多动症儿童可能在认知加工方面存在障碍，导致对社会情境和他人意图的理解出现偏差，常错误地将他人的行为解读为敌意，并做出攻击性的反应。

多动症儿童可能面临来自家庭和学校的双重压力。在家庭中，他们可能遭受过于严厉或惩罚性的教养方式或因过度溺爱而缺乏对不良行为的约束。在学校，由于行为问题、注意力不集中和学业困难，他们容易受到同伴的排斥和孤立。这可能使他们通过违反纪律、逃学等行为来逃避学习压力。

2. 如何对二者进行鉴别

品行障碍的临床特征与多动症存在显著的差异（见图 2–12）。通常，品行障碍没有注意力分散和过度活动的症状。但是，二者在学校里可能都表现出难以遵守学校规章制度，与老师、同学关系紧张，学习成绩受到影响等情况。在家庭中，都可能与家长产生冲突，不服从管教。在社交场合，也都难以与同龄人建立和维持正常的友谊，出现交往困难，在这种情况下，对品行障碍与多动症进行鉴别诊断是非常有必要的。

1

多动症儿童的行为通常是由于难以控制自己的注意力和冲动，并非出于恶意或有明确的不良目的。品行障碍儿童的行为则往往具有明确的动机和目的，如为了获取钱财而偷窃，为了报复他人而故意破坏财物，或者为了显示自己的“权威”而欺负同学

2

多动症儿童的核心症状是注意力不集中、多动和冲动，而品行障碍的核心症状是反复出现的违反社会规范和他人权利的行为，且这些行为严重违反了与其年龄相适应的社会行为准则和道德规范

3

品行障碍儿童具有其相应的特征性临床表现

4

在临床实践中，许多表现出品行问题的儿童在早期被诊断出患有多动症，随着病情的进展以及社会心理因素的作用，这些症状可能演变为品行障碍。这种情况下可以确诊为共病状态，即品行障碍与 ADHD 需同时进行诊断

图 2–12　品行障碍与多动症的区别

03 多动症与特定发育障碍的鉴别

特定发育障碍，指的是因脑部神经系统发育存在差异，从而在听、说、读、写、推理、数学这些学习基础能力的获取与应用上，显著异于常人，出现学习异常的情况。

特定发育障碍的病因

特定发育障碍与神经发育异常紧密相关，它主要源于大脑发育过程中生物学层面的异常，进而导致认知加工过程失常。具体来讲，特定发育障碍的病因如图2-13所示。

遗传因素	脑结构异常	根本缺陷
患病儿童的一级亲属，即父母、兄弟姐妹患病率超过45%	皮质异位、对称性改变、多发微小脑回、神经元移行和结构异常，双侧颞叶对称性改变，枕叶与颞叶皮质神经联系通路改变	大脑在几个感觉通路上快速转换信息的过程出现异常

图2-13 特定发育障碍的病因

特定发育障碍的表现

1. 阅读障碍

阅读障碍常见于男性，也是特定学习障碍最主要的表现（见图2-14）。

01
开口说话比正常儿童稍晚，且语言表达简单

02
汉语阅读障碍的儿童主要表现为汉字字形—字音、字形—字义识别的准确性和速度方面的障碍或是在词句阅读理解方面困难重重。他们错别字多且难以纠正，听写、默写和背诵都存在困难

03
到了学习阅读的阶段，朗读不流畅，常出现省略、停顿、歪曲、添加或替代字词的情况；无法默读，读完后难以理解和回忆所读内容；阅读速度慢，还容易重读同一行或跳行

04
部分儿童还写不好字，写字时感到吃力，容易疲劳，抄写也常出错

05
不能理解所读内容的含义，难以把握文章的主旨、细节，无法进行有效的推理和总结。比如，读完一篇短文后，无法回答关于文章主要内容的问题，或对文中人物的行为动机理解错误

06
只要是需要阅读技能的功课，都会明显受到影响。比如，关于算术应用题，他们在理解题意、列式计算上有困难，导致数学成绩下滑

图 2-14　阅读障碍的表现

2．计算技能障碍

计算能力同人们对数概念的运用有关，像数的大小、数字符号里每个数的位置和它代表的意思、数量之间的关系，还有数字符号和语言之间的联系，都包含在计算能力里。计算技能障碍孩子主要表现有三点（见图 2–15）。

01 把数量、数位的概念弄混，在数字符号的命名、理解和表达方面存在问题

02 在数数、做基本运算和数学推理方面困难重重

03 部分儿童在认识钟表上的时间、辨别几何图形方面觉得吃力

图 2-15　计算技能障碍的表现

3. 书写表达障碍

一般来讲，书写表达障碍主要表现有词汇量匮乏，语句不通顺，语法错误较多，难以清晰地表达自己的想法和观点。例如，写作文时内容空洞，错别字连篇，句子结构混乱。且在书写技能上字迹潦草、不工整，字母或汉字的书写形态不正确，笔画顺序错误，书写时用力不均匀。可能还会出现书写时手部肌肉紧张、疼痛，导致书写速度慢，完成书写任务困难等情况。

多动症与特定发育障碍的鉴别

1. 多动症儿童易共患特定发育障碍

多动症儿童为何易共患特定发育障碍？ 这和多动症的主要症状密切相关，具体如图 2–16 所示。

难以集中注意力	→	上课时无法专心听讲，对教师讲的知识根本听不进去、学不会
自控能力差	→	回到家后，不愿意做作业，课堂上学的知识得不到巩固和练习
容易冲动	→	大概看一眼题目，就开始答题，解题过程不认真，常常因粗心而犯下各种错误。有些孩子做难题的时候能答对，可做简单题时因马虎而出错

图 2–16 多动症儿童易同时患有特定发育障碍的成因

在小学低年级阶段，家长还能帮忙辅导，弥补孩子学习上的不足。但是，随着年级的升高，孩子学习难度越来越大，尤其是孩子到了初中，家长往往没时间，也没精力辅导孩子功课了，这时候孩子的学习成绩就会大幅下滑。

2. 如何对二者进行鉴别

患有特定发育障碍的儿童，会因为学习上的困难而出现继发性的注意力问题和坐立不安。因此，需要对多动症与特定发育障碍进行鉴别（见图 2–17）。

起病时间不同	症状的出现顺序不同	共患病	起病时间不同
特定发育障碍的儿童通常在小学入学后的 1~2 年内开始显现症状，而多动症儿童则往往在幼儿期或学龄前期就已经开始发病，上学后症状会变得更加明显	通常，多动症儿童会首先表现出过度活跃，随后注意力不集中，最终导致学习困难；相反，特定发育障碍的儿童往往先经历学习上的挑战，随后才显现出注意力和行为上的问题	特定发育障碍也可以与多动症共病，此时两种疾病应同时予以诊断	儿童患有以注意缺陷为主型的多动症，并共患特定发育障碍时，由于其多动症状不显著，注意缺陷往往容易被忽略，就会增加鉴别诊断的难度。在这种情况下，对儿童实施多动症的药物治疗，可能有助于明确诊断

图 2–17　多动症与特定发育障碍的鉴别

总体而言，特定发育障碍与多动症在相关的学业问题上存在明显差异。在多动症案例中，问题可能并非特指学习技能上的困难，而是更多地表现在执行这些技能时的挑战。尽管如此，特定发育障碍与多动症共存的情况比人们预想得更常见。若个体同时满足这两种障碍的诊断标准，则可以并行给出两种诊断。

04 多动症与抑郁障碍的鉴别

抑郁障碍，是一种很常见的精神疾病。虽然它在临床上治愈率较高，但愿意接受治疗的人并不多，而且治好后还容易复发。患了抑郁障碍，情绪会长期、明显地低落。有的可能会伤害自己，甚至有自杀的念头和行为，还有的会出现妄想、幻觉这些类似精神病的症状。

抑郁障碍的病因

到目前为止，抑郁障碍的发病原因和机制尚不明确，目前主要有遗传因素、生物学因素、社会心理因素三个方面的原因，如图 2–18 所示。

遗传因素	抑郁障碍儿童的一级亲属（父母、兄弟姐妹）也容易患上抑郁障碍。如果孩子在 20 岁前发病，那么家庭成员患抑郁障碍的概率比较高；父母有抑郁障碍的，孩子一生中患抑郁障碍的概率是普通人的 3 倍，而且患其他精神障碍的风险也比较高
生物学因素	下丘脑—垂体—肾上腺素轴功能有问题，地塞米松抑制试验结果呈阳性；中枢 5- 羟色胺和（或）去甲肾上腺素这两种神经递质的功能可能不足
社会心理因素	负面的生活事件、童年不愉快的经历、家庭不和谐，缺少社会支持

图 2–18　抑郁障碍的病因

抑郁障碍的表现

抑郁障碍的表现，其内容如图 2–19 所示。

01 情绪问题

爱哭，愁眉苦脸，以往感兴趣的事物，如今都提不起兴致，常感觉毫无希望。心情郁闷，高兴不起来，易激惹，爱发

02 思维问题

思维迟缓，注意力不集中，记忆力减退，自卑，不断自责过往言行，严重时甚至产生自杀的意念和行为

03 行为问题

精力不济，行动迟钝，不爱活动，拒绝社交，厌学；有的表现为脾气大，吵闹，摔东西，甚至做出一些违反纪律的事；还常伴有食欲降低、睡眠障碍等

图 2–19　抑郁障碍的主要表现

多动症与抑郁障碍的鉴别

1. 多动症儿童为何易共患抑郁障碍

关于多动症儿童为何容易同时患有抑郁障碍，其确切原因尚不明确。多动症儿童的功能障碍可引发应激和压力，这可能是部分儿童出现抑郁障碍的诱因，抑或导致某些儿童发展为重性抑郁障碍的因素之一。以往的研究表明，症状越严重的多动症儿童，越有可能出现焦虑障碍和抑郁障碍。因此，及时识别并尽早进行干预至关重要。

2. 如何对二者进行鉴别

重性抑郁障碍主要以反复出现的抑郁发作为临床特征。在抑郁障碍发作期间，儿童可能表现出注意力分散、烦躁不安、易怒等类似多动症的症状，有时甚至会出现冲动和攻击性行为，因此需要对这两种疾病进行仔细的鉴别，具体如图 2–20 所示。

01 从发病年龄来看，重性抑郁障碍通常在 12 岁之后开始出现，而儿童多动症则多发于幼儿期和学龄前期

02 从疾病发展过程来看，患有重性抑郁障碍的儿童具有明确的病程特征，他们在之前的行为表现是正常的，但会经历反复的抑郁发作，且在发作的间歇期行为表现会恢复正常；而多动症儿童通常在幼儿期或学龄前期就开始表现出注意力不集中、过度活跃等典型症状，并且这些症状会持续存在，随着孩子的上学，这些症状会变得更加明显

03 从症状的角度来看，患有重性抑郁障碍的儿童在抑郁发作期间会表现出显著的情绪低落、言语减少、兴趣减退、精力不足以及容易感到疲劳等主观感受；而多动症儿童通常不会出现这些明显的症状

04 患有多动症的儿童可能会同时患有重性抑郁障碍。在这种情况下，两种疾病都需要进行诊断

图 2-20　多动症与抑郁障碍的区别

总体而言，注意力不集中和较低的挫折容忍度，既可能出现在多动症中，也可能出现在重性抑郁障碍中。若个体同时满足这两种疾病的诊断标准，则除了重性抑郁障碍，还需诊断多动症。因此，临床工作者在诊断过程中必须谨慎，避免对多动症儿童过度诊断为重性抑郁障碍。这些儿童的情绪紊乱特征主要表现为易怒，而非悲伤或兴趣减退。

05 多动症与焦虑障碍的鉴别

焦虑障碍，包括具有过度恐惧、焦虑及相关行为紊乱特征的障碍。恐惧是对真实的或感知的即刻威胁的情绪反应，而焦虑是对未来威胁的预期。儿童焦虑障碍是以过分焦虑、担心为主要体验的情绪障碍。

焦虑障碍的病因

焦虑障碍病因的有关内容，如图 2–21 所示。

1 遗传因素：若父母患有焦虑障碍、抑郁障碍、社交恐惧症等，儿童患焦虑障碍的概率相应较大

2 行为预期：若儿童早期表现出行为抑制的气质特点，如在面对新奇或不熟悉的环境时，表现出害羞、害怕，产生退缩行为，那么他们在青少年时期或成年时期，更容易患上焦虑障碍或抑郁障碍

3 教养方式：父母常过度保护、过度控制孩子，以至于孩子应对困难的能力不足，一旦碰到挫折、压力，如家庭遭遇不幸、考试成绩差、被批评等情况，就易引发焦虑障碍

图 2–21 焦虑障碍的病因

焦虑障碍的表现与分类

1. 焦虑障碍的症状表现（见图 2–22）

精神方面　担心、紧张不安、易烦躁、不愉快等，常通过哭闹、发脾气、攻击他人、纠缠大人等不安行为表达焦虑情绪

躯体方面　焦虑发作时，表现为头疼、胃疼、恶心、呕吐、心慌、呼吸困难、感到疲倦等身体反应，就医却查不出具体病因

图 2–22　焦虑障碍的症状表现

2. 焦虑障碍的四种常见类别

（1）分离焦虑障碍

分离焦虑障碍，主要表现为与依恋对象分离时，个体产生过度的、不适当的焦虑情绪。这种情绪反应超出了该年龄段应有的正常范围，会对个体的日常生活、学习、社交等功能产生明显影响。不同年龄段的分离焦虑障碍表现得十分不同，其内容如图 2–23 所示。

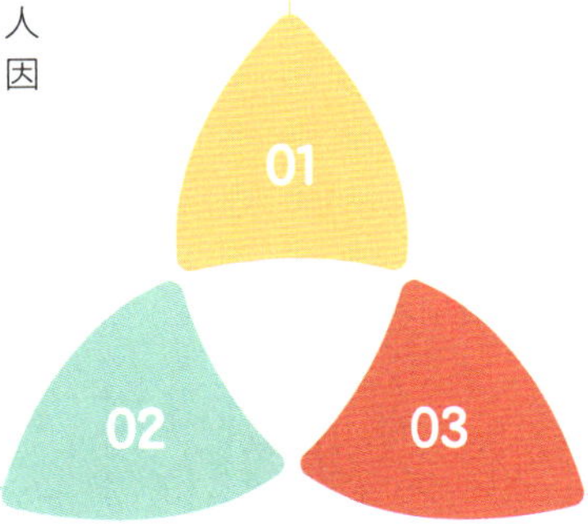

图 2–23　分离性焦虑不同年龄段的表现

（2）特定恐怖症

特定恐怖症，指对某些特定的事物或场景，如动物（如狗、蜘蛛等）、自然环境（如高处、雷电等）、血液或注射、特定的场所（如电梯、飞机等）产生强烈的、不必要的恐惧情绪。这种恐惧超出了患者正常的反应范围，并且会对患者的日常生活、工作、学习或社交活动造成明显的干扰和影响。

（3）社交焦虑障碍

社交焦虑障碍，也称社交恐惧症，指个体在面对可能被他人审视、评价的社交或表演场合时，产生显著而持久的恐惧，害怕自己会表现出尴尬或丢脸的行为，担心被他人评判、批评或嘲笑。这种恐惧会导致个体极力回避这些场合，或在不可避免时感到极度的痛苦和焦虑。

（4）广泛性焦虑症

广泛性焦虑症，以持续的、显著的担忧和焦虑为主要特征，这种担忧和焦虑并非针对特定的事物或情境，而是广泛地涉及多个方面，如工作、学习、家庭、健康等，且症状持续时间较长，通常超过 6 个月。

多动症与焦虑障碍的鉴别

1. 多动症儿童为何易共患焦虑障碍

多动症儿童因为大多执行能力不足，容易在学业、社会交往中不断失败，还要面对来自学校、家人、同伴等多方压力，所以往往处于焦虑、担心、恐惧的状态中，加上他们的情绪调节能力不足，他们容易出现焦虑障碍。

多动症与焦虑障碍之间的关系，主要存在两种主要观点，如图 2–24 所示。

一种观点认为，焦虑是多动症儿童适应困难的后果。这类儿童在日常生活中遭遇更多压力，如遭受同学排斥、受到老师批评或家长惩罚等，由于学业成绩不佳，他们担心考试；由于人际关系紧张，他们害怕被同伴拒绝，长期处于这种状态，可能导致焦虑症的出现

VS

另一种观点认为，焦虑可能是多动症的初始症状。孩子年龄较小，无法有效表达内心的困扰，因此以多动症的行为方式表现出来。如果孩子有焦虑症的家族史，自幼表现出胆小、恐惧，以及过分依赖母亲的倾向，则通常暗示着焦虑症状的存在。还有人提出，同时患有焦虑症的多动症儿童，可能代表了多动症的一种亚型

图 2–24　多动症与焦虑障碍之间的联系

2. 对多动症与焦虑障碍的鉴别

多动症儿童常常同时伴有多种焦虑障碍，如广泛性焦虑症、社交焦虑障碍、分离性焦虑障碍等。研究表明，焦虑障碍多见于注意缺陷为主型和混合型的多动症儿童，且多动症儿童的症状越严重，越易出现焦虑、抑郁症状，具体鉴别如图 2–25 所示。这些负面情绪会降低儿童的生活质量，如出现睡眠障碍等，所以，重视多动症儿童伴随的焦虑障碍，及时诊断与干预，对改善他们的症状和生活质量意义重大。

01　从病程角度分析，焦虑障碍具有明显的起病过程，焦虑障碍儿童通常在特定心理因素影响下开始表现出坐立不安、注意力分散、易怒、睡眠障碍等症状，而之前并无明显异常表现；相比之下，多动症儿童从幼儿期和学龄前期便开始出现注意力不集中、过度活动等典型症状，并且随着入学，这些症状变得更加明显

02　从症状表现来看，焦虑障碍儿童常伴有过度担忧、紧张焦虑、烦躁不安等主观体验，而多动症儿童则通常没有这些明显的内心体验。此外，多动症儿童常表现出冲动行为的特点，而焦虑障碍儿童则没有类似的明显表现

03　值得注意的是，儿童多动症和焦虑障碍有时可以并存。例如，一些多动症儿童在表现出注意力缺陷和过度活动的同时，也可能存在分离焦虑障碍或广泛性焦虑障碍的症状，在这种情况下，应当对两种疾病都进行诊断

图 2–25　多动症与焦虑症的鉴别

06 多动症与抽动障碍的鉴别

抽动障碍（Tic Disorder，TD），是一种起病于儿童和青少年时期的神经发育障碍性疾病。发病时，患者身体部分肌肉或肌群突发、快速、不自主且反复的收缩运动或发声，病程有短暂型、慢性，有的甚至持续终生。

抽动障碍的病因

抽动障碍属于神经发育障碍，普遍观点认为，其发病是儿童发育过程中遗传因素与环境因素相互影响的结果。抽动障碍的病因如图 2-26 所示。

遗传因素	有较高遗传度，遗传方式可能为多基因遗传，同卵双生子的共患率高于异卵双生子
脑影像学研究	儿童期背外侧前额叶增大，而到了成年期则显著缩小。另有研究显示，右侧额叶的脑白质体积有所增加
社会心理因素	家庭环境压抑，父母管教方式过于严厉、对孩子寄予过大的期望；生活中遭遇重大事件，面临重大心理压力，导致心理应激，进而引发抽动症状。心理因素不仅会诱发抽动，还可能导致症状加重

图 2-26　抽动障碍的病因

抽动障碍的种类及其分型

抽动障碍患者身体出现的抽动时，无法控制动作。这种症状在紧张时容易发作，在专注于某项活动时会减轻，而在睡眠期间则完全消失。通常，根据抽动障碍的表现，可以将其分为如下两大类。

（1）运动抽动

①简单性运动抽动：表现为眨眼、挤眉、耸鼻、张口、努嘴、歪嘴、做鬼脸、摇头、点头、耸肩、腹部收缩等。这些动作通常比较单一、迅速，是局部肌肉的短暂收缩。

②复杂性运动抽动：表现为动作相对缓慢，且看似带有一定目的性，像眼的特定表情或动作、口部运动、面部动作或表情、头部姿势或动作、蹲下、跳起、触摸、转圈、弯腰、旋转、模仿动作等。这类抽动往往涉及多个肌肉群的协同活动，完成的动作更为复杂。

（2）发声抽动

①简单性发声抽动：是一些较为简单、短促的声音，像咳嗽、清喉、擤鼻、哼哼、吹口哨、吸气以及发出动物或鸟叫声等，通常由单个器官或部位产生，且无明显意义。

②复杂性发声抽动：情况相对复杂，涉及音节、词、词组甚至句子层面，比如发出特定音节、说出词语或词组、完整句子，还有秽语、重复言语（重复自己或他人话语）、模仿言语（模仿周围声音）、言语阻滞（说话时停顿、不流畅）、言语不合规范（语法错误、用词不当等）以及失控言语（难以自控地发声）。

多动症与抽动障碍的鉴别

1. 多动症儿童为何易共患抽动障碍

部分学者认为，多动症和抽动症存在关联，有部分共同基础。分子遗传学研究显示，二者共享多个致病基因，可能是遗传性很强且内在相互联系的疾病谱表现。

2. 如何对多动症与抽动障碍的鉴别

抽动障碍不同于多动症，但是两种疾病易于共患。其二者的主要鉴别要点如

图 2–27 所示。

01

多动症儿童主要表现为注意力障碍、过度活跃和冲动行为。而抽动障碍则以不由自主的快速、重复、非节奏性的单一或多部位肌肉运动或发声抽动为特征，属于一种运动障碍。抽动障碍的这些身体动作和不自主的发声，有时会被误认为是多动症，频繁的抽动可能导致注意力难以集中，进而影响学业表现

02

抽动障碍的症状表现出不由自主的特性，孩子尽管努力控制，却难以长时间保持。与之相似，多动症儿童的行为也难以自我控制，但与抽动障碍不同的是，多动症儿童在一段时间内能够控制自己的行为

03

多动症儿童和抽动障碍常常同时出现。在抽动障碍儿童中，大约 50% 的人同时患有多动症，此时应同时对两种疾病进行诊断。当两种疾病共存时，儿童多动症的症状通常在幼儿期或学龄前期开始显现，而抽动障碍的症状则多在学龄后出现。此外，约有 12 岁的儿童可能会同时患有强迫障碍

图 2–27　多动症与抽动障碍的鉴别

07 多动症与孤独症谱系障碍的鉴别

多动症与孤独症谱系障碍容易混淆。孤独症谱系障碍（autism spectrum disorder，简称 ASD），是一种神经发育性障碍，其主要特征是社交交流与互动有障碍，行为模式刻板重复，活动、兴趣狭窄。

孤独症谱系障碍的表现

孤独症谱系障碍患病率有着明显的性别差异，男性患者数量远超女性。多数患有孤独症谱系障碍的孩子存在智力障碍，但也有部分孩子在音乐、绘画、数字记忆等领域展现出超越正常儿童的能力。

孤独症谱系障碍属于广泛性发育障碍。患有孤独症谱系障碍的孩子常常活在自己的世界里，部分还伴有精神发育迟滞，起初容易被当成智力障碍者，或是性格内向的孩子。不过，他们外表和普通孩子并无区别，不像其他精神发育迟滞的孩子那样，具有明显独特的外貌特征。

孤独症谱系障碍的临床表现主要有社交功能受损、言语沟通障碍、兴趣狭窄、刻板行为，还可能出现感知觉异常、智能障碍等。其中，社交功能受损、沟通困难、兴趣狭窄、行为刻板是核心症状。

1. 社交功能受损（见图 2–28）

交往意愿匮乏	毫无与外界交往的想法，对周围环境和其他事物提不起兴趣，仿佛把自己隔绝在一个人的世界中；从不主动与人交流，对待亲人也很冷漠，甚至会回避、表现出愤怒情绪，和他人没有情感联结，孤独感强烈
社交能力欠缺	既没有社交的兴趣，也不掌握社交技巧与基本技能，面对社交情境和事件，无法根据实际情况调整自己的行为；与人接触时，他们不会用眼神交流，目光无法聚焦在他人脸上，眼神涣散，总是低头或者看向别处，刻意回避对视
集体融入困难	对游戏和集体活动兴致缺乏，难以理解游戏规则，没办法参与到游戏中，自然也无法和同伴建立良好的关系

图 2–28　孤独症谱系障碍儿童的社交功能受损的表现

2. 言语沟通障碍

患有孤独症谱系障碍的大多数孩子都存在严重的沟通问题，通常缄默或说话呈模仿言语，可表现为言语发展缓慢、表达能力欠佳和理解能力不足（见图 2–29）。

言语发展迟缓

说话很晚，有些甚至一直不说话。即便学会说话，进步也十分缓慢

表达能力欠佳

词汇量少，不会用代词，很少主动和人交流；说话时语气平淡，没有表情配合，不会借助面部表情、动作、姿态和语气来与人交往

理解能力不足

症状较轻的儿童明白简单指令，但理解不了稍复杂的语句；症状严重的儿童完全听不懂他人的讲话，说话刻板重复，缺乏想象力，讲话让人难以理解

图 2–29　孤独症谱系障碍儿童语言沟通障碍的表现

3. 兴趣狭窄和行为刻板（见图 2–30）

兴趣狭窄

对普通儿童爱玩的游戏和玩具缺乏兴致。即便对玩具感兴趣，关注的也是玩具的非主要特征，如只在意玩具的轮子、零件等，而不是整体玩法，常对杯子、瓶盖这类无生命的物体格外着迷

行为刻板

想象力匮乏，执着于维持生活环境和方式一成不变，若穿的衣服、吃的饭菜、走的路线有一点变化，或者物品摆放位置稍有不同，他们就会痛苦不安，甚至大发雷霆

图 2–30　孤独症谱系障碍儿童兴趣狭窄和行为刻板的表现

4. 其他症状（见图 2–31）

01 感知觉反应异常

对声音、光线、温度、疼痛等感觉或过于敏感，或过于迟钝

02 行为情绪异常

无故自笑，情绪不稳定，容易冲动，攻击他人，甚至出现自伤行为

03 认知障碍

约 75% 的儿童有明显精神发育迟滞，25% 的儿童智力处于轻度、中度低下水平，少数儿童是重度或极重度智力低下

图 2–31　孤独症谱系障碍儿童其他症状的表现

多动症与孤独症谱系障碍的鉴别

1. 多动症儿童为何易共患孤独症谱系障碍

目前，儿童多动症与孤独症谱系障碍共同发病的潜在原因，尚不完全清楚。研究表明，这两种疾病之间存在遗传上的联系。例如，如果母亲患有多动症，那么她的第一个孩子患有多动症的风险将比那些母亲没有患多动症的孩子高出 6 倍，而患孤独症谱系障碍的风险则高出 2.5 倍。此外，这两种疾病都与

额叶—纹状体区域有关联，该区域涉及的执行功能可能是导致这两种疾病共存的关键因素。

2. 多动症与孤独症谱系障碍的鉴别（见图 2–32）

一些孤独症谱系障碍儿童常表现出注意力缺陷和多动症状，这与儿童多动症的诊断标准相符。然而，根据《精神疾病诊断与统计手册》第四版（DSM–4）和《国际疾病分类》第十一版（ICD–11）的诊断准则，孤独症谱系障碍儿童不应被诊断为多动症。幸运的是,《精神疾病诊断与统计手册》第五版（DSM–5）允许对同时患有这两种疾病的儿童进行双重诊断。因此，临床实践中必须警惕这两种疾病的共存，并对那些患有这两种疾病的儿童进行相应的诊断。

01 孤独症谱系障碍的临床表现与儿童多动症存在明显差异，孤独症谱系障碍主要表现为社会交往障碍、语言沟通障碍以及兴趣和活动内容的局限性、刻板性和重复性，而儿童多动症则以注意力缺陷、过度活跃和冲动行为为主要特征

02 智力水平较高的孤独谱系障碍儿童往往伴有注意力缺陷和多动症状，但由于他们的社会交往障碍相对较轻，这使得他们容易被误诊为单纯的儿童多动症。在这种情况下，全面了解儿童的成长发育史，仔细观察其社交互动和兴趣行为，有助于揭示潜在的孤独症谱系障碍症状，从而做出准确的诊断

03 在区分高功能孤独症谱系障碍与儿童多动症的过程中，如果遇到困难，可以通过与教师沟通来获取更多关于儿童在学校表现的信息，包括孤独症谱系障碍和儿童多动症的症状表现。如有需要，可以采用孤独症诊断观察量表（ADOS）等工具进行评估，以辅助诊断

04 若儿童同时满足孤独症谱系障碍和儿童多动症的诊断标准，依据《精神障碍诊断与统计手册》第五版（DSM–5），可以同时对这两种疾病进行诊断

图 2–32　多动症与孤独症谱系障碍的鉴别

part 3

确诊多动症的基本标准

01 问诊前的准备工作

在开展专业诊断之前，为了更深入地了解孩子的情况，你可依据以下两个方面展开思考，以便在问诊时能够提供关于孩子的详尽、准确的信息。

1. 评价

首先，你可依照以下标准（见图 3–1）对孩子进行一个简单的评价。

01 儿童活动量、冲动性以及注意力不集中的程度，显著高于同龄儿童，且这种状况持续至少六个月

02 连续好几个月，很多家长屡屡向患病儿童的家人反映，你的孩子在与小伙伴玩耍时难以自我控制

03 你似乎不得不耗费比他人多得多的时间与精力，来保障孩子的安全以防止孩子受到伤害

04 由于你孩子存在多动、冲动、情绪不稳定或攻击性行为，致使其他孩子都有意躲避他，不愿与他一起玩耍

05 其他家庭成员或教师在数月时间里不断向你提及，你的孩子存在行为方面的问题

06 你面对自己的孩子时，很容易失去耐心，进而发脾气、惩罚他，与此同时，还会感到格外疲惫与沮丧

图 3–1 问诊前准备工作——评价

2. 评估准备

在进行心理专业评估之前，你要先反思一下自己最关心孩子的哪些问题。通常，这些担忧反映了孩子在行为、情绪、家庭、学校或社会适应等方面可能存在的问题。建议你将这些问题的答案记录在纸上，这样做将有助于你整理对孩子问题的思考，从而使评估过程更加高效和顺畅。

（1）取一张白纸，在上面列出你最关心、担忧的孩子问题，如“学校适应”“家庭”“同伴交往”“学习”等类别。在每个类别下面，具体标明问题的发生频率或严重程度。你如果不确定问题是否在孩子当前年龄段常见，可以做标记，以便在专业诊断时向专业人员咨询。

（2）另取一张白纸，在上面列出健康问题、智力发展、动作协调、感知觉问题、学习能力、焦虑害怕、沮丧、攻击别人、多动、精力难以集中、反抗行为等方面。接着，把你所了解的孩子的具体情况，对应列在各项下面，如健康问题中的听力、视力情况，学习能力方面的阅读、数学问题，还有说谎、偷窃等行为表现。你这样有条理地简单归类，能助力专业人员更高效地诊断。

（3）填写家庭问卷，记录孩子的家庭表现情况。填完后，在另一张纸上抄下所有选择为“是”的项目内容，待进行诊断时，将记录纸交给专业人员。

（4）与老师沟通，了解孩子在学校的表现，并在纸上记录下来，全面了解孩子的各种表现，有利于诊断的准确性。

（5）除孩子的情况外，可将困扰你们家庭的问题也列出来，如工作、婚姻、配偶、经济状况、健康、亲戚等。在专业诊断中，这些问题都有可能被问到。

（6）将孩子的成长历程，如孕期状况（是否抽烟、喝酒、吃药等），分娩时状况（是否早产等），孩子出生体重，出生后问题（有无严重疾病、受伤等），发展上的问题（坐、爬、走、说话、大小便自理等）等一并记录下来。

02 专业诊断是这样进行的

多动症的症状表现复杂多样，难以辨别，且与其他疾病极易混淆，因此多动症的诊断需经过系统、全面的评估。多动症的专业诊断过程包括病史采集、临床访谈、心理评估、医学检查、诊断标准、鉴别诊断、综合诊断等步骤。

病史采集

确诊多动症时，病史采集的目的，是了解儿童的整体情况，确定儿童是否存在多动症的可能性，并为后续的详细评估提供方向。

1. 病史采集内容

儿童多动症的病史采集（见表 3–1）主要由父母或主要监护人提供。

表 3–1　儿童多动症病史采集内容

现病史	采集主要围绕起病形式、主要症状、病程、可能的病因或诱因、过去的诊治情况等方面进行。在采集过程中，要创造一个轻松的交流环境，建立合作关系，引导家长具体描述问题，如多动的场合、特点、明显情况的出现，注意力不集中的起始时间、持续时长，以及冲动和情绪不稳定的外部原因等。同时，详细询问伴随症状，包括学习困难、人际关系问题、品行问题、语言表达障碍、情绪问题等
既往病史	某些身体疾病或其他状况，如甲状腺功能亢进、颅脑外伤等，可能会引起与多动症相似的症状，如过度活跃、注意力分散和冲动行为。因此，必须将这些症状与多动症区分开来，并主要针对原发疾病进行治疗
个人史	了解孩子的成长发育状况，涵盖母亲孕期、围产期以及孩子出生后的感知、运动、身体发展状况，还包括语言、认知、情感、智力、学业成绩、自我照顾能力、人际交往及性格特征等方面

续表

家庭史	了解家庭成员的基本情况，包括性别、年龄、教育水平、职业、社会地位、经济状况、健康状况、性格特征，以及家庭教育方式和对子女的关怀程度。特别关注两系三代内是否存在多动症、其他神经精神疾病（如癫痫、智力障碍、性格异常），以及是否有药物依赖或酗酒问题

2. 病史采集的注意事项

病史采集的注意事项有很多，具体如图 3–3 所示。

儿童正处于持续的发育阶段，应根据其不同年龄阶段的心理发育水平，以发展的眼光评估其行为和情绪表现是否符合正常标准

鉴别症状时需谨慎，多动是儿童天性，只有当儿童的多动行为缺乏目的性且在多种场合频繁出现时，才具有诊断意义。同时，评估时应考虑儿童的发育阶段

病史提供者的个人特质，包括文化水平、性格、陪伴时间、对孩子的耐心以及对多动症的认知程度等，均可能影响病史信息的准确性

需特别注意共病现象，因为儿童多动症常伴有其他疾病。因此，病史采集应力求全面且细致

图 3–3　病史采集的注意事项

临床访谈

确诊多动症时，临床访谈的目的，是通过系统化的访谈进一步确认症状是否符合多动症的诊断标准。

1. 结构化访谈

结构化访谈，一般指医生会要求教师和家长填写标准化的问卷或量表，如 Conners 父母症状问卷（PSQ，见附表 1）、Conners 教师评定量表（TRS，见附表 1）、SNAP- Ⅳ评定量表（SNAP- Ⅳ，见附表 2）、Weiss 功能缺陷评定量表—父母版（WFIRS，见附表 3），使儿童问题行为明确化、量化，评估儿童在不同环境中的行为表现。重点了解儿童在学校、家庭和社交场合中的行为差异，以帮助医生确定其行为严重的程度及其是否伴其他障碍。若访谈中反映其他问题，需提供相应问卷评定以获取量化信息（见图 3-4）。

Conners 父母症状问卷（PSQ）

- Conners 父母症状问卷（PSQ）是 1978 年版的 48 项量表，主要用于评估儿童多动症。2001 年，苏林雁等在全国 20 个大中城市对 1759 例 6 ～ 17 岁儿童取样，制订了 PSQ 全国城市儿童常模
- PSQ 的分量表：包含品行问题、学习问题、心身问题、冲动—多动、焦虑这 5 个分量表
- 简明症状问卷：设计了仅 10 条的简明症状问卷（即多动指数），用于筛查儿童多动症及追踪疗效，以多动指数≥ 1.5 作为划界分，得分超此分则可能有多动症
- PSQ 项目适度、内容易懂，家长 5 ～ 10 分钟即可完成。可用于临床辅助诊断、科研，也能作为筛查工具用于流行病学调查。该量表在国内外应用广泛，信度与效度良好，是评定儿童多动症的优质工具

VS

Conners 教师评定量表（TRS）

- 教师评定量表（TRS）1978 年版本包含 28 项，由教师评估儿童行为问题，分为 3 个因子，包括品行问题、多动和注意力不集中
- 教师评定量表（TRS）同样设计了多动指数，2000 年，苏林雁等在全国 20 个大中城市抽样 1577 名 6 ～ 17 岁儿童及青少年，包括男 774 名，女 803 名，其中还含有少数民族样本，建立了全国常模

图 3-4　结构性访谈量表说明

2. 行为观察

访谈和问卷可能受到家长和教师主观偏见的影响，因此直接的行为观察十分重要。在进行检查性交谈时，医生需要仔细观察儿童的行为表现，以全面了解儿童的一般情况，包括生长发育、衣着打扮、生活自理能力是否与生理年龄相匹配，以及儿童的气质表现是否有害羞、紧张、执拗、哭闹、自伤、攻击等特征。同时，在交谈中，医生应观察儿童的认知、注意力、记忆力、语言理解和思维表达能力，判断其是否存在与同龄儿童不一致的情况。

此外，医生还需评估儿童的情绪活动是否适宜，以及是否存在刻板行为、强

迫行为、烦躁不安、焦虑、兴奋等异常行为表现。所有这些行为观察的内容都应当详细记录下来。一些医生或学校心理学家会选择在不同的场景，如课堂、课间休息、家中等反复进行观察，记录问题行为的频率、持续时间、儿童的交往风格及同伴关系等信息。每次观察的时长通常为 10 ～ 30 分钟，并且会参考多动症行为核查表。

心理评估

确诊多动症时，心理评估的目的，是评估儿童的认知功能、情绪状态和行为表现，区分正常与非正常行为，排除其他可能的心理问题。

1. 认知测试

（1）智力测试。多数研究指出，多动症儿童通常没有显著的智力障碍，但是他们往往展现出的智力水平略低于同龄儿童。广泛使用的经典智力评估工具，包括韦氏儿童智力量表（Wechsler Intelligence Scale for Children，简称 WISC），该量表由美国心理学家大卫·韦克斯勒编制，是目前应用最广泛的智力测验之一。其测试项目如图 3–5 所示。它不仅能够评估儿童的总体智力水平，还能检测大脑左右半球的发育是否均衡。

韦氏儿童智力量表（WISC）	主要评估 6 ～ 16 岁儿童及青少年的智力水平，涵盖 14 个分测验项目：积木、类同、背数、图画概念、译码、词汇、字母—数字排序、矩阵推理、理解、符号检索、填图、划消、算数。其中，常识、划消、填图、算数作为备用分测验，用于替代那些因特定原因无法进行的分测验

图 3–5　韦氏儿童智力量表的测试项目

（2）注意力测试。数字划消测验（Cancellation Test，CT）是研究注意力的传统工具，主要用于评估注意力障碍。该测验（见图 3–6）不仅评估注意力的持续性和稳定性，还考察注意力的选择性和分配性。并且，它可以作为注意力训练工具，帮助多动症儿童提升注意力能力。

数字划消测验（CT）

常用于评估年龄较小的多动症儿童。测验时会提供三张包含 0 ～ 9 阿拉伯数字的表格，其中，数字以不规则的方式随机排列。第一张表格要求参与者划掉数字“3”，第二张要求划掉“3 之前的数字”，第三张则要求划掉“3 之后的数字，但不包括 7”。每张表格的测试要求从第一行开始，逐行从左至右执行划除操作，评估标准包括测试过程中的用时、正确划除的数字数量、错误划除的数字数量、遗漏未划除的数字数量及注意力指数等

图 3-6　数字划消测验（CT）的测试过程

除了智力和注意力，认知测试还涵盖了其他领域，这些领域均配有相应的量表进行评估，临床需根据儿童的实际情况进行相应的选择。

2. 情绪和行为评估

情绪和行为评估，主要采用量表来评估孩子的情绪状态（包括焦虑、抑郁等）以及行为问题（如攻击性行为、社交障碍等），如儿童行为检查表（CBCL，见附表 4）和儿童行为评估系统（BASC）。其具体简述如图 3-7 所示。

儿童行为检查表（CBCL）

- 用于 4 ～ 6 岁儿童青少年行为和情绪问题评估的工具，由家长或照料者填写。内容包含儿童基本信息，社交能力，睡眠、饮食、躯体症状等方面内容，核心的行为问题。部分涉及抑郁、焦虑、退缩、攻击性行为、违纪行为等维度的行为问题，依儿童近半年实际情况勾选频率程度

儿童行为评估系统（BASC）

- 用于评估 2 ～ 21 岁儿童和青少年行为、情绪及自我概念。内容包含适应性技能（如社交技能、日常生活技能等）、外显问题（如攻击行为、违纪行为）、内隐问题（如焦虑、抑郁、躯体化症状）以及学习问题（如学习动机、学习习惯）等多个维度。测试方式主要包括家长评定量表、教师评定量表和学生自我报告量表等，通过不同评定者从多个角度对儿童进行观察和评价，综合多方面信息来全面准确地了解儿童在行为、情绪和学习等方面的优势与不足

图 3-7　儿童行为检查表（CBCL）和儿童行为评估系统（BASC）的简要概述

3. 儿童困难问卷

儿童困难问卷是由日本学者 Saito、Kohodai 和 Yamashita 等人依据儿童日常

生活习惯编制的评估工具，广泛应用于评估 6 ～ 18 岁多动症儿童和青少年在一天中不同时间段的日常生活困难程度。Usami M 等人对儿童困难问卷进行了信度和效度的检验，结果表明该问卷具有较高的内部一致性和可靠性。在 2016—2017 年，我国学者郑毅、柯晓燕等将儿童困难问卷引入国内，并对 200 名 6 ～ 18 岁的多动症儿童进行了可靠性和有效性的研究。

儿童困难问卷仅包含 20 个问题，耗时短，便于临床应用，且在中国人群中显示出较高的信度和效度。目前，儿童困难问卷被广泛用于评估患有多动症、抑郁障碍以及广泛性发育障碍儿童在日常生活中的困难程度。此外，儿童困难问卷已被纳入 2020 年的《注意缺陷多动障碍早期识别、规范诊断和治疗的儿科专家共识》，用于评估多动症儿童的社会功能。

医学检查

确诊多动症时，医学检查的目的，是排除其他可能导致类似症状的生理或医学问题。

1. 体格检查

在对多动症儿童进行体格检查时，可能会发现部分儿童存在轻微的发育畸形，如头颅宽大、发际线较低、贯通手、多指、足内翻或扁平足等。这些发育上的异常特征对多动症的诊断具有一定的辅助作用。

2. 辅助检查

鉴于鉴别诊断和药物治疗的需求，进行一些常规的临床检查是至关重要的。这些检查包括血液和尿液常规测试、肝肾功能检测以及心电图等。由于儿童多动症与生长发育相关，临床上有时会检测微量元素水平，重点是监测血铅、锌、铁等金属元素的含量。

近年来，神经电生理学技术的应用日益广泛。在脑电图检查中，发现一些多动症儿童的脑电图出现轻度异常，主要表现为慢波增多、快波减少、波幅不一、不规则以及基线不稳定等现象。然而，脑电图检查并不具有特异性，因此只作为参考指标。

诊断标准

确诊多动症时，诊断标准的目的，是根据国际标准确认是否符合多动症的诊断。

多动症的诊断标准主要参考三种常见的诊断标准。

（1）美国精神病学会《精神障碍诊断和统计手册》第5版–修订版（DSM-5-TR）诊断标准。

美国精神医学学会《精神障碍诊断和统计手册》第5版–修订版（DSM-5-TR）诊断标准

一、持续的注意缺陷或多动/冲动的模式，干扰了功能或发育，以下列1或2为特征。

1. 注意缺陷

下列六项（或更多）的症状持续至少6个月，且达到了与发育水平不相符的程度，并直接对社会和学业/职业活动产生了不良影响：

注：这些症状并不仅仅是对立行为、违拗、敌意、不能理解任务或指令的表现。年龄较大的青少年和成人（17岁及以上）至少需要下列症状中的五项。

（1）经常不能密切关注细节或在作业、工作或其他活动中犯粗心大意的错误（如忽视或遗漏细节、工作不精确）。

（2）在任务或游戏中经常难以维持注意力（如在听课、对话或长时间的阅读中难以维持注意力）。

（3）当别人对其直接讲话时，经常看起来没有在听（如即使在没有任何明显干扰的情况下，也显得心不在焉）。

（4）经常不遵循指令以致无法完成作业、家务或工作（如可以开始做某事，但很快就不能集中注意力，容易分神）。

（5）经常难以组织任务和活动（如难以管理多项任务，难以把物品放得整整齐齐，工作凌乱、没头绪，不能有效地管理时间，不能遵守截止日期）。

（6）经常回避、厌恶或不情愿从事那些需要精神上持续努力的任务（如学校作业或家庭作业，对年龄较大的青少年和成人则为准备报告、完成表格或阅读冗长的文章）。

（7）经常丢失完成任务或活动所需的物品（如学校的资料、铅笔、书、钱包、钥匙、文件、眼镜、手机）。

（8）经常容易因外界的刺激分神（对于年龄较大的青少年和成人，可能是经常产生不相关的想法）。

（9）经常在日常活动中忘记事情（如做家务、外出办事，对年龄较大的青少年和成人则为回电话、付账单、约会）。

2. 多动和冲动

下列六项（或更多）的症状持续至少 6 个月，且达到了与发育水平不相符的程度，并直接对社会和学业 / 职业活动产生了不良影响：

注：这些症状并不仅仅是对立行为、违拗、敌意、不能理解任务或指令的表现。年龄较大的青少年和成人（17 岁及以上）至少需要符合下列症状中的五项。

（1）经常手脚动个不停或在座位上扭动。

（2）当被期待坐在座位上时却经常离座（如离教室、办公室或其他工作场所的座位，或在其他情况下需要保持原地的位置）。

（3）经常在不适当的场所跑来跑去或爬上爬下（注：对于青少年或成人，可以仅限于感到坐立不安）。

（4）经常无法安静地玩耍或从事休闲活动。

（5）经常“忙个不停”，好像“被发动机驱动着”似的（如在餐厅、会议中无法长时间保持不动或觉得不舒服，可能被他人认为坐立不安或难以跟上）。

（6）经常讲话过多。

（7）经常在别人的问题还没有讲完之前就把答案脱口而出（如接别人的话、不能等待按顺序交谈）。

（8）经常难以等待轮到自己（如当排队等待时）。

（9）经常打断或侵扰他人（如打断别人的对话、游戏或活动，没有询问或未经允许就开始使用他人的东西，对于青少年和成人可能是侵扰或未经允许就接管他人正在做的事情）。

二、若干注意缺陷或多动/冲动的症状在12岁之前就已存在。

三、若干注意缺陷或多动/冲动的症状存在于两个或更多的场所（如在家里、学校或工作中，与朋友或亲属互动中，在其他活动中）。

四、有明确的证据显示这些症状干扰或降低了社交、学业或职业功能的质量。

五、这些症状并不只发生在精神分裂症或其他精神病性障碍中，也不能用其他精神障碍（如心境障碍、焦虑障碍、分离障碍、人格障碍、物质中毒或戒断）来更好地解释。

（1）F90.2组合表现。如果在过去的6个月内，同时符合诊断标准A1（注意缺陷）和诊断标准A2（多动－冲动）。

（2）F90.0主要表现为注意缺陷。如果在过去的6个月内，符合诊断标准A1（注意缺陷），但不符合诊断标准A2（多动－冲动）。

（3）F90.1主要表现为多动－冲动。如果在过去的6个月内，符合诊断标准A2（多动－冲动），但不符合诊断标准A1（注意缺陷）。

备注：

部分缓解：先前符合全部诊断标准，但在过去的6个月内不符合全部诊断标准，且症状仍然导致社交、学业或职业功能方面的损害。

严重程度：

轻度：如果有症状，也几乎没有超出诊断所需的症状，且症状导致社交或职业功能方面的轻微损害。

中度：症状或功能损害介于“轻度”和“重度”之间。

重度：存在非常多的超出诊断所需的症状，或存在若干特别严重的症状，或症状导致明显的社交或职业功能方面的损害。

（2）世界卫生组织《国际疾病分类》第10版（ICD-10）诊断标准。

世界卫生组织《国际疾病分类》第10版（ICD-10）诊断标准

注：对多动性障碍做研究用诊断须肯定存在异常水平的不注意、多动不宁，而且发生于各种场合，持续存在，并非由其他障碍如孤独症或情感障碍所致。

1. 不注意

下列不注意的症状至少6条，持续至少6个月，达到适应不良的程度，并与孩子的发育水平不一致。

（1）常常不能仔细地注意细节，或在做功课、工作或其他活动中出现漫不经心的错误。

（2）在完成任务或做游戏时常常无法保持注意。

（3）别人对他（她）讲话时，常常显得没在听。

（4）常常无法始终遵守指令，无法完成功课、日常杂务或工作中的任务（不是因为违抗行为或不理解指令）。

（5）组织任务和活动的能力常常受损。

（6）常常回避或极其厌恶需要保持精神努力的任务，如家庭作业。

（7）常常遗失某种任务或活动的必需品，如学校的作业、铅笔、书、玩具或工具。

（8）常常被外界刺激吸引过去。

（9）在日常活动过程中常常忘事。

2. 多动

符合下列多动性症状至少3条，持续至少6个月，达到适应不良的程度，并与孩子的发育水平不一致。

（1）双手或双足常常不安稳，或坐着时蠕动。

（2）在课堂上或其他要求保持坐位的场合离开位子。

（3）常常在不适当的场合奔跑或登高爬梯（在少年或成年，可能只存在不安感）。

（4）游戏时常不适当地喧哗，或难以安静地参与娱乐活动。

（5）表现出持久的运动过分，社会环境或别人的要求无法使孩子显著改观。

3. 冲动

符合下列冲动性症状至少 1 条，持续至少 6 个月，达到适应不良的程度，并与孩子的发育水平不一致。

（1）常常在提问未完时其答案即脱口而出。

（2）在游戏或有组织的场合常不能排队或按顺序等候。

（3）经常打扰或干涉他人（如冲撞别人的交谈或游戏）。

（4）常说话过多不能对社会规则做出恰当的反应。

4. 障碍的发生不晚于 7 岁。

5. 弥漫性：应在一种以上的场合符合上述标准。如不注意与多动应在家和学校都有表现，或同时存在于学校和另一种对孩子进行观察的场合（如门诊）。通常，这种跨场合的证据需要一种以上来源的信息，如父母对孩子在教室中行为的报告似乎并不充足。

6. 1～3 的症状导致具有临床意义的苦恼，或损害其社交、学业或职业功能。

7. 不符合广泛发育障碍（F84.–）、躁狂发作（F30.–）、抑郁发作（F32.–）或焦虑障碍（F41.–）的标准。

（3）《中国精神障碍分类方案与诊断标准》（CCDM–3）注意缺陷与多动障碍诊断标准。

《中国精神障碍分类方案与诊断标准》第3版（CCDM-3）注意缺陷与多动障碍诊断标准

发生于儿童时期（多在3岁左右），与同龄儿童相比，表现为同时有明显注意集中困难、注意持续时间短暂及活动过度或冲动的一组综合征。症状发生在各种场合（如家里、学校和诊室），男童明显多于女童。

【症状标准】

1. 注意障碍（至少有下列4项）

（1）学习时容易分心，听见任何外界声音都要去探望。

（2）上课很不专心听讲，常东张西望或发呆。

（3）做作业拖拉，边做边玩，作业又脏又乱，常少做或做错。

（4）不注意细节，或在做作业，或其他活动中常常出现粗心大意的错误。

（5）丢失或特别不爱惜东西（如常把衣服、书本等弄得很脏很乱）。

（6）难以始终遵守指令，完成家庭作业或家务劳动等。

（7）做事难于持久，常常一件事没做完，又去干别的事。

（8）与他说话时，常常心不在焉，似听非听。

（9）在日常活动中常常丢三落四。

2. 多动（至少有下列4项）

（1）需要静坐的场合难于静坐或在座位上扭来扭去。

（2）上课时常做小动作，或玩东西，或与同学讲悄悄话。

（3）话多，好插嘴，别人问话未完就抢着回答。

（4）十分喧闹，不能安静地玩耍。

（5）难以遵守集体活动的秩序和纪律，如游戏时抢着上场，不能等待。

（6）干扰他人的活动。

（7）好与小朋友打逗，易与同学发生纠纷，常不受同伴欢迎。

（8）容易兴奋和冲动，有一些过火的行为。

（9）常在不适当的场合奔跑或登高爬梯，好冒险，易出事故。

【严重标准】

对社会功能（如学业成绩、人际关系等）产生不良影响。

【病程标准】

起病于7岁前（多在3岁左右），符合症状标准和严重标准至少已6个月。

【排除标准】

排除精神发育迟缓、广泛发育障碍、情绪障碍。

鉴别诊断

确诊多动症时，鉴别诊断的目的，是排除其他可能引起类似症状的疾病或问题。

医生需综合运用各种手段排除其他症状类似的疾病障碍。比如，焦虑障碍可能导致注意力不集中和坐立不安；抑郁障碍可能表现为注意力下降和动力不足；特定发展障碍可能影响学业表现；孤独症谱系障碍可能伴随注意力问题；睡眠障碍可能导致注意力不集中和多动；甲状腺功能异常也可能引起类似多动症的症状，等等。

综合诊断

确诊多动症时，综合诊断（见图 3–8）的目的，是结合所有评估结果，形成最终的诊断结论。总之，多动症的诊断是一个复杂而系统的过程，涉及多个步骤和专业人员。通过详细的评估和诊断，医生可以准确地判断个体是否符合多动症的诊断标准，并制定个性化的治疗方案。早期诊断和干预对改善多动症儿童的生活质量至关重要。

多学科团队讨论

精神科医生、心理学家、教育专家等共同讨论评估结果，确保诊断的准确性

诊断报告

撰写详细的诊断报告，包括症状、评估结果、诊断结论以及治疗建议

图 3–8　综合诊断的内容

03 家长如何应对多动症的诊断

1. 提供帮助的医疗机构

提供多动症诊疗服务的机构有很多，具体内容如图 3–2 所示。

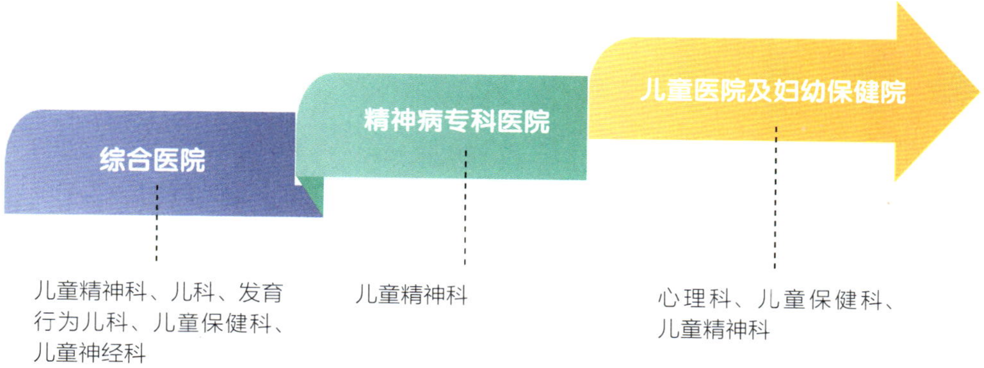

图 3–2　多动症可就诊的科室

2. 心理学和心理咨询机构

在大专院校的心理学系或各类心理咨询机构中的心理学家能够识别儿童的心理问题，并进行心理评估，以诊断孩子的行为类型。他们还可以提供教育指导和心理治疗。然而，如果孩子在接受心理治疗后效果不理想，需要药物或其他形式的治疗，那么就必须寻求医学专家的帮助。

3. 学校心理咨询室

孩子已经开始上学时，许多大中城市的学校都设有心理咨询室或配备了心理辅导老师，你可以请求学校对孩子的状况进行初步评估。一旦发现孩子表现出异常行为，应立即前往专业医院进行进一步的诊断。一旦医院确诊孩子患有多动症，你就需要心理老师的支持，以开展针对性的心理治疗和实施相应的特殊教育。

4．调整好自己的心态

在面对慢性疾病诊断时，家长往往会经历一个从否认到接受的心理过程。一旦得知自己的孩子被诊断为多动症后，家长必须调整心态（见图 3–9），做好应对。

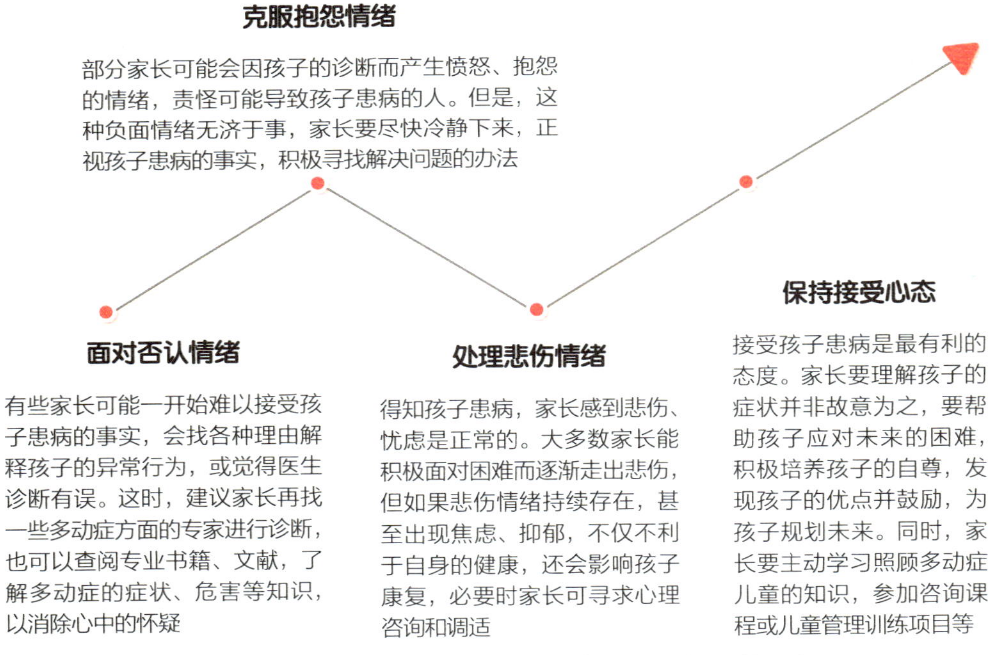

图 3–9　孩子被诊断为多动症时，家长应如何调整心态

5．选择合适的治疗方案

目前，针对多动症的干预手段主要包括药物治疗和心理治疗等。对于多动症的治疗，某些情况下单独采用行为治疗或药物治疗便已足够。然而，对于大多数多动症儿童而言，需要制定一个结合多种干预措施的综合性治疗方案。

part 4

药物能够治愈多动症吗

01 关于药物治疗，你需要知道这些内容

药物治疗是目前多动症基本且极为有效的治疗手段，在疾病的早期阶段尤其关键，能显著提升多动症儿童的家庭和社会的功能。

药物治疗需掌握的信息

当医生建议孩子采用药物治疗多动症时，家长至少需明确一些问题，其具体内容如图 4-1 所示。

- 明确医生计划使用的药物剂量及服药时间如何安排
- 明确这种特定药物的短期和长期疗效，以及可能的副作用
- 明确孩子服用药物期间，多久进行一次重新评估
- 明确什么情况下能暂时停药，以判断是否仍需使用该药物治疗多动症
- 明确服药期间需避免摄入的食物、饮料等
- 明确在孩子服药期间，医生是否会定期与孩子的学校沟通，以观察孩子在学校对药物的反应，或者这项工作是否应由家长负责
- 查阅药物说明书
- 明确孩子意外服药过量的应对措施

图 4-1　多动症孩子采用药物治疗时，家长需明确的问题

药物治疗的适用情况

以下六方面的信息可以辅助家长判断是否给孩子采用药物治疗。通常来讲，医生用药会更灵活，故以下这些信息仅供家长参考。

1. 儿童年龄阶段

对于6岁以下的儿童，药物治疗往往效果欠佳，并且可能伴随更多的副作用，因此通常不推荐使用，特殊情况除外（见图4–2）。在处理这类儿童的问题时，应优先将行为治疗作为主要干预手段，包括辅导父母和行为治疗等策略。

在面对症状特别严重、难以管理的幼儿时，如在幼儿园表现出攻击性行为（如打人或咬人），导致幼儿园无法接纳，或者完全不听从老师指导、无法参与学习的儿童，有时在获得父母的明确知情同意后，可以考虑使用药物治疗。但必须强调的是，使用药物治疗时必须严格监控其副作用

图4–2　6岁以下儿童实施药物治疗的特殊情况

2. 治疗经历

国外对于初次就诊多动症的儿童通常首先采用非药物干预手段，如辅导父母和行为治疗。只有当这些方法无效时，才会考虑药物治疗（见图4–3）。然而，我国儿童心理治疗专业人员资源稀缺，导致心理治疗难以广泛实施。因此，通常的做法是通过指导父母来进行行为干预。

父母如果由于工作等原因无法执行行为治疗，如外出务工，那么可以优先考虑使用药物治疗

图4–3　初次就诊时对儿童实施药物治疗的特殊情况

3. 儿童行为问题严重程度

当儿童的行为难以管理，对课堂纪律、学习成绩、人际关系产生显著负面影响，甚至遭到学校警告或停学时，药物治疗可能是最快且最有效的干预手段。药物治疗可以迅速控制儿童的症状，随后结合行为治疗或其他训练方法进行辅助。

4. 躯体状况

对于儿童身体发育不良伴随的器质性疾病，如心脏、肝脏或肾脏损伤，以及癫痫等情况，药物治疗并非首选方案；若确有必要采用药物治疗，必须仔细权衡其利弊，并进行全面的评估。

5. 家庭环境

在家庭关系紧张、父母之间频繁发生冲突的情况下，儿童管理训练难以实施；父母若教育水平有限，处理儿童问题时可能缺乏有效的策略和技巧，就难以对孩子实施行为治疗；父母若性格急躁或自身存在心理障碍，可能无法耐心地教育孩子。在这些情况下，父母可以优先考虑对孩子进行药物治疗。一旦孩子的症状得到改善，父母的压力就会减轻，情绪得到缓解，便可以开始实施行为治疗，帮助家庭进入良性循环。

6. 治疗依从性

父母若能充分掌握多动症的基础知识，熟悉药物治疗的途径、可能的副作用及应对策略，并愿意与医生、教师携手合作，共同支持孩子，就是孩子治疗成功的关键。若父母心存疑虑，就不宜强迫他们给孩子使用药物，因为这可能导致他们不会完全遵循医嘱。若父母在用药问题上意见存在分歧，那么药物治疗亦非当务之急。有些年龄大一些的儿童或青少年可能会否认自己患有多动症，并极力抗拒服药，如拒绝服用或暗中吐出药物。对于这些孩子，我们需要与他们探讨药物治疗的必要性，详细解释药物的作用原理，以期获得他们的主动配合。

02 兴奋剂类药物治疗

兴奋剂类药物之所以被广泛应用于治疗多动症，是因为它们能够激活大脑中涉及自我调节的区域，这些区域恰好与多动症的症状密切相关，因此兴奋剂类药物能够显著改善多动症儿童的冲动抑制和自我控制能力。研究表明，这类药物在改善多动症儿童的行为、学业表现和社会适应能力方面具有显著的效果，有效程度最高可达 90% 左右，是目前药物治疗的首选。

常用的兴奋剂类药物

目前，广泛应用于临床的兴奋剂类药物主要有安非他明（见图 4-4）和哌甲酯（见图 4-5）两大类。

安非他明（Amphetamine），也叫苯丙胺，是一种人工合成的精神类药物，主要通过增加多巴胺（DA）和去甲肾上腺素（NE）释放，并抑制其再摄取，从而改善多动症的症状。与哌甲酯类药物相比，安非他明类药物的作用更强，但副作用也更明显。

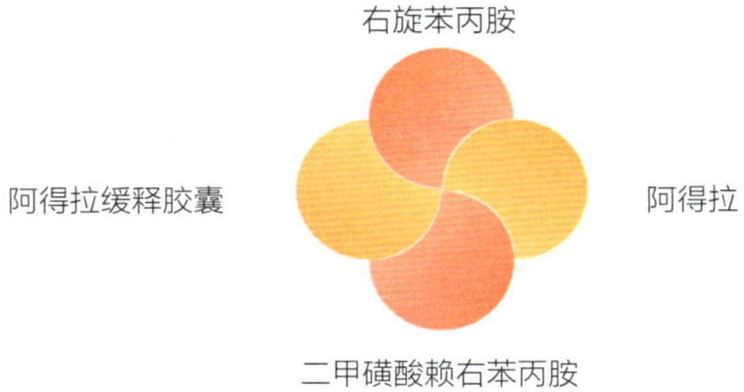

图 4-4　常见安非他明类的药物

由于国内尚无安非他明类药物，本书主要介绍哌甲酯类药物。哌甲酯又名利他林，是目前国内最常用于治疗多动症的药物。

哌甲酯类药物

速效（20 分钟吸收，1～2 小时达峰，作用持续 3～6 小时）	利他林（Ritalin）、盐酸右旋哌甲酯（Focalin）等	适用于学校上课、或灵活调整剂量的儿童
中效（起效慢，4～5 小时达峰，作用持续 7～8 小时）	哌甲酯缓释药（methylin ER 和 metadate ER），DL- 哌甲酯（ritalin SR20）等	适用于使用常规片剂存有行为反跳的儿童，或不能、不愿意在学校服药的儿童
长效（达峰时间存在个体差异，作用持续 10～12 小时）	专注达（Concerta），盐酸右旋哌甲酯缓释片（Focalin XR），盐酸哌甲酯控释胶囊（Medadate CD），哌甲酯缓释贴剂（Daytrana），Jornay PM 等	缓释剂型，药效平稳，适合全天症状管理的儿童以及年幼不愿频繁服药儿童

图 4-5　常见的哌甲酯类药物

1. 药理作用

哌甲酯类药物药理作用温和，其主要机制是通过促进多巴胺和去甲肾上腺素的释放，减少它们的再摄取，并抑制单胺氧化酶的活性，从而增加突触间隙中这两种神经递质的水平，发挥其治疗效果。由于额叶区域富含多巴胺和去甲肾上腺素受体，可以推测哌甲酯类药物主要通过这些受体发挥作用，进而改善认知功能，包括提高警醒水平、缩短反应时间、增强短时记忆、促进言语学习及非言语技能的发展，同时减少冲动性，全面优化认知功能。

2. 哌甲酯类药物的有效性

自 1965 年至 1995 年，国外进行了 350 多项临床试验，涉及 3000 多名儿童，证实哌甲酯类药物在治疗多动症方面具有确切的疗效和安全性。哌甲酯类药物的有效性的具体表现如图 4–6 所示。近年来，哌甲酯类的新剂型缓释片（专注达）在国内得到应用。研究表明，专注达和速释哌甲酯（利他林）均能显著改善多动症儿童的症状，但专注达在家长评定的注意力和行为方面表现更优。2015 年的一项综述总结了 185 项研究，指出专注达不仅改善了教师评定的多动症行为，还提升了儿童的生活质量。总体而言，使用一种或两种兴奋剂类药物治疗多动症的有效率高达 96%。

症状方面 根据双盲、安慰剂对照研究结果显示，与安慰剂类药物相比，兴奋剂类药物在改善核心症状方面表现出显著优势，能够有效提升注意力的广度，减少过度活动情况

社交方面 哌甲酯类药物可以改善多动症儿童在人际交往中的对抗性，使其更遵守规则，减少攻击性行为，从而更容易被同伴接纳。父母和教师也发现多动症儿童更听话了，家庭氛围也更和谐了

学习方面 哌甲酯类药物主要通过改善注意力、降低冲动性、优化学习策略来间接提高儿童学习成绩。注意力集中，儿童才能够更好地吸收课堂知识；减少冲动性，提高注意力和警觉性则有助于提高儿童学习的持久性、计划性和作业的准确性

情绪方面 哌甲酯类药物能够减少烦躁不安和情绪冲动性，使多动症儿童的情绪更加稳定。父母通常观察到孩子服药后发脾气的次数少了，一些青少年描述服药后可以感到内心更加宁静，情绪波动减少

图 4–6 哌甲酯类药物的有效性具体表现

3. 剂量和用法

哌甲酯类药物的剂量应根据儿童的个体情况进行调整，通常从低剂量开始，逐渐增加至最佳剂量。服用哌甲酯类药物的儿童需定期观察疗效、监控副作用，起始阶段每周就诊一次，待疗效稳定后，可每 3 ～ 6 个月复诊一次（注：本书仅

列举国内常见的哌甲酯类药物剂量及用法作为参考，具体剂量和用法需根据专业医师指导）。以下是哌甲酯类药物常见的剂量和用法。

（1）速效哌甲酯（利他林）

表 4-1　速效哌甲酯（利他林）剂量和用法

起始剂量	5mg（6 岁以下儿童 2.5mg），每周增加 5 ～ 10mg，直到达到好的疗效
常用剂量	0.3 ～ 0.7mg/ 天，最大剂量不超过每天 60mg（注：体重小于 21 千克的儿童不能给该剂量）
服药时间	通常一天两次或三次，早上 7:00 ～ 8:00，中午 12:30 ～ 14:00,（注：若想让儿童晚上做作业时注意力集中且家庭生活和谐，可于下午 4 点服第三次药，需注意服药过晚易致失眠；为减轻胃肠道副反应，建议就餐时或餐后服药）

（2）哌甲酯缓释片（专注达）

表 4-2　哌甲酯缓释片（专注达）剂量和用法

剂量	18mg/ 天，根据疗效和副作用逐渐调整，有的需要 36mg/ 天或 54mg/ 天
服药时间	每日早饭后整片吞服

4. 不良反应

哌甲酯类药物在开始使用时可能会出现一些轻微的不良反应，通常与剂量和服药次数有关。常见的不良反应包括食欲减退、腹痛、头痛和睡眠问题等。大多数不良反应在停药后 24 小时内消失，仅有 1% ～ 3% 的儿童会因无法耐受而停药。

关于兴奋剂类药物的常见疑问

●疑问 1：兴奋剂类药物只是掩盖了“真正的问题”，并未直接触及孩子多动症的根源？

多动症在很大程度上是一种遗传性疾病，其原因在于大脑中负责抑制、注意力和自我控制的特定区域存在功能障碍。兴奋剂类药物可以直接作用于大脑，调整神经递质的水平，从而改善大脑中那些自我调节功能不活跃的脑区。它可以有效地改善多动症儿童的注意力不集中、多动和冲动等核心症状，是从生理层面对多动症的直接干预和治疗，并非简单地掩盖症状。尽管兴奋剂类药物的治疗效果是暂时的，但它确实是解决多动症问题的直接方法。对于至少 50% ～ 65% 的多动症儿童来说，兴奋剂类药物是使他们行为正常化唯一有效的疗法。然而，尽管有 70% ～ 90% 的多动症儿童在使用这类药物后行为有所改善，但并不意味着所有对药物有良好反应的儿童都能达到行为正常化的水平。因为依然存在 30% ～ 45% 的多动症儿童在行为问题上有了显著的改善，但并未完全恢复到正常状态。

●疑问 2：兴奋剂类药物是否会导致孩子“亢奋”并像毒品一样上瘾？

虽然部分成人服用兴奋剂类药物会出现情绪高涨或欣快感，但这通常发生在药物被碾碎吸食、注射进血管或过量服用时。多动症儿童通过口服方式服用这些药物时，很少出现类似反应。部分儿童会感到不适、紧张或情绪敏感，但这些影响通常是轻微的，且不会成瘾。

研究表明，儿童期服用兴奋剂类药物不但不会增加青少年时期药物成瘾和滥用的风险，反而还可能降低这一风险。家长应关注导致药物滥用的其他因素，如孩子早期行为不当或有反社会行为问题；家庭对青少年去向监管不足；儿童或青少年与其他使用或滥用非法药物的朋友为伍；父母对酒精、烟草制品或非法药物的摄入程度对孩子的影响等。总之，正确使用兴奋剂类药物不会成瘾，坚持服用甚至可以防止多动症儿童长大出现药物滥用的情况。

●疑问 3：兴奋剂类药物抑制儿童的发育，并且这类药物的使用严格受年龄的限制？

早期研究曾认为，兴奋剂类药物可能抑制儿童的身高和体重的增长，但近期的科学证据表明，这种影响非常有限。虽然服兴奋剂类药物初期可能略微减缓生长速度，但孩子的最终身高和体重通常不会受到显著的影响。不同孩子对药物的反应存在差异，因此家长应定期监测孩子的发育情况。过去建议的“停药期”（建议儿童只在上学期间服用这些药物，而在周末、学校假期以及暑假则停用药物）现已不再普遍推荐，因为药物对发育的抑制作用远低于预期，且持续服药有助于改善孩子的行为和生活质量。

●疑问 4：兴奋剂类药物只能用于儿童？

兴奋剂类药物不只适用于儿童。无论处在哪个年龄多阶段，多动症人群都可以服用兴奋剂类药物。过去认为青春期后药物效果减弱，因此儿童进入青春期后就不应再服用兴奋剂类药物，但越来越多的青少年和成人多动症人群通过服用这些药物显著改善了症状。

●疑问 5：兴奋剂类药物在提升多动症孩子学业表现方面不能带来持续的效果？

这是一种误导性的观点，兴奋剂类药物主要是通过改善注意力、减少多动和冲动行为，间接地帮助多动症孩子在学业上取得更好表现。药物本身虽然不会直接提高成绩，但是它们为孩子创造了更有利的学习条件，使其能够更有效地参与课堂学习和完成作业，从而在长期内对学业表现产生积极影响。

03 非兴奋剂类药物治疗

据统计，约有 20% ～ 25% 多动症儿童对兴奋剂类药物无反应，甚至出现食欲匮乏等副作用，或有使用禁忌证，无法耐受兴奋类药物。对于这种情况，可以使用非兴奋剂类药物治疗，目前，被美国食品药品监督管理局认可，可用于治疗儿童多动症的非兴奋类药物有：托莫西汀、长效的胍法辛和长效的可乐定。并且，美国食品药品监督管理局（FDA）已经批准可乐定和胍法辛能与中枢兴奋药联合使用。

盐酸托莫西汀

盐酸托莫西汀胶囊（择思达）是一种用于治疗 6 岁及以上儿童、青少年及成人的非兴奋剂类多动症药物。它通过选择性地抑制去甲肾上腺素的再摄取，提升前额叶皮质中多巴胺和去甲肾上腺素的水平，进而改善多动症患者的症状。自 2002 年获得美国食品药品监督管理局批准以来，盐酸托莫西汀胶囊已在全球 98 个国家的超过 1000 万名多动症孩子中得到应用，并于 2007 年在中国上市。

1. 盐酸托莫西汀胶囊的药理作用

盐酸托莫西汀胶囊属于选择性去甲肾上腺素再摄取抑制剂（SNRI），它通过选择性阻断突触前膜胺泵对去甲肾上腺素的再摄取作用，从而提升突触间隙中的去甲肾上腺素浓度。这一机制增强了去甲肾上腺素对突触后神经元的调控作用，有助于控制多动症患者的症状。影像学研究表明，盐酸托莫西汀胶囊能够增强大脑右侧额下回的活动，从而改善患者的抑制控制能力，且血药浓度与右侧额下回的激活程度呈现相关性。

2. 盐酸托莫西汀胶囊的有效性

盐酸托莫西汀胶囊不仅能有效改善多动症的核心症状（如注意力不集中、多动和冲动），还能减少对立、挑衅行为和焦虑状态。研究表明，服用盐酸托莫西汀胶囊的儿童情绪更加稳定，自尊心提升，因此父母对孩子的担忧减少，其家庭生活质量获得了显著的提升。

3. 盐酸托莫西汀胶囊的剂量和用法（见表 4–3）

表 4–3　盐酸托莫西汀胶囊的剂量和用法

起始剂量	体重小于 70kg 儿童：0.5mg/ 天，服用至少 3d 后增加至目标剂量。 体重大于 70mg/kg 儿童：40mg/ 天，服用至少 3d 后增加至目标剂量
目标剂量	体重小于 70kg 儿童：逐渐增加至 12mg/ 天，每日早晨单次服用或分早晚两次服用。 体重大于 70mg/kg 儿童：逐渐增加至 80mg/ 天，每日早晨单次服用或分早晚两次服用
最大剂量	不超过 14 毫克 /（千克・天）或 100 毫克 / 天，以较小剂量为准
注意事项	早晨给药疗效更佳，晚上给药耐受性更好。减缓加量速度可提高孩子的耐受性

4. 盐酸托莫西汀胶囊的副作用

与兴奋剂类药物不同，盐酸托莫西汀胶囊不会引起失眠或入睡困难等副作用。并且，它也不会加剧患有抽动障碍儿童的运动或发声抽动的症状。其主要副作用通常表现为轻微的食欲减退、嗜睡或镇静状态，这些症状在治疗初期的几周内最为显著。盐酸托莫西汀胶囊可能会导致血管舒张压和心率略有升高，但多动症孩子的心电图（Electro cardiography，ECG）模式间隔通常不会出现显著变化。不到 10% 的多动症孩子因严重副作用而停止服用盐酸托莫西汀胶囊。长达 3 年的追踪研究显示，盐酸托莫西汀胶囊对治疗儿童和成人的多动症具有长期疗效，且其安全性和耐受性均得到了验证。

胍法辛缓释片

胍法辛缓释片，是一种长效非兴奋剂类药物，最初用于治疗高血压，后于

2009 年获得美国食品与药品管理局批准，用于治疗 6 ～ 17 岁儿童和青少年的多动症。与可乐定相比，胍法辛缓释片对血压和心脏的影响较弱，因此更适合儿童使用。将药物做成颗粒状并将其用糖衣包起来，让它们以不同的时间间隔溶解，可以实现药效的缓释。为避免破坏药物的糖衣，父母应确保孩子将药丸整粒吞下，而不是嚼烂服下。

1. 胍法辛缓释片的药理作用

胍法辛缓释片是一种长效药物，其在大脑中发挥作用，主要通过影响神经细胞内被称为 α-2 受体的微小机制。可以将这些神经上的 α-2 受体想象成控制电信号流动的微小阀门。当这些阀门开启或关闭时，电信号便被激活，并沿着神经纤维传播。α-2 受体仿佛能够调节电信号的强度和清晰度。

该药物之所以对多动症产生治疗效果，可能是因为它能够减少所谓的“噪声”，这里的“噪声”指的是阀门的开放程度。药物降低“噪声”后，神经细胞的电信号得以增强。这种变化在大脑的前额叶区域尤为显著，因为该区域富含 α-2 受体。而前额叶与持续集中注意力、控制冲动及其他执行功能密切相关。因此，通过调节 α-2 受体，胍法辛缓释片增强了前额叶的电信号，从而帮助多动症孩子改善相关的症状。

2. 胍法辛缓释片的有效性

国外多项研究表明，胍法辛缓释片在减少儿童多动症症状方面是有效且安全的。而且，它还能改善对立、挑衅行为、攻击性行为和焦虑状态。此外，它对抽动障碍和抽动秽语综合征的相关症状也有一定的缓解作用。

3. 胍法辛缓释片的剂量和用法（见表 4-4）

表 4-4 胍法辛缓释片的剂量和用法

剂型	缓释片，通过糖衣包膜实现药效缓释
用法	每日 1 次，整片吞服，不可嚼碎
起始剂量	通常为 1mg/ 天，根据疗效和耐受性逐渐调整，每周增加 1mg

续表

最大剂量	不超过 4mg/ 天。维持剂量为 0.05 ～ 0.08mg/ 天至 0.12mg/ 天
注意事项	不可与高脂肪食物同服

4. 胍法辛缓释片的副作用

服用胍法辛缓释片后，常见的不良反应有困倦、镇静、腹痛、头晕、低血压或血压下降、口干、易激惹、恶心、食欲减退和便秘。在开始使用胍法辛缓释片治疗前，必须对孩子进行彻底的身体检查，并详细了解其家族史和个人史，特别是对其心脏状况、血压和心率进行严格的评估。为了避免血压反跳现象，应避免突然停药，减药速度应控制在每 3 ～ 7 天减少 1 毫克。此外，胍法辛缓释片不得与乙醇或其他含有胍法辛成分的药物共同使用，对于肝肾功能受损的人群，需要相应调整剂量。

盐酸可乐定缓释片

盐酸可乐定缓释片，是一种主要用于治疗 6 ～ 17 岁儿童和青少年多动症的药物，也是一种传统的抗高血压药物，服用时需整片吞服，不宜嚼碎服用，否则药片里的可乐定就会释放得太快，对身体产生不良影响。

1. 盐酸可乐定缓释片的药理作用

盐酸可乐定缓释片主要通过兴奋脑干突触前膜 α_2 肾上腺素受体，引起中枢去甲肾上腺素的释放减少，在前额叶可能影响突触后 α_2 肾上腺素受体，从而降低神经系统的过度活跃，改善多动症患者的症状。

2. 盐酸可乐定缓释片的有效性

盐酸可乐定缓释片的使用，可以缓解多动症儿童的过度活跃和冲动行为。此外，它还能提升孩子在完成任务和遵循指令方面的合作性，并提升他们对挫折的忍耐力。在多动症儿童药物治疗领域享有盛誉的范德堡大学专家罗伯特·亨特（Robert thumt）博士指出，虽然盐酸可乐定缓释片在提高持续注意力或减少注意力分散方面可能不及兴奋剂类药物，但在减少攻击性和冲动行为，以及在短时间内降低儿童过度唤醒水平方面，该药物可能与兴奋剂类药物同样有效。罗伯特·亨特博士认为，对于那些具有对抗性、倾向于挑衅或表现出品行障碍的多动症儿童，盐酸可乐定缓释片是一个合适的选择。

除了单独使用，盐酸可乐定缓释片亦可与中枢兴奋药物联合使用，以帮助那些对中枢兴奋药物反应不足的儿童更有效地控制相关症状。

3. 盐酸可乐定缓释片的剂量和用法（见表 4-5）

表 4-5　盐酸可乐定缓释片剂量和用法

起始剂量	1/4 或者 1/2 片（0.025 ～ 0.05mg），晚饭后 1h 或者睡前 1h 服用
起效时间	起效可能延迟几天或几周，对白天行为有效影响一般至少 7 天到 2 周
剂量调整（若 2 周后无效果）	早饭后增加 1/2 片；下午增加 1/4 或者 1/2 片（慢慢加量，间期不少于 5 ～ 7 天）
可忍受的合适剂量（5 ～ 14 岁）	通常是 0.1 ～ 0.15mg/ 天，有时需较大剂量
注意事项	治疗期间父母和教师应关注孩子；周末不要停药；突然撤大剂量药物可能引起血压升高、“反跳”、多动、头痛、兴奋或加重抽动；如果在时间长的假期中停止治疗，停药需缓慢地，在 4 ～ 7 天减停

4. 盐酸可乐定缓释片的副作用

服用盐酸可乐定缓释片后，常见的副作用有镇静、血压下降、直立性低血压、心率减慢、头晕和视觉模糊等心血管问题。在治疗过程中，必须密切监控心电图、血压和脉搏等指标。若孩子出现不良反应，应减缓药物剂量的增加；若孩子反应严重，则需减少剂量或停止使用。突然停用盐酸可乐定缓释片，可能导致去甲肾上腺素反弹现象，建议逐渐减少剂量，直至停药。对于有晕厥史、心血管疾病史或重度抑郁障碍病史的患者，以及一级亲属有早期心血管疾病史的患者，不推荐使用盐酸可乐定缓释片治疗。鉴于偶尔报告的严重心血管相关不良反应，通常不建议将盐酸可乐定缓释片与兴奋剂联合使用。

04 抗抑郁药物治疗

抗抑郁药物，如三环类抗抑郁药、安非他酮等，通常被用作治疗多动症儿童的辅助治疗药物。其常适用于下述情况，具体内容如图 4-7 所示。

一线兴奋剂治疗无效或禁忌

当哌甲酯等中枢兴奋剂类药物疗效不佳、或由于各种原因不能选择兴奋剂类药物时，可考虑抗抑郁药物替代，其中首选三环类抗抑郁药（TCAs），也可以使用其他抗抑郁药物

多动症同时患有焦虑障碍、抑郁障碍

兴奋剂类药物对情绪症状改善有限，而抗抑郁药物可同时缓解多动症儿童的核心症状与情绪问题

多动症同时患有抽动症状

三环类抗抑郁药（TCAs）对多动症儿童的症状有效率高达 82%，且能协同控制抽动症状

多动症同时患有品行障碍或攻击行为

由于担心这类儿童在使用兴奋类药物时有发生药物依赖的风险，所以可用抗抑郁药物代替治疗

图 4-7　抗抑郁药物治疗多动症的适用情况

三环类抗抑郁药物

三环类抗抑郁药物（TCAs）在美国曾作为治疗多动症的二线药物得到广泛应用，常用药物有丙米嗪、阿米替林等。他主要通过抑制突触前膜胺泵，增加突触间隙去甲肾上腺素和 5- 羟色胺（5-HT）浓度来治疗多动症。由于其对心脏的副反应，近年来已较少应用。

1. 三环类抗抑郁药物的有效性

三环类抗抑郁药物对于治疗多动症的有效性，其内容表述如图 4-8 所示。

疗效特点	对于提升注意力、控制冲动行为有轻至中度效果，能有效改善烦躁不安、活动过度、易怒等症状，还能减轻烦恼与焦虑情绪。在哌甲酯类药物治疗无效时，其可作为重要替代方案。尤其是多动症儿童同时伴有抑郁障碍或焦虑障碍时，三环类抗抑郁药物优势明显
与兴奋类药物对比	大量研究证实，三环类抗抑郁药物对多动症儿童疗效确切。部分文献指出，其治疗效果与兴奋类药物相当，少数观点甚至认为更优，但从整体来看，疗效稍逊于兴奋类药物。二者在治疗症状谱上存在差异，三环类抗抑郁药虽能较好控制多动症儿童的异常行为，但在改善认知功能方面不及兴奋药。所以，这类药物特别适用于伴有焦虑、抑郁等情绪问题的多动症儿童

图 4-8　三环类抗抑郁药物治疗多动症的有效性

2. 三环类抗抑郁药物的剂量和用法（见表 4-6）

表 4-6　三环类抗抑郁药物的剂量和用法

初始剂量	12.5 ～ 25mg/ 天，分 2 次服用
增量策略	每 4 ～ 5 天增加 12.5 ～ 25mg，目标剂量 2 ～ 3mg/（kg・天）（或 50 ～ 150mg/ 天）
监测指标	血药浓度（治疗窗窄）、心电图（基线及用药期定期复查）
起效时间	2 周以上，方始见效

3. 三环类抗抑郁药物的副作用（见有 4-7）

表 4-7　三环类抗抑郁药物的副作用

系统	常见副作用	严重风险	处理措施
心血管系统	心动过速、心律失常，心电图常见 T 波倒置或低平、Q-T 间期延长，ST 段降低	心律失常、心搏骤停（有突发性心脏病的家族史慎用）	基线心电图筛查；避免用于心脏病史者

续表

系统	常见副作用	严重风险	处理措施
抗胆碱能副反应	口干、视物模糊、体位性低血压、心悸、呕吐、便秘、排尿困难	癫痫发作（脑外伤/癫痫史者禁用）	调整剂量；咀嚼无糖口香糖；增加膳食纤维；使用人工泪液
神经系统	嗜睡、头晕	精神病性反应（幻觉、思维混乱）	立即停药并就医；降低量起始
其他	光敏性皮疹（对制造药片的食用色素（柠檬黄）过敏）	神经冲动（高剂量或神经系统疾病史）	防晒保护；改用无色素制剂

4. 使用三环类抗抑郁药物的注意事项

在对儿童使用三环类抗抑郁药物治疗时，需要关注药物在儿童体内的作用情况。常需以血液检查来判断血药浓度，以明确药物剂量是否合适，但血药浓度对确定儿童最佳用药剂量的价值尚不明确。

和兴奋剂类药物不同，儿童服用三环类抗抑郁药物可能会产生耐药性，因此不建议儿童连续使用这类药物超过 1 ～ 2 年。甚至有的时候，服用三环类抗抑郁药物仅仅 4 ～ 6 个月后，患者就开始逐渐失去疗效。在这种情况下，可以先停用药物数月，之后再重新启用。

需要注意的是，存在心脏传导异常、有癫痫病史、患有青光眼及甲状腺功能亢进的儿童，禁止使用这类药物的，以避免引发严重的健康风险。

盐酸安非他酮

盐酸安非他酮（Wellbutrin）是一种相对较新的抗抑郁药物。研究显示，它对儿童和成人多动症的治疗具有一定的积极效果。其作用机制主要在于抑制多巴胺和去甲肾上腺素的再摄取。由于它与三环类抗抑郁药物或其他类型的抗抑郁药物在化学结构上没有关联，因此不会带来与心脏功能相关的风险或副作用，特别适合那些对三环类抗抑郁药物有禁忌的患者。然而，与其他抗抑郁药物类似，盐酸安非他酮需要几天到几周的时间才能在体内积累到足够的浓度，才能评估其疗效。盐酸安非他酮有常规形式和长效制剂两种。

1. 盐酸安非他酮的有效性

盐酸安非他酮的有效性，可以具体参考图 4-9 的内容。

01 一项多中心的对照研究以及与哌甲酯的比较研究均表明，该药物在治疗儿童多动症方面是有效的

02 在针对成人多动症的开放性研究中，患者每日平均接受 360 毫克剂量的安非他酮治疗，持续 6~8 周后，观察到多动症患者的症状持续改善，这种改善效果可维持长达一年

03 盐酸安非他酮对于抑郁障碍和多动症共病的情况也具有很好的疗效

图 4-9 盐酸安非他酮的有效性

2. 盐酸安非他酮的剂量和用法

表 4-8 盐酸安非他酮的剂量和用法

给药方式	速释剂（每日 2 ～ 3 次）或缓释剂（每日 1 次）
剂量范围	4 ～ 6mg（kg・天），分次服用；成人最大剂量 450mg/ 天
起效时间	可快速吸收，血浆水平通常 2 小时后达高峰，平均半衰期为 14 小时

3. 盐酸安非他酮的副作用

服用可能出现烦躁易怒、厌食和失眠等症状，罕见的副作用有水肿、皮疹及夜尿等。有报道称，盐酸安非他酮可加重抽动障碍，有轻度的致药源性癫痫发作的风险。

05 中成药治疗

在过去30多年间，我国在运用中医药治疗儿童多动症领域进行了深入的临床研究与实践，对儿童多动症的病因和病理机制有了较为清晰的理解。目前，中医普遍认为，儿童多动症主要由先天性体质不足、后天养育不当、分娩时的损伤、意外伤害及情绪调节失常等导致儿童阴阳失调，脏腑功能不足，从而引发多动症的相关症状。

中医治疗多动症主要根据调整阴阳、治病求本、补泻温清、少年治肾、身心并治等原则采取分证而治的治法。

肾阴不足，肝阳偏旺证

肾阴不足、肝阳偏旺证是儿童多动症中最常见的证候，主要由于儿童先天不足或后天体弱多病、调护不当，导致肝肾阴精亏损，肾阴不足、肝阳偏旺。其具体表现为小儿神思涣散，注意力难以集中，多动且伴有急躁易怒、多语、冲动任性、难以自我控制等症状。

1. 静灵口服液

静灵口服液是专为治疗本多动症而研制的特效药。它主要利用熟地黄的滋肾益阴、填精充髓、丰肌长志、安魂聪智的功效，以及补五脏真阴的作用；龙骨的安魂镇惊、宁神定志、益肾涩肠、潜敛浮阳、固精益志的特性；五味子的敛肺滋肾、强阴益精的功能；女贞子的强肾益肝、安五脏、养精神的效果；以及牡丹皮和泽泻的泻心、肝、肾三脏之伏火的双重作用，分别作用于血分和水分。这些药材与其他数味药材协同作用，能够滋阴填精而不产生滞腻，潜阳降火而避免寒泻，特别适合年龄较小的孩子服用。

静灵口服液在治疗儿童多动症阴虚阳亢证方面，总有效率高达 97%。它可以较快地改善冲动行为和注意力缺陷，虽然对活动过度的改善稍显缓慢，但能有效地调理全身脏腑的失衡状态，且具有持久的疗效。

静灵口服液与哌甲酯类药物的对比如图 4–10 所示。

静灵口服液

作用较慢，见效稳，持续时间长，停药后反跳慢，不良反应轻微，便于推广使用

VS

哌甲酯类药物

作用时间快，疗效持续时间短，停药后复发率高，反跳快，不良反应大，影响儿童生长发育

图 4–10　静灵口服液与哌甲酯类药物的对比

2. 其他药物

除静灵口服液外，还有知柏地黄丸、六味地黄口服液、枕中丸、小儿智力糖浆（见表 4–9）等中成药在治疗肾阴不足、肝阳偏旺证的多动症方面疗效甚佳。

表 4–9　治疗肾阴不足、肝阳偏旺证候的多动症的其他中成药

药物	说明
知柏地黄丸	在六味地黄丸基础上加知母、黄柏，加强治阴虚火旺之效，但宁神功效略少，可另加远志，石菖蒲煎汤送服
六味地黄口服液	为治疗肾阴不足，肝阳偏旺证基础方，久服效果甚佳
枕中丸	有补心肾的功效，对于肾阴不足，肝阳偏旺证之学习困难者疗效甚佳
小儿智力糖浆	有调补阴阳，开窍益智之效，适宜于肾阴不足，肝阳偏旺证之轻症

心气阴两虚证

心气阴两虚证多由小儿体质虚弱，外感热病或病后过度汗下导致心之气阴两伤，心气不固，心阴不敛，表现为神思涣散，言语频繁，易激动，同时伴有神疲

乏力、气短、虚烦少寐、咽干口渴、五心烦热等症状，是儿童多动症的一种常见证候类型。

1. 朱砂安神丸合参芪膏

朱砂安神丸与参芪膏二方合用，可双补气阴（见图 4–11），适宜心气阴两虚证候的多动症。

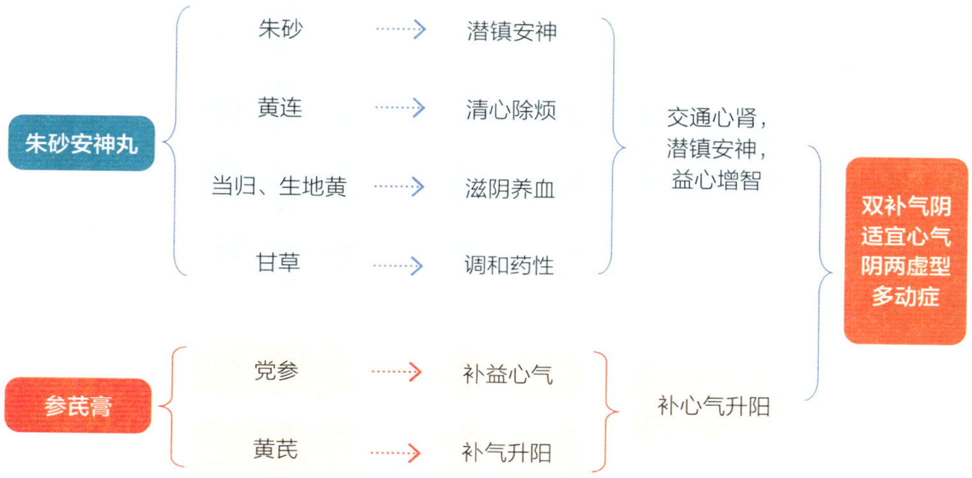

图 4–11　朱砂安神丸与参芪膏二方合用功效详解

2. 其他药物

除朱砂安神丸合参芪膏外，还有其他中成药（见表 4–10）也可治疗心气阴两虚证候的多动症。

表 4–10　治疗心气阴两虚证候的多动症的其他中成药

药物	配方	功效	用量
脑力静糖浆（中西药复方制剂）	大枣、甘草流浸膏、小麦、甘油磷酸钠、甘油磷酸钠、维生素 B_1、维生素 B_2、维生素 B_6	养心安神，和中缓急，补脾益气	口服，每次 10 ～ 20ml，每日 2 ～ 3 次
脑乐静（糖浆）	大枣、甘草浸膏、小麦	养心、健脑、安神	口服，每次 10 ～ 30ml

心脾气虚证

心脾气虚证候的多动症往往源于小儿体质虚弱，或是后天的养护不当，饮食失衡，以及疾病的影响，导致心脾之气受损，气血亏虚。而不良的生活环境、教育方式不当、学习压力过重、长期忧虑和情绪内伤，都可能导致脾气不足，心血暗耗，最终形成心脾两虚，神志受损，表现为注意力不集中，多动不安，记忆力减退；还伴有神疲乏力、面色苍白、偏食、食欲缺乏、多汗和自汗等症状。其中成药治疗如表 4–11 所示。

表 4–11　治疗心脾气虚证候多动症的中成药

药物	配方	功效	说明
集神口服液	党参、黄芪、白术、茯苓、当归、酸枣仁、远志、石菖蒲、五味子	养心益气，健脾安神，适用于治疗心脾气虚证的儿童多动症	为全国儿童多动症科研协定的处方，临床观察表明其疗效显著
归脾合剂	党参、黄芪、白术、甘草、当归、龙眼肉、茯苓、酸枣仁、远志、木香、炙甘草	综合调理心脾，特别适用于儿童多动症之心脾气虚证	也可用于巩固疗效，作为善后调理之用

心肾气虚证

心肾气虚证多由儿童先天禀赋不足，肾元亏损，或因后天疾病侵袭肾脏，损伤肾气，或母体怀孕期间或分娩时，受不利因素影响，导致心气受损；或因后天护理不当，长期疾病或过度使用汗法和下法等耗伤心气，导致儿童多动症的临床表现，包括神思不集中、注意力分散、多动行为，以及伴随的疲倦乏力、气短、记忆力减退、眩晕、耳鸣或遗尿等症状。

1. 柏子养心丸、还少丸合用（见表 4-12）

表 4-12　柏子养心丸、还少丸的配方及功效

药物	配方	功效	合用
柏子养心丸	党参、黄芪、当归、川芎、柏子仁、酸枣仁、五味子、远志、朱砂、茯苓、半夏、肉桂、甘草	养心安神	对心肾气虚证候尤宜
还少丸	巴戟天、肉苁蓉、杜仲、牛膝、熟地黄、山药、茯苓、大枣、山茱萸、枸杞子、楮实子、石菖蒲、远志、五味子	益肾开窍宁神	

2. 斑龙丸、参芪膏合用（见表 4-13）

表 4-13　斑龙丸、参芪膏配方及功效

药物	配方	功效	合用
斑龙丸	鹿角胶、鹿角霜、补骨脂、菟丝子、熟地黄、茯苓、柏子仁	益肾宁神	对心肾气虚证候的多动症尤宜
参芪膏	党参、黄芪、冰糖	调补全身之气虚，促进心气虚损恢复	

3. 人参卫生丸（见表 4-14）

表 4-14　人参卫生丸

药材	作用
人参	大补元气
芡实	补肾固摄，增强体力
狗脊、续断、枸杞子、菟丝子、胡芦巴、锁阳、巴戟天、肉苁蓉、淫羊藿	共同补肾气
山药、白术、楮实子、茯苓、党参、黄芪、甘草	补脾气，秘精气、生气血
当归、熟地黄、何首乌	补肝肾
酸枣仁、石菖蒲	宁心安神

续表

药材	作用
泽泻	泄肾浊，防止补肾助阳的偏颇
白豆蔻	芳香醒脾，使全方补而不滞
对于脾肾两虚并伴有遗尿症状的多动症儿童尤为适宜	

脾气不足，痰浊内阻证

脾气不足，痰浊内阻证主要因小儿体质较弱，饮食不当或患病后未得到充分的调养，导致脾气受损，进而脾虚失运，水湿内停。久而久之，水湿化为痰浊，扰乱心神，表现为神思涣散、注意力不集中、多动等症状。同时，孩子常伴有神疲乏力、食欲缺乏等症状。

治疗脾气不足，痰浊内阻证候的多动症，可选用宁神定志丸、健脾安神合剂、健脾八珍糕等中成药治疗（见表 1–45）。

表 4–15　脾气不足，痰浊内阻证候的多动症中成药的选择

药物名称	配方	功效
宁神定志丸	茯苓、党参、石菖蒲、远志	益气安神，交通心肾，明目
健脾安神合剂	茯苓	健脾渗湿，补中，宁心安神
健脾八珍糕	党参、白术、山药、白扁豆、莲子、芡实、薏苡仁、陈皮、茯苓	用于小儿病后脾胃虚弱，改善面色萎黄，缓解腹胀便溏

心肝火旺证

儿童体质常被描述为“纯阳”“心常有余”和“肝常有余”。若饮食中过多辛辣和油腻或情绪过于激动，外邪侵袭体内，可能导致心火旺盛，肝火上升，出现心肝火旺的证候。在现代社会，因为独生子女现象普遍，家长的溺爱及其教育方法不当，所以临床上常常见到表现为性情急躁、易怒、冲动、任性、多动和多言，难以安静坐定，注意力分散。

治疗心肝火旺证候的儿童多动症，可选用泻肝安神丸和朱砂安神丸来治疗，如表 4–16 所示。

表 4–16　心肝火旺证候的多动症中成药的选择

药物名称	配方	功效	适用证型
泻肝安神丸	龙胆、车前子、黄芩、栀子、珍珠母、龙骨、牡蛎、白蒺藜、生地黄、麦冬、当归、柏子仁、酸枣仁、远志、甘草	清肝泻火，重镇安神	心肝火旺证之肝火偏亢者
朱砂安神丸	朱砂、黄连、生地黄、当归、甘草	清心安神、滋阴补血	心肝火旺证之心火偏亢者

痰火扰心证

痰火扰心证是指由于情绪异常，五志化火，火旺灼炼津液成痰，痰与火相结，上扰心神；或因过度食用肥甘厚味，蕴生湿热，化为痰火，上扰心神所致。临床表现为多语多动，烦躁不安，面红痰黄；或心烦多梦，冲动任性，狂躁妄动，大便干结等症状。

治疗痰火扰心证候的多动症，可选用礞石滚痰丸、竹沥达痰丸等中成药治疗，如表 4–17 所示。

表 4–17　痰火扰心证候的多动症中成药的选择

药物名称	配方	功效	主治	用法	注意事项
礞石滚痰丸	金礞石（煅）、熟大黄、黄芩、沉香	降火涤痰，散结通便	痰火扰心证	年纪大的儿童每次 3 ～ 6g，学龄前儿童每次 3g，每日 1 ～ 2 次	久用伤气伤血，不宜久服
竹沥达痰丸	黄芩、制半夏、酒大黄、橘红、甘草、沉香、鲜竹沥、青礞石、硝石、生姜	豁痰，清热，顺气	痰热上壅，顽痰交结	年纪大的儿童每次 3 ～ 4g，学龄前儿童每次 2 ～ 3g，每日 2 次	用量过大，可出现消化道症状，体虚患者慎用

瘀血内阻证

瘀血内阻证，指的是因产伤、颅脑损伤、幼儿时期跌倒受伤或因气滞、气虚、血热等因素导致的血液循环不畅、瘀血阻塞心窍、脑部营养不足、精神活动异常、心神不宁，从而引发的儿童多动症。其主要症状包括注意力无法集中、思维涣散、认知功能障碍、过度活跃、学习困难，以及伴随的面色发绀、唇色紫暗、毛发稀疏无光泽等表现。

治疗瘀血内阻证候的多动症，可选用血府逐瘀丸、生化丸等中成药治疗，如表 4-18 所示。

表 4-18　瘀血内阻型多动症中成药的选择

药物名称	配方	功效
血府逐瘀丸	桃仁、红花、川芎、赤芍、当归、生地黄、柴胡、枳壳、牛膝、桔梗、甘草	活血化瘀，行气通络
生化丸	当归、桃仁、川芎、炮姜、甘草	养血活血，温经通脉，化瘀生新，使瘀血得去，新血得生，脑海得充，心神得宁

肝气郁结，脾气虚弱证

肝气郁结，脾气虚弱证，指的是因情绪受挫，导致肝气郁结，进而影响脾脏，使得脾脏失去正常的运化功能，从而出现肝脾功能失调的情况。肝气郁结，脾气虚弱证也称为肝脾不调证、肝脾不和证或肝气犯脾证（肝气乘脾证），亦可称为肝郁脾虚证。此症状多由抑郁、恼怒等情绪问题伤害肝脏，或不规律的饮食习惯损伤脾脏引起。其临床表现为注意力不集中，频繁的小动作，异常的多动行为，易怒，情绪波动大，以及学习成绩下滑。

孩子不仅有肝气郁结的症状，还伴有脾虚导致的运化功能障碍，可选用逍遥口服液、柴枳四逆散、柴芍六君丸、越鞠丸、疏肝颗粒（见表 4-19）等中成药治疗。

表 4-19　肝气郁结，脾气虚弱证候的多动症中成药的选择

药物名称	配方	功效
逍遥口服液（由逍遥丸改制成口服液，便于儿童服用）	柴胡、薄荷、当归、白芍、甘草、白术、云茯苓、生姜	疏肝解郁，养血柔肝，健脾和胃
柴积四逆散	柴胡、白芍、枳壳、甘草	调和肝脾
柴芍六君丸	柴胡、白芍、党参、白术、茯苓、甘草、陈皮、半夏	疏解肝郁，缓肝之急，补脾气之虚，和胃消滞
越鞠丸	香附、川芎、栀子、苍术、神曲	行气解郁，通治气、血、火、痰、湿、食六郁
疏肝颗粒	在丹栀逍遥丸基础上加醋香附	疏肝理气，散郁调经

心肝肾失调证

心肝肾失调证，特指因心、肝、肾三脏的气血升降失衡，阴阳水火失衡导致的学龄儿童自控能力减弱，表现为注意力不集中，频繁的小动作，行为异常以及学习成绩下滑的儿童多动症证候类型。治疗这类多动症，可使用的药物如表 4-20 所示。

表 4-20　心肝肾失调型多动症中成药的选择

药物名称	配方	功效	适用病证
益气聪明丸	党参、黄芪、升麻、葛根、蔓荆子、白芍、甘草、黄柏	益气健脾，生血养心，升发清阳，柔肝和阴，入肾坚阴清相火，增强体质，提高多动症儿童自我控制能力	可改善多动症儿童冲动易怒、懒散疲沓等症状，作为辅助用药
丹栀逍遥丸	柴胡、薄荷、牡丹皮、栀子、当归、白芍、甘草、白术、茯苓	疏肝解郁，清心肝郁热，养血柔肝缓急，健脾开胃滋化源	治疗冲动任性、烦躁易怒以及血少、食欲缺乏的症状

中医药是我国传统文化中的瑰宝，在基于辨证施治的原则上进行中医药物治疗是一种有效的医疗手段。这些药物的主要作用机制包括凝神益智、滋阴潜阳、宁心安神及滋养肝肾等。就不良反应而言，中药目前表现出的不良反应较少，主要涉及“上火”等症状，且通常在停药或采取对症治疗后不良反应会消失。

part 5

哪些方法对治疗多动症真正有效

01 行为疗法在多动症中的应用

行为疗法（Behavior Therapy）是一种基于实验心理学研究的医学治疗方法，旨在协助患者消除或培养特定行为，以达成治疗目标。行为疗法因其针对性强、操作简便、疗程较短、见效迅速等优点而著称，是唯一被证实对儿童多动症有效的非药物治疗手段，也是最有效、最基础的干预手段，为其他治疗方法奠定了基础。

行为疗法可以由专业人员实施，也可以教会父母和教师来实施。

1. 强化法

强化，是指行为被紧随其后出现的直接结果加强的过程，分为正强化与负性强化（见图 5-1）。

正强化

行为发生后，伴随正性结果出现或加强。例如，患有多动症的小宇每次在课堂上专注听讲 5 分钟，老师就会奖励给他一张印有卡通图案的“专注小达人”贴纸，集满 10 张贴纸，他就能获得和老师一起下棋的机会。在这种正性强化下，小宇在课堂上专注听讲的时间和次数越来越多

负强化

行为发生后，伴随负性结果的减弱或消失。例如，患有多动症的小林常在课堂上插话被老师批评。当他举手发言后，老师便不再批评他，为了避免被批评，小林发言时先举手再发言的次数越来越多

图 5-1　强化法的分类

2. 代币疗法

代币是一种象征性强化物，如筹码、小红星、盖章的卡片、特制的塑料币等都属于代币，代币疗法是将强化与惩罚相结合的治疗方法（见图 5–2）。孩子出现适当行为或不适当行为减少时，给予不同形式的正强化物，如小红花、五角星等代币，集齐一定量的代币可以获得更大的奖励，如 5 个小红花可以看半个小时动画片，10 个小红花可以周末去游乐园等；孩子未能出现适当行为或出现不适当行为时，便适量剥夺其代币。

01 **确定目标行为**

明确需要矫治的具体行为，例如，帮助多动症儿童纠正一些生活中的不良习惯，或者培养新的生活技能等

02 **确定实质性强化措施的性质**

思考最终用于兑换的实质性奖励是什么，是生活用品、娱乐活动，还是其他对多动症儿童有吸引力的事物

03 **让孩子相信代币的作用**

向多动症儿童解释清楚代币的价值以及它们与实际奖励的关联，让他们明白积累代币能获取想要的东西，从而激发他们通过良好行为去获取代币的积极性

04 **规定代币给予规则**

明确完成各项特定行为时给予代币的数量，确定实际强化物的价值，同时也要规定如果发生不良行为是否扣回代币，以及扣回的数量等

图 5–2　代币疗法实施的步骤

3. 行为塑造法

行为塑造法适用于建立个体在当时还不能完成的新行为的过程，简单来说，就是教他人学会他们原本不能完成的新行为，常用于简单的目标行为的建立，多用于儿童多动症和精神发育迟缓儿童的行为训练。其内容步骤和示例如图 5–3 所示。

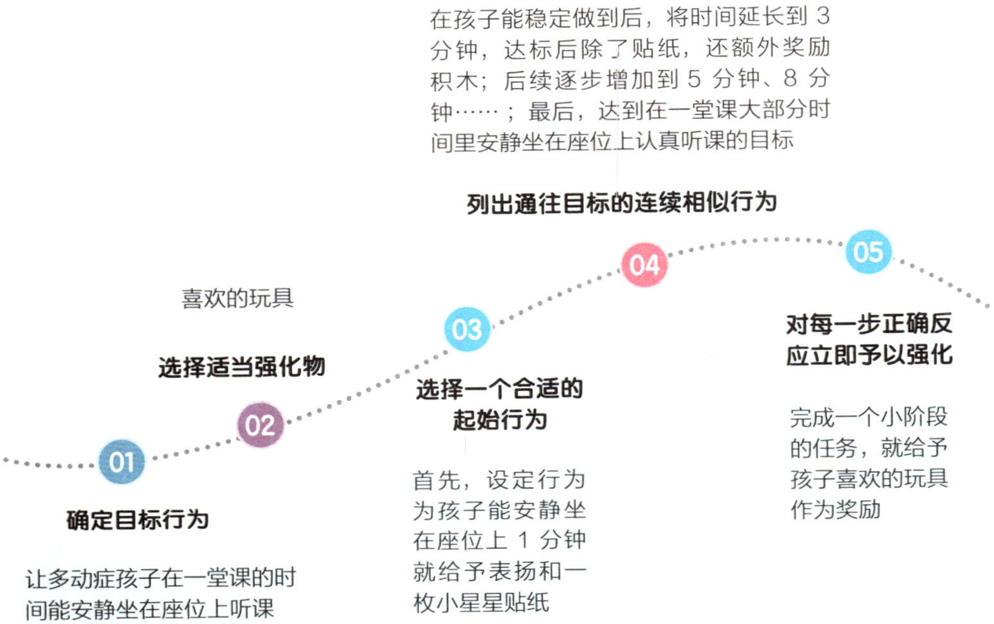

图 5-3　行为塑造法实施步骤及示例

4. 行为清退法

行为消退法，是指当操作性行为不再获得强化时，该行为逐渐减少直至最终停止的过程。例如，在多动症儿童的治疗中，许多多动的小动作得不到家长的关注后便会慢慢减少，治疗中应准确寻找导致儿童不当行为强化的因素。

5. 惩罚法

惩罚法，是指在行为之后施加给个体不愉快的体验，目的是减少该行为的发生，它分为正性惩罚和负性惩罚两种（见图 5-4）。

1　正惩罚　行为后伴随负性结果出现，比如，小明由于多动症，上课时频繁离开座位走动，被老师惩罚下课打扫教室，这种不愉快的体验让小明上课时离开座位的次数减少了

2 负惩罚

行为后伴随正性结果的减少或消失，例如，多动症儿童小刚，总是做作业分心，妈妈暂时收走他最爱的玩具车（移除愉快刺激），此后小刚分心的情况逐渐减轻

图 5-4 惩罚法的分类

6. 厌恶疗法

厌恶疗法，是指当孩子表现出不适当的行为时，通过施加令其产生厌恶感的刺激，从而在不适当行为与厌恶感之间建立条件反射，以此减少孩子不良行为的发生频率。厌恶疗法的具体操作形式有电击厌恶疗法、药物厌恶疗法和想象厌恶疗法三种，其具体如图 5-5 所示。

01 **电击厌恶疗法**

通过将习惯性的不良行为与电击联系起来，每当这种行为在想象中出现时，即施以电击。电击后应休息数分钟，随后进行下一次。每次治疗持续 20 ～ 30 分钟，需反复进行多次电击。治疗频率可从每天六次到每两周一次不等，电击强度应得到当事人的同意

02 **想象厌恶疗法**

要求孩子在想象中主动呈现令人厌恶的场景，并与某种不适应的冲动相结合，以实现治疗效果。例如，让喜欢在公共场合大声喧哗的多动症儿童想象周围的人都用责备的目光看着他，每次产生喧哗行为，都进行这样的想象引导，随着时间推移，多动症儿童在公共场合大声喧哗的行为可以得到有效控制

03 **药物厌恶疗法**

当出现渴望的刺激时，给予其呕吐药物，引发呕吐反应，进而使该行为反应逐渐消退。如有些多动症孩子喜欢咬指甲，可以通过涂苦瓜汁，让孩子每次咬指甲都想起苦涩的味道，从而放弃这种行为

图 5-5 厌恶疗法的具体操作形式

7. 暂停法

暂停法是指在孩子展现不适当行为时，暂时移除所有可能的强化因素，以期减少或消除这些行为。在执行暂停法时，应特别注意一旦孩子表现出不当行为，应立即带孩子离开问题环境，并向孩子展示替代性行为，同时对这些替代性行为进行积极的强化。

8. 行为策略法

行为策略法涵盖了在完成困难或令人不快的任务之后进行的自我奖励训练，以及将复杂任务分解为几个易于控制的小部分等策略。

02 认知疗法在多动症治疗中的应用

认知疗法（Cognitive Therapy）建立在认知过程能够影响情感和行为的理论基础之上，是一种通过运用认知和行为技术，旨在改变患者的负面认知的心理治疗方法的总称。

与传统的行为疗法不同，认知疗法不仅关注多动症儿童对不良行为的矫正，还强调改变变类儿童的认知模式，以及认知、情感和行为之间的协调。与传统的内省疗法或精神分析不同，认知疗法侧重于当前认知对多动症儿童身心状态的影响，专注于意识层面的事件，而非无意识。

认知疗法在治疗多动症方面有一套完整的治疗过程，见图 5-6。

1 建立求助动机

帮助多动症儿童及其家属清晰识别注意力分散、冲动行为、情绪调节困难等典型症状，通过案例分析、行为记录等方式，达成对病情的共识。详细讲解多动症的神经生物学基础、认知偏差在症状维持中的作用，同时展示成功案例的治疗效果，增强多动症儿童及家属对治疗的信心与配合意愿

2 适应不良性认知矫正

针对多动症儿童常见的“我就是学不会”“我控制不了自己”等消极认知，采用认知重建技术，引导多动症儿童认识到这些想法的不合理性。通过示范、角色扮演等方式，教授多动症儿童制订学习计划、运用时间管理策略、采用自我提醒等新的认知和行为方式，逐步替代原有的不良应对模式

3 **培养观念竞争**

鼓励多动症儿童在日常学习、社交和家庭生活场景中，主动用新学的积极认知和行为策略，与原有的冲动、拖延等不良习惯“对抗”。例如，当出现分心时，用“我可以专注 10 分钟”的积极想法替代“我肯定学不进去”的消极想法，并配合相应的行为训练，强化新的认知模式

4 **改变有关自我的认知**

在治疗过程中，通过认知训练和行为反馈，帮助多动症儿童重新认识自己的能力与价值。引导多动症儿童客观评估自己在注意力集中、任务完成、情绪管理等方面的进步，逐步形成“我可以通过努力改善症状”的积极自我认知，提升自我效能感和心理韧性

图 5-6 认知疗法在儿童多动症治疗中的作用

03 认知行为疗法（CBT）

认知行为疗法（cognitive behavioral therapy，CBT）是一种基于认知心理学理论的心理治疗方法。它旨在通过改变患者的思维模式和行为习惯，帮助他们应对和处理负面情绪及心理问题。这种方法强调，个体的情感和行为问题主要源自其对事件的认知方式和信念系统。通过识别和纠正这些不合理的认知，可以实现对情绪和行为的有效调整。

认知行为疗法的理论基础

认知行为疗法（behavior therapy），是一种将“行为疗法”与“认知疗法”相结合而形成的一种疗法。

认知行为疗法是一种通过改变思维模式或信念以及行为方式来改善不良认知、消除不良情绪和行为的短程心理治疗方法。其核心在于纠正认知，即识别并改变那些导致患者产生不良情绪的想法和信念；而改变行为则涉及采取适当的行动，如勇敢面对恐惧情境、进行深度放松等。研究表明，认知行为疗法对于治疗抑郁症、焦虑症、多动症等具有显著的疗效。

认知行为疗法在多动症治疗中的应用

认知行为疗法的治疗流程规范而有序，通常包括建立治疗关系、收集资料、问题评估、制订治疗目标与计划、认知重构、行为治疗、持续监测治疗效果和完成治疗。

1. 建立治疗关系

通过真诚沟通、尊重理解及积极倾听，与多动症儿童建立信任、合作的治疗关系。这种关系能够为后续的治疗奠定良好的基础，有助于多动症儿童更好地配合和参与治疗过程。

2. 资料收集

（1）详细记录孩子的个人信息，包括年龄、性别、学校表现等。

（2）了解孩子的家庭背景、父母的教育方式、家庭环境等。

（3）评估孩子的心理状态，包括情绪稳定性、自尊心、社交能力等。

（4）观察并记录孩子的问题行为，如注意力不集中、冲动行为、多动等。

3. 问题评估

（1）分析孩子多动症的可能原因，包括遗传、脑部发育、家庭环境等因素。

（2）评估多动症对孩子日常生活和学习的影响程度。

（3）识别孩子在家庭、学校和社交场合中的具体问题表现。

4. 制订治疗目标与计划

（1）与家长和孩子一起确定治疗目标，如提高注意力、减少冲动行为等。

（2）设计个性化的治疗方案，可能包括药物治疗、行为疗法、家庭治疗等。

（3）确保治疗计划具体、可衡量，并定期评估进度。

5. 认知重构

（1）通过心理教育帮助孩子和家长理解多动症，消除误解和负面标签。

（2）教授孩子识别和表达自己的情绪，以及适当的应对策略。

（3）引导孩子建立积极的自我形象和自我效能感。

6. 行为治疗

（1）实施行为干预措施，如使用奖励系统来增强孩子的正面行为。

（2）教授孩子时间管理和组织技能，帮助他们更好地管理日常任务。

（3）通过角色扮演和社交技能训练，提高孩子的社交能力。

7. 持续监测治疗效果

（1）定期与家长和教师沟通，了解孩子在不同环境中的表现。

（2）使用标准化评估工具定期评估孩子的进步。

（3）根据评估结果调整治疗计划，确保治疗的有效性。

8. 结束治疗

（1）当孩子达到治疗目标或能够独立应对挑战时，逐步减少治疗频率。

（2）与孩子和家长回顾整个治疗过程，总结学到的技能和策略。

（3）提供后续支持计划，包括定期随访和资源推荐，帮助孩子持续发展。

总体而言，在多动症的治疗过程中，认知行为疗法能够帮助多动症儿童增强对自己行为的控制信心，并在提升自我效能感及归因能力等方面发挥积极的作用。

04 生物反馈疗法

随着生物–心理–社会医学模式的兴起，生物反馈疗法（biofeedback therapy）已经成为行为医学领域中备受瞩目的研究焦点之一。

生物反馈疗法的理论基础

1934年，史密斯（Smith）发现，人类的意识能够控制单个运动单位的放电电位、放电规律及其频率。不久之后，林斯利（Lindsley）观察到，在极度放松的状态下，意识的作用可使肌肉完全放松，让所有运动单位都处于静息状态。1969年，米勒（Miller）通过动物实验验证了自主神经系统控制的内脏腺体也能建立操作式条件反射，这为生物反馈治疗内脏疾病提供了理论支持。

人体的内脏生理活动主要由自主神经系统控制，由于内脏活动产生的信号通常非常微弱，无法被意识察觉，无法随意改变。然而，如果利用现代电子仪器将这些生物信号放大，使人们能够获取内脏活动的信息，并通过反复学习，人们就能在一定程度上控制自己的内脏活动，这便是生物反馈。

现代生物反馈训练借助现代科学技术，将机体平时难以感知的生理信息（如血压、心跳、脑电活动等）进行处理和放大，以机体能够感知和理解的方式（通常是视觉或听觉等）呈现出来，让机体感知、理解，进而发挥心理对生理的调节作用，恢复生理功能，实现心身平衡。

常用生物反馈的方法

1. 肌电生物反馈

肌电生物反馈，是指通过测量受试者体表的肌电信号，并将其放大，然后转换为声音、光线或数字等不同形式的反馈信号，使受试者能够感知肌肉活动的增强或减弱。通过持续的体验和训练，受试者将学会如何调节肌肉的紧张程度。其具体内容如图 5–7 所示。

01 **松弛训练**

通过放松，消除紧张、焦虑情绪

02 **加强肌肉收缩训练**

帮助恢复瘫痪肌肉的功能

图 5–7　调节肌肉的紧张程度训练项目

2. 皮温生物反馈

皮温生物反馈，是指通过测量局部皮肤温度的变化，并将这些信息反馈给受试者，受试者经过反复体验后，能够学会如何调控自己的皮肤温度。这种方法主要应用于治疗与皮肤温度相关的病症，如偏头痛、焦虑症、雷诺现象等。其工作原理在于，当交感神经兴奋时，皮下血管会发生收缩，导致局部血流量减少，进而使得皮肤温度下降。

3. 皮肤电导 / 皮肤电流反应

皮肤电导 / 皮肤电流反应，指的是测量皮肤上两个选定点（通常是两指之间）的电导性或电流通过量。相较于肌电生物反馈，这种调节学习更复杂，但一旦掌握，其疗效更持久。其主要应用于缓解紧张情绪，其原理在于个体在情绪紧张、恐惧或焦虑状态下，交感神经活动增强，汗腺分泌增多，从而导致皮肤电导性提升。

4. 脑电生物反馈

脑电生物反馈，指的是大脑皮层各区域的脑电波节律和振幅与情绪、注意力、放松状态、唤醒水平、记忆等心理生理过程紧密相关。通过精确测量、记录不同脑区的脑电波（振幅与频率），并针对特定区域和频率进行专门的训练，个体可以学会主动调节自身的脑电活动。这种方法可用于治疗失眠、疼痛、注意力缺陷等病症。

5. 结膜血管充盈生物反馈

结膜血管充盈生物反馈，是一种创新的生物反馈放松疗法。它的作用原理是将结膜末梢毛细血管的充盈状况作为衡量主观感受的生理指标，通过调节血管的充盈程度来达到放松的效果。其具体内容如图 5-8 所示。

01 眼球结膜是一层薄而透明的疏松黏膜组织，其中穿行着微血管，它主要分为球结膜、睑结膜和穹隆结膜三个部分。当闭眼时，这三个部分合为一体，覆盖着极薄的皮下组织和皮肤

02 在适宜的光源照射下，闭眼安静时，人眼的感光系统能够感知到结膜毛细血管的充盈状态。通过意识的参与，结合引导性想象和生物反馈技术，人们有可能在一定程度上通过主动控制结膜毛细血管的血液充盈，进而调节自主神经功能，以达到放松的效果

03 结膜血管中血液在透光时所呈现的血红色深浅，可以作为血液充盈程度的一个指标。当身体处于放松状态时，末梢血管会舒张，结膜血管的充盈程度会提高，眼睑的红色滤光效果也会增强，从而在视觉上呈现出红色光源。随着放松程度的加深，红色视觉也会相应加深。在进行放松训练时，可以将红色视觉作为指征，通过放松体验来维持并加深红色视觉，这将有助于增强末梢血管的舒张和其他副交感神经的活动

图 5-8　结膜血管充盈生物反馈的原理

6. 心率 / 心电 / 指端脉压生物反馈

心率 / 心电 / 指端脉压生物反馈，指的是通过记录心电图或指端脉搏变化的方式，个体可以实时测量并监测心率的波动。这种方法适用于直接的心率生物反馈训练。通过这种训练，个体能够在一定程度上自主调节心率，这对于治疗多种心律失常具有积极意义。此外，通过计算心率变异性（HRV），个体可以进行HRV 生物反馈，它对于治疗与自主神经功能障碍相关的疾病，如哮喘、高血压和糖尿病等，具有潜在的效果。

7. 虚拟现实技术在生物反馈中的应用

虚拟现实技术（virtual reality），亦称 VR 技术，通过计算机构建具有三维空间效果的模拟环境。它借助各种传感设备和执行设备，创造一种沉浸式的体验，使用户仿佛“身临其境”，并能与虚拟环境进行直接互动，获得与现实世界相似的反馈信息。该技术的核心优势在于无须在现实世界中构建实体环境，就能够高度真实地模拟人与环境之间的互动。例如，加拿大麦吉尔大学（McGill University）开发的下肢训练技术，通过计算机模拟了一个三维立体的过街场景，其中包括代表孩子的虚拟人物、行驶的汽车和行人等元素。孩子可以在这样的环境中“存在”，通过操作执行设备，进行逼真的步行过街训练，从而锻炼步态、调整步速，并增强多动症儿童重返社会后独立生活的能力。

生物反馈疗法在多动症治疗中的应用

治疗儿童多动症主要依赖神经反馈技术，以调节这类儿童的行为和注意力，进而改善其认知功能。

1. 神经反馈疗法的治疗原理

大脑在活动时会产生微弱的电信号，这些电信号形成不同的频率的脑电波，不同类型的脑电波对应着人体不同的状态。比如，α 波（8 ～ 13Hz）通常出现在人处于放松、清醒且安静的状态，有助于提升注意力和专注力；θ 波（4 ～ 8Hz）常与困倦、白日梦以及注意力不集中状态相关。多动症儿童的脑电波特征往往是 θ 波增多，α 波和 β 波（14 ～ 30Hz，与高度警觉、认知加工过程关系密切）减少。

神经反馈疗法正是基于此原理，应用操作性条件反射，借助脑电生物反馈治疗仪，让多动症儿童了解自己的脑电活动状态。当脑电波达到预期的理想状态，如 α 波增多、θ 波减少时，仪器会以奖励的方式反馈给儿童，像发出悦耳的声音、屏幕上显示奖励图标等。经过一段时间的训练，多动症儿童能够学会自主调节脑电活动，从而改善大脑功能状态，进而调节自身行为，提升注意力，并改变认知功能。

2. 常见的神经反馈疗法的训练方式

常见的神经反馈疗法的训练方式（见图 5–9）主要有 α 波训练和 θ 波训练。

1

α 波训练

通过引导多动症儿童增加大脑中的 α 波活动，帮助他们进入更放松、专注的状态。在训练过程中，儿童头戴脑电传感器，连接到脑电生物反馈治疗仪，屏幕上会呈现各种有趣的互动游戏或任务。比如，操控屏幕上的飞行器飞行。当多动症儿童的 α 波达到一定强度时，飞行器就能平稳飞行；若 α 波强度不足，飞行器则会出现颠簸甚至坠落。通过不断尝试和调整，多动症儿童逐渐学会主动调节 α 波，提高注意力集中程度，减少分心和多动行为

2

θ 波训练

主要目标是抑制大脑中过多的 θ 波。因为多动症儿童在学习、做作业等需要集中注意力的场景中，θ 波活动频繁，容易导致他们注意力不集中、困倦、走神。在 θ 波训练中，同样利用仪器监测脑电，当检测到 θ 波降低到一定水平时，给予多动症儿童积极反馈，如播放一段欢快的音乐或者解锁游戏中的新关卡。多次训练，可以帮助多动症儿童减少 θ 波，提升注意力和专注时间，提高学习效率

图 5–9　常见的神经反馈训练方式

3. 神经反馈疗法的优势

与其他治疗方法相比，神经反馈疗法在治疗儿童多动症方面存在一定的优势。其具体内容如图 5-1 所示。

① 非侵入性和安全性高

与药物治疗相比，神经反馈治疗不涉及药物摄入，避免药物可能带来的副作用，如食欲减退、失眠、头痛等，对儿童的身体发育没有不良影响，是一种安全、绿色的治疗方式

② 改善认知功能

除了改善注意力和行为表现，神经反馈治疗还有助于提升多动症儿童的认知能力，如记忆力、思维能力、解决问题的能力等，对孩子的学习和成长具有积极的促进作用

③ 提升自我调节能力

这种治疗方式强调多动症儿童的主动参与，通过训练让他们学会自主调节大脑活动，掌握自我管理的技巧。一旦掌握这些技巧，多动症儿童在日常生活中即使不借助仪器，也能运用所学来控制自己的注意力和行为，实现更持久的改善效果

图 5-10 神经反馈疗法治疗儿童多动症的优势

4. 治疗效果与流程

一般来说，大部分多动症儿童在接受神经反馈疗法 15 ～ 20 次左右时，症状开始出现改善，如注意力有所提升，多动和冲动行为减少。大约进行 40 次治疗后，症状会明显改善。不过，神经反馈疗法的治疗效果也受到多种因素的影响，如多动症儿童参与训练的积极性和配合程度、训练师的专业水平和经验等。通常建议每周进行 3 ～ 5 次训练，每次训练时长约 30 分钟，具体的训练方案会根据每个个体的评估结果和训练进展进行个性化的调整。

05 游戏疗法

游戏疗法，能在认知、想象力、动机等多方面促进儿童成长发展，尤其在自我意识形成期作用显著。儿童可通过游戏疗法表达思想情感，包括喜好、期望、恐惧等，释放难以言说的情绪。还能通过游戏疗法尝试新方法解决旧问题，并将获得的经验融入知识体系。同时，游戏疗法有助于儿童学会控制自己的思想、情感和行为。游戏疗法对儿童建立自我意识和自信心很关键，积极经验的积累可培养其胜任感。

游戏治疗的理论基础

1. 儿童游戏的发展阶段

（1）感官游戏（0～2 岁）

0～2 岁是感官游戏阶段，宝宝主要通过感官来认识世界。其内容如图 5-11 所示。

刚出生不久	通过操作物体收集感官信息，像推动悬挂玩具让其摇摆，一旦学会就反复去做，这就是他们最初的游戏
3 个月大	宝宝会盯着人和物体看，还会尝试抓面前的东西
3 个月后	能抓握、玩弄小物品，碰到的东西都要摆弄一番，碰不到的就看看，学会翻、爬、坐后，双手更自由，能探索更多新事物

刚学步　开始玩玩具，还会模仿声音，比如，汽车上坡时模仿马达声，老虎出现时模仿吼叫，也会通过摁按钮、拉线、敲击玩具让其“发声”。像荡秋千、玩跷跷板、在父母膝盖上弹跳、被抛起等，都是这个阶段常见的感官游戏

快 2 岁时　孩子游戏中的主动性增强，穿梭房屋间模仿飞机轰隆声，为想象游戏做准备

图 5–11　0 ～ 2 岁阶段宝宝感官游戏示例

（2）想象游戏（2 ～ 6 岁）

2 ～ 6 岁是想象游戏的阶段，象征能力是想象游戏的关键，它能促进智力和语言发展。其具体内容如图 5–12 所示。

01　孩子通过表演剧，如过家家，扮演生活中重要人物，模仿他们的言行举止。在过家家游戏中，孩子会用物品代替其他东西，还包含真实或想象的情节。学前儿童可以借此发展认知、综合能力和忍耐力

02　随着能力提升，孩子不再满足独自模仿，开始和其他孩子互动游戏，模仿动作，再造眼中世界，锻炼言语技巧，表达情绪，实现与社会的互动，还能发展应对现实情境的技巧

03　想象游戏也会以幻想形式出现，包括扮演、联想、创造想象中的玩伴，孩子能在幻想中尝试新经历、解决问题，还能通过象征性交流表达难以言说的情绪，帮助发泄情感、解决问题

图 5–12　2 ～ 6 岁阶段宝宝想象游戏概况

（3）规则游戏（7 ～ 11 岁）

孩子成长过程中，游戏从自发的虚拟游戏发展为结构化、有规则的游戏。其具体内容如图 5–13 所示。

孩子做游戏不仅为了乐趣，还检测自己的技能，此时规则游戏约束力小，常被改动或被违反。早期传统游戏，如拍洋片、猜谜等，孩子大多都会先和家人玩，后和同伴玩

规则游戏更受欢迎，因为他们认知能力增强，能思考和逻辑推理。玩规则游戏需要控制冲动、忍耐挫折、接受行为限制、遵守规则，很多游戏还包含计划、组织、思考和解决问题的内容，对身体、认知和社会化发展都很重要

图 5-13　规则游戏的发展概况

2. 游戏疗法用于辅助行为疗法

行为疗法起源于 20 世纪 50 年代，它基于条件反射原理和社会学习理论，旨在纠正不适当的行为模式。专业人员运用强化和模仿的概念，专注于行为问题，而没有试图帮助儿童表达自己的情感或理解他们内心的冲突。通过消除那些维持和加强不良行为的强化因素，专业人员努力减少或消除这些行为。尽管专业人员不关注游戏本身的内在价值或治疗效果，他们却认为游戏提供了一种建立联系的途径，通过与治疗相结合，可以促进儿童行为的积极转变。因此，奖惩、模仿示范、放松训练和系统脱敏等方法逐渐被融入儿童游戏之中，必要时，这些方法也会被传授给父母和教师。

游戏疗法的分类

游戏疗法大致分为精神分析游戏疗法、发泄游戏疗法、关系游戏疗法以及非特定性游戏疗法等几种类型。其具体内容如图 5-14 所示。

1 精神分析游戏疗法

精神分析游戏疗法的关键在于和孩子建立良好的关系，并且引导孩子明白一些道理。治疗师会陪着孩子一起玩游戏，在这个过程中，和孩子亲近起来，建立信任。同时，仔细观察孩子在游戏里的各种表现，如孩子喜欢玩什么玩具、怎么玩的，等等，从这些方面收集信息，了解孩子的内心世界，知道孩子心里在想什么、有什么感受

2 发泄游戏疗法

有些孩子可能遇到了一些让他们有很大压力的事情，如经历了不好的事情，或者长期处于紧张的状态。对于这些孩子，治疗师会用一些玩具来模拟出能让孩子想起那些压力的场景，就像重现当时的情形一样。在这个模拟的情境里，孩子可以把心里压抑的情绪，如生气、害怕、难过等尽情地发泄出来，就像把心里的“坏情绪”倒出来一样

3 关系游戏疗法

关系游戏疗法特别看重治疗师和孩子之间的感情。治疗师会努力和孩子建立非常亲密、信任的关系，就像好朋友一样。当孩子在生活中遇到困难，如和小伙伴相处不好、学习上有压力等时，治疗师就会利用亲密的关系，帮助孩子一起想办法解决困难，让孩子能够更好地面对生活

4 非特定性游戏疗法

非特定性游戏疗法的核心目标是提升孩子的自我认知与自我引导能力，旨在为孩子创造一个自由而开放的空间，让他们能够以自己的方式表达自我。治疗过程中采用的策略涵盖了多种游戏疗法，如认知行为治疗、来访者中心游戏疗法、结构式游戏疗法、格式塔游戏疗法、亲子游戏疗法，以及父母—子女交互游戏疗法等。非特定性游戏疗法既可单独进行，也可在小组环境中实施，甚至可以扩展至家庭疗法的范畴

图 5-14 游戏疗法的类型

游戏治疗室的设置

1. 游戏室的大小

游戏室的设置，大小以 14～18 平方米为宜，可容纳 2～3 名儿童集体治疗。太大不易管理，儿童距离远；太小缺乏独处空间，易碰撞或干扰；要安装窗帘防窥视，地板选耐磨、易清洗、易更换材料，墙壁用乳白色系，营造明亮愉快氛围，天花板要有隔音设备；两面墙放框架展示玩具器材，可挂黑板，配备桌椅，有条件的可安装单面镜和摄像机用于亲子治疗。

2. 选择玩具的原则

首先，确保玩具与游戏疗法的目标保持一致；其次，玩具要与游戏疗法的理论基础相契合。在选择玩具的过程中，需留意以下七点注意事项（见图 5–15）。

用于与儿童建立关系	选择的玩具应助力治疗师深入了解孩子，让孩子在游戏中展现真实生活状态，如攻击性、创造性等。一组代表孩子所有家庭成员的娃娃，能帮助孩子表达家庭背景，便于治疗师理解其想传达的信息
探索真实生活经验	选择的玩具应能帮助孩子在游戏中表达出真实的生活经验，例如一个医疗站、一个小商店，在治疗师的引导下，让孩子在模仿管理中学会自我控制，促进内在的平衡
发展自我意识	提供一些小工匠工具、积木，让孩子模仿做事，获得一种成功感，可以提高自我意识，并类推到其他活动中
提供发展自我控制的机会	让孩子选择能被他人接受的行为，学习以负责的态度做决定，并发展自控
用于表达情感	木偶可以用来表达情感，当孩子利用木偶表达其情感时，大人不必担心表达方式，因为他认为是玩具表达的，而不是他自己
试探治疗关系中的限制	选择玩具时，要让孩子有机会探索哪些行为可接受、哪些不可接受。比如，对于有攻击性的孩子，在治疗中给他们一把能射出子弹的手枪，借此教他们明白使用枪的界限，如可以射靶子，不能射小朋友，同时在射击过程中，他们积压的情绪也能得到释放
了解自我	对于一些有负性情绪的孩子，当孩子表达出其体验，并被治疗师所接受并回应，他们就能感受到治疗师的接纳，进而更了解自己

图 5–15　游戏疗法中选择玩具的注意事项

3. 玩具的分类

（1）真实生活中的玩具

真实生活中的玩具分很多类（见表 5–1），能帮助儿童表达情感，反映其真实生活。

表 5–1　真实生活中的玩具信息表

类型	玩具	玩法	作用
家庭生活类	娃娃家庭、娃娃、房子、小木偶等	能够代表儿童的家庭成员	帮助儿童表达情感
生活模拟类	汽车、船、医药箱、炊具、收银机	操作收银机、按键、数数	能够体验到一种控制感，有助于增强他们的自信心和主动性，对内向、退缩、害羞的儿童特别有益

（2）用于发泄情绪和攻击性的玩具

在游戏室中，允许攻击性儿童发泄情绪，使他们从中获得满足感，这样有助于增加他们的正性情感。其具体内容如表 5–2 所示。

表 5–2　用于发泄情绪和攻击性的玩具信息表

类型	玩具	玩法	作用
击打类	不倒翁拳击袋、玩具小兵、鳄鱼头、木偶、枪、刀	向鳄鱼射击、用沙土埋小兵、用手击打不倒翁等	作为儿童表达愤怒、敌意、对挫折反应的媒介，增加正性情感，适合攻击性儿童
动手操作类	圆木座、钉子	钉子钉入圆木座	发泄情绪，提高注意力
	橡皮泥	压扁、弯曲、撕裂、捣碎橡皮泥，塑造角色	适合具有创造性和攻击性的儿童，可发泄情绪

（3）表达创造性、发泄情绪的玩具

表达创造性、发泄情绪的玩具，能帮助儿童培养创造力的同时，使他们发泄自己的情绪。其具体内容如表 5–3 所示。

表 5-3　表达创造性、发泄情绪的玩具信息表

类型	玩具	玩法	作用
非结构性材料类	沙子、水	模拟月球表面、沙滩、堡垒等	非结构性游戏材料，任由儿童发挥想象，无对错之分，鼓励儿童的成功感
搭建类	积木	搭建房子、天安门、火车、桥等，推倒、丢掷积木	搭建各种建筑，体验建筑乐趣与破坏快感，满足儿童探索欲
涂画类	黑板	在黑板上涂涂画画	为儿童提供创造性和破坏性的体验

游戏疗法的五个阶段

游戏疗法是通过儿童与专业人员之间互动关系的逐步建立而发展的。在游戏中，儿童能够直接表达情感，更容易接受现实，并能够针对问题进行探讨。游戏疗法展现了清晰的阶段性特征。

1. 第一阶段（熟悉、引导阶段）

在这一阶段，专业人员会与儿童尝试建立良好的关系，并开展探索性、非特定性、创造性的游戏活动。在这一过程中，儿童常展现出好奇、快乐及焦虑的情绪。

2. 第二阶段（评估阶段）

第二阶段延续第一阶段的游戏内容，并新增攻击性游戏。在此期间，儿童会持续流露出快乐和焦虑等情绪，其自发行为倾向（指个体在没有外部明显指令、要求或强烈刺激的情况下，自然而然地表现出的行为趋势或偏好）愈发显著。同时，儿童会向专业人员分享家庭及个人相关信息。专业人员则借助探索性与关系性游戏，深入了解儿童的内心感受。

3. 第三阶段（治疗阶段）

第三阶段，专业人员会制订一个专门针对儿童问题的治疗计划，旨在增强他们的自我控制能力和提升成就感等。在这个阶段，探索性、非特定性以及攻击性的游戏活动会减少，而关系性和创造性的游戏活动会增多，儿童通常表达出更多

的快乐情绪。

4. 第四阶段（治疗阶段）

持续执行以创造性与互动性游戏为核心的治疗方案，将非特定性游戏疗法降至最低。在此过程中，儿童积极与专业人员建立联系，并向专业人员表达他们的焦虑、挫折和烦恼等情绪。此时，快乐成为主导情绪。

5. 第五阶段（结束阶段）

第五阶段主要采用戏剧化、角色扮演及创造性游戏的方式。在专业人员的引导下，儿童能够体验自主的游戏空间，并感受到真诚的关怀与肯定，这使他们有机会自由地发展自我。在专业人员的细心调整下，儿童学会自我调节，进而促进内心的平衡。同时，儿童及其家庭也开始为治疗的结束做好准备。

从传统意义上讲，游戏疗法的疗程较为漫长，一般持续 15 ～ 24 次。近年来，游戏疗法趋向于短程化，通常为 10 ～ 12 次，并且采取多维策略，结合与父母的辅导以及与学校的沟通，以实现更全面的治疗效果。

游戏疗法在多动症治疗中的应用

1. 治疗目标

多动症儿童游戏疗法的目标主要体现在四个方面（见图 5-16）。

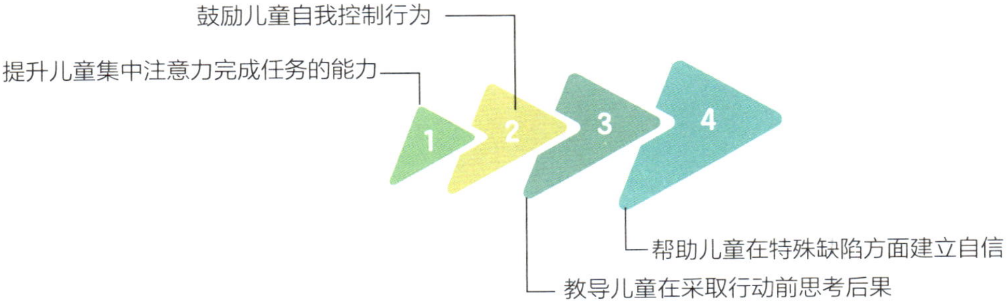

图 5-16　多动症儿童游戏疗法的目标

2. 治疗方案

（1）了解儿童的家庭关系和个人感受

一是，引导儿童绘制“人像”“房屋”以及“全家福”。专业人员会提出一系列与画作相关的问题，例如“这个人多大年纪？”“他最喜爱的活动是什么？”“在这个家庭中谁最受欢迎？家庭成员之间的关系如何？”，等等。由于儿童通常会将画中的第一个人物视为自己的化身，专业人员便能借此获取关于儿童的宝贵信息。需要注意的是，所有问题都应以第三人称的方式提出，以便让儿童自由地表达自己的想法。

二是木偶造句游戏。专业人员首先引导儿童挑选一个木偶，随后自己也挑选两个木偶，分别用左右手各持一个。专业人员介绍这两个木偶的名字，例如“南南”和“北北”，并鼓励儿童为自己的木偶取一个名字，如“晓晓”。接着，专业人员以“南南”或“北北”的身份说出一些句子，邀请儿童以“晓晓”的角色回应一个句子，通过这种方式逐步探索儿童的内心世界，例如：“我感到最难过的时候是……”“我感到最快乐的时候是……”等。这些句子可以根据父母提供的初步信息进行适当的调整，以更好地适应每个儿童的特定情况。

（2）训练儿童集中注意力

常见的训练方式可以尝试计时游戏。选取 10 张扑克牌，让儿童在 2 分钟内（时间长度可根据儿童的注意力持续能力调整）专注于手头的任务，其间不要抬头观看或分心于其他事物。若儿童成功做到这一点，将额外获得 10 张扑克牌作为奖励。若儿童抬头查看，则需取走一张扑克牌。完成三次这样的练习后，如果扑克牌总数达到 25 张（允许有 5 次失误），儿童便可以从百宝箱中挑选一件小礼物作为奖励。随着治疗的深入，专业人员可以逐步延长儿童集中注意力于扑克牌的时间。

（3）训练多动症儿童克服冲动性

一是策略性拼板游戏。它旨在培养儿童细致地观察并审慎行动的能力。在游戏过程中，专业人员需向儿童展示所有步骤，并清晰阐述采取的策略，目的是让多动症儿童观察专业人员如何解决问题、做出决策并运用策略，以最终取胜。随后，专业人员引导儿童采取恰当的策略和步骤，并学习“停下来思考”的技巧。

二是四点连接游戏。它专注于训练儿童的自我控制能力。专业人员通过语言描述游戏策略，并提示儿童取胜的关键在于行动前仔细观察目标周围，运用暂停技巧，从而减缓反应速度，实现成功。

三是反弹球游戏。若投球动作过快，球可能会弹出格子外。专业人员首先进行示范并解释游戏取胜的要领，引导儿童学会放慢动作，逐步掌握游戏规则。在治疗过程中，专业人员应适当调整游戏的胜负比例，确保儿童能够体验到胜利，以增强其自信心。同时，也应适时让儿童经历失败，以测试他们面对挫折的能力。

（4）让儿童体验各种不同的情感

专业人员可以设置情感命名游戏。邀请儿童列举一个人可能经历的各种情绪，并在纸上记录下每种情绪的名称。专业人员讲述一个故事，例如：“我去餐厅吃特别喜欢的饭，吃完饭后离开，却发现我的钱包落在了餐厅。”随后，专业人员与儿童探讨故事中引发的不同情感体验及其各自的强度。最终，专业人员鼓励儿童自己讲述一个故事，以此激发他们用语言表达内心深处隐藏的感受。

（5）帮助儿童探索解决问题的办法

专业人员可以设置垃圾袋游戏。它是一种由专业人员与儿童共同参与的活动。在这个游戏中，专业人员首先向儿童描述垃圾的不洁之处，接着分发给每个儿童四张纸张，引导他们在每一张上记录一下一件令他们感到烦恼的“垃圾”——即他们心中的困扰。专业人员自己也会写下四件“垃圾”，随后将这些“垃圾”封入垃圾袋中。在接下来的治疗会话中，儿童将从垃圾袋中随机抽取一张记录着“垃圾”的纸条，例如：“我在和小伙伴玩游戏时，总是忍不住生气，一生气就大喊大叫，大家都不喜欢这样的我。”

然后，通过木偶角色扮演的方式，专业人员指导儿童运用自己的经验去探索解决问题的策略。例如，小狐狸和小伙伴们玩皮球，可球总是被别人抢走，小狐狸急得直跳脚，正想发火大喊时，突然想起妈妈说过，生气前先深呼吸十下。小狐狸赶紧闭上眼睛，慢慢地吸气、呼气，等十下做完，它发现自己没那么生气了。于是，小狐狸跟小伙伴们说："下次抢到球能不能也让我玩一会儿呀？"小伙伴们答应了，大家玩得可开心了。

在随后的每次治疗中，专业人员与儿童将一起努力，找到方法"扔掉"一个"垃圾"。

（6）将游戏治疗所取得的进步带入家庭

专业人员与儿童共同确定下周需解决的问题，如"早晨不愿起床"，并就此签订契约。儿童若在下周内每天能自行起床，将获得专业人员设定的奖励。此外，专业人员将逐步引入代币机制，根据儿童累积的代币数量，到专业人员处领取相应的奖品。初次治疗时，专业人员可通过绘画活动了解儿童的家庭背景和个人情感，同时通过"计时游戏"和"策略性拼板游戏"，评估儿童的注意力集中时长和冲动控制水平，为制定个性化治疗方案提供依据。

在随后的治疗过程中，将穿插可以提升注意力和控制冲动性的游戏活动，逐步延长儿童的注意力集中时间，并增加控制冲动的难度。专业人员可以通过"情感命名游戏"，帮助儿童学会管理自己的负面情绪；通过"垃圾袋游戏"，引导儿童寻找解决问题的策略。随后，专业人员通过"签订契约"的方式，将儿童管理方法逐步移交给父母。

在这个综合支持体系中，专业人员的关键任务是识别并实施对多动症儿童最有效的干预策略。在游戏治疗的基础上，专业人员还将邀请父母和学校相关人员参与，共同制订一个更全面的治疗计划。

06 家庭疗法

家庭疗法以系统理论为基础，从“家庭系统”角度解释个人症状与家庭成员之间的关系，通过改变家庭交往模式或结构，解决成员心理行为问题，完善家庭系统和恢复家庭功能。它是一种公认的循证心理治疗方法，适合所有人群，尤其适用于对因家庭冲突、创伤引发困扰和心理健康问题的人群。

家庭疗法的理论基础

1. 家庭疗法产生与发展的历史

家庭疗法的兴起与社会历史环境的变迁，以及心理治疗学科领域内部的进展紧密相关。其具体发展如表 5–4 所示。

表 5–4　家庭疗法产生与发展的历史

时间	事件
第二次世界大战时期	美国精神医疗界因人力不足，让病人家属和社会工作者参与护理，取得了良好的康复效果
20 世纪 40 年代后期	临床学者发现病人发病、康复和复发与家庭关系密切，开始将治疗焦点转向整个家庭
20 世纪 60 年代后	治疗人员阵容扩大，家庭治疗研究蓬勃发展，适用范围扩展到神经症、行为问题及一般家庭问题
20 世纪 70—80 年代	女权主义兴起，家庭矛盾报道增多，欧美各地成立许多家庭治疗为主的心理咨询中心和诊所
现阶段	家庭治疗在西方国家备受重视且发展完善，目前在我国处于引进阶段

2. 家庭疗法的流派

现代家庭疗法的流派将治疗过程划分为两个阶段。首先，从人际或系统层面审视个人问题；其次，在人际互动或激活支持系统方面实现变革。治疗的目标在于解决由家庭引发的问题，并通过重组家庭关系来实现改变，最终的目的是提升患者的心理健康水平或消除症状。家庭疗法的类型多样，包括结构式、系统式、策略式、认知行为式等，而其代表性技术则涵盖了策略派家庭疗法、结构式家庭疗法、焦点解决式家庭疗法、叙事式家庭疗法、基于依恋家庭疗法及心理教育家庭疗法六大流派（见表 5–5）。

表 5–5　家庭疗法的六大流派及其技术特点

流派	创始人	理念	技术
策略派家庭疗法	杰伊・海利（1973 年）	打破习惯性行为模式，实施策略性干预	悖论技术、重塑技术、家庭权力轮班技术、家庭角色转换技术等
结构式家庭疗法	米纽庆（1974 年）	构建家庭的适应性和凝聚力	解释技术、访谈技术、角色扮演技术、强化技术、对质技术等
焦点解决式家庭疗法	史蒂夫・德・沙泽尔（1982 年）	专注于关系而非问题本身，重视当前的解决方案	问题具体化技术、问题比喻性等级技术、例外技术、家庭成员互相评定技术等
叙事式家庭疗法	迈克尔・怀特（1990 年）	家庭问题并非系统性问题，而是通过隐喻性叙事来呈现	主流叙事、重构技术、支持外化技术、叙事练习等
基于依恋家庭疗法	比恩格（1995 年）	修复依恋创伤，建立安全依恋关系	匹配家庭成员的情感依恋风格技术、学习社会技能等
心理教育家庭疗法	库伊佩雷斯（1999 年）	倡导“家庭管理”介入，以减少对抗和批评	理解与接纳技术、家庭管理技术、疾病故事、情感表达技术等

3. 多动症儿童的家庭特点

有学者研究发现，多动症儿童家庭在社会经济状况、教育经验、家庭成员健康及家庭关系方面具有显著特征。在情感氛围上表现得尤为明显，即这些家庭倾向于采用权威性的惩罚方式来教育孩子。同时，也有学者指出，多动症男孩的母亲往往表现出挑剔和否定的态度，缺乏耐心，并倾向于严厉的惩罚。这种现象在儿童成长的中期尤为显著。然而，母亲的这些“干扰”“控制”和“否定”的态度实际上是针对孩子异常行为的一种反应。虽然这些并非多动症的直接诱因，但不良的亲子关系互动会影响孩子的自尊心和社会能力的发展，并可能加剧症状。父母因孩子的行为问题常常感到沮丧、愧疚和愤怒，教养方式的矛盾导致家庭冲突加剧，父母的应激水平升高，母亲容易出现抑郁障碍，形成不合理的信念，从而进一步加剧了亲子冲突，导致孩子的症状恶化，出现对立违抗性障碍，或对父母和孩子的身体健康造成损害。

家庭疗法在多动症治疗中的应用

1. 治疗目标

家庭疗法针对多动症的核心目标有三个（见图 5-17）。

01
协助家庭成员（尤其是父母）正确理解疾病的本质，对儿童持有合理的期望，并建立治疗的信心

02
强调药物治疗的重要性，理解儿童面临的挑战，并指导父母掌握适当的育儿技巧

03
增强家庭成员的心理韧性，降低家庭内部的矛盾和冲突，协调家庭关系，以及恢复多动症儿童及其家庭成员的自尊

图 5-17　多动症儿童家庭疗法的目标

2. 家庭疗法的内容

（1）明确疾病性质，提升服药遵从度

专业人员需向家庭成员解释疾病的发生发展过程，让父母明白孩子的多动行为并非故意，而是不受控制的病态表现，孩子的注意力不集中也不是不听话，可能源于大脑病理性损伤。该疾病有生物学因素和遗传因素，病因复杂，短期内难

以自然痊愈，需长期教育矫治。因此，父母应接受对孩子进行药物治疗，从中树立信心。

（2）降低父母的负面情绪表达

多动症儿童可能因上课调皮、不服管教、成绩差，下课招惹是非、与伙伴关系紧张等，常让父母收到教师和同学告状，致使父母心情糟糕，产生沮丧、怨恨等情绪。有的父母会毒打孩子，反而引发孩子的逆反心理；有的则挖苦讽刺孩子，影响孩子人格和自我意识的发展，这些做法都不可取。

因此，治疗专业人员要了解父母不良心态并指出，让他们加深对疾病的认识，正视预后。父母需平心静气地对待他人的告状，树立治疗信心，心情不好时避免与孩子冲突，可向亲人倾诉。同时，父母要进行反思，合理表达情绪，在家庭成员间不争吵、不埋怨，不迁怒孩子，营造民主、和睦的家庭氛围，有利于孩子疾患的好转和预后。

（3）掌握适当的教育技巧

专业人员应引导父母基于孩子的实际情况，进行协作式教育，保持耐心并针对性地进行指导。父母对孩子的要求应保持一致，既不过分严苛，也不应与正常孩子进行比较，同时避免因孩子患病而过度迁就，导致其变得任性好斗；应做到宽严相济，既不过多限制规矩，也不应疏于管教；应多鼓励和表扬孩子的每一点进步和目标行为，尽量忽略其破坏性行为；安排适当的活动，以释放孩子的精力，并及时鼓励其安静和集中注意力的行为；通过培养孩子规律的生活习惯增强其自控力，善于发现并引导孩子的兴趣和特长，帮助他们发挥自己的潜能。

（4）促进亲子间的良好沟通

专业人员应引导家庭成员学习如何进行有效的沟通。父母应采取何种态度，以便孩子顺利地接受大人的合理建议。同时，父母也需要学习如何倾听孩子的想法，并给予孩子一定的思考空间。这样不但有助于增进父母与孩子之间的情感交流，而且有利于培养孩子的独立性和自尊心。

part 6

综合治疗：从个体到家庭的全面支持

01 家长的辅导与支持

辅导家长（training parents），是指专业人员对问题儿童的家长进行科学、系统的指导，让家长更好地管理和引导孩子的一种方法。专业人员可以指导家长采取特定策略干预多动症儿童的不良行为，以减轻或消除这些行为。

辅导家长的准备工作

1. 家庭状况评估

在进行辅导之前，了解家庭背景至关重要。它包括家长的参与意愿和信心水平，以及是否存在婚姻冲突或紧张的家庭氛围等问题。此外，还需观察家长在孩子教育管理上是否持有统一的措施；若一方积极主动，而另一方消极对待，可能会削弱前者的努力。

若存在上述情况，建议先解决家庭内部矛盾，然后再对多动症儿童进行治疗，否则可能会导致治疗效果不佳。

2. 建议父母共同参与

通常情况下，父母双方的共同参与，能确保辅导效果更为显著。在辅导开始之前，强调定期参与和遵循指导的重要性是至关重要的。通常，在辅导的早期阶段，父母缺席的情况较少发生，而缺席往往在辅导的中后期阶段出现。

3. 单独辅导更具针对性

家长可以选择单个家庭或多个家庭为基础的辅导方式，群组辅导能节省时间，促进家长交流支持，但针对性较差；单个家庭辅导则更具针对性。

4. 建立良好的合作关系

专业人员和家长应建立良好的合作关系。专业人员是治疗策略方面的专家，家长则更了解孩子的特点，双方交流是治疗成功的关键。同时，辅导家长的方法并非万能，严重问题儿童需结合其他治疗，如药物疗法、住院治疗等。

第一步：帮助家长正视多动症

第一步，我们的目的不是改变多动症儿童的行为或家长的管理策略，而是着重于促进家长对多动症的理解，帮助他们更好地理解孩子，从而改善亲子关系，并调动孩子参与治疗的积极性。辅导过程通常从评估儿童的问题和家庭状况开始，以了解儿童问题的严重程度以及家庭中可能存在的问题。评估可以参考 Achenbach 儿童行为量表，以便获得全面的了解。

1. 充分了解多动症知识

专业人员向家长普及多动症的相关知识，涵盖基础症状以及攻击性行为、人际关系障碍、学业表现不佳和行为问题等细节；强调多动行为的多变性，即便在特定环境下孩子表现得安静也可能被诊断为多动症；讨论可能的病因、患病率和预后情况，指出多动症可能涉及先天因素和神经生物学的改变。

2. 解决心中的疑虑与困惑

专业人员鼓励家长提出自己的疑问，并进行充分的讨论以澄清观念；提醒家长注意多动症儿童会表现出冲动、过度活跃且对危险缺乏恐惧的行为，因此需要妥善保管家中的危险品和贵重物品；向家长说明多动症的预后情况，即虽然无法完全治愈，但相较于精神发育迟滞、孤独症、脑瘫等其他发育性障碍，预后相对较好；同时强调，治疗效果与家庭环境和教养方式紧密相关，以此来增强家长的信心，并鼓励他们积极参与到治疗过程中。

第二步：理解亲子关系

第二步的核心目标是帮助家长理解亲子关系是建立在双向互动的基础上的，强调儿童在互动过程中的作用，并指出亲子关系受很多因素的共同影响。通过这一认识，家长就会明白家庭困境并非由单方面造成的，这样可以避免不必要的自责，并激励家长学习新的管理策略。

1. 亲子关系的影响因素

一般来讲，亲子关系受到家长和孩子双方行为以及外部环境因素的共同影响（见图 6–1）。

相互影响

亲子关系是双向的，父母与孩子之间的行为相互影响。有时父母的行为决定了互动的结果，有时则是孩子的行为起到了决定性作用。重要的是要认识到孩子在互动中的作用，这一点以往常常被忽视

内部因素——父母的期望与反馈

父母对孩子的行为抱有一定的期望，并通过惩罚来减少过度的行为，通过表扬来增加不足的行为，以此来维持孩子的行为在期望的范围内

外部因素的影响

例如，父母的健康状况、孩子在学校与同伴的相处情况等外部因素，会间接地影响亲子关系。因此，父母在考虑亲子关系时，要将这些因素纳入考虑范畴，以更好地理解孩子的行为，避免草率的反应。这样做有助于改善亲子关系，否则可能会导致负面的亲子关系，甚至存在潜在的虐待孩子的风险

图 6–1　亲子关系的影响因素

2. 不良策略与正确方法

（1）不良策略的弊端

面对孩子的不当行为，许多家长常常从忽视直接转为体罚，缺少适当的过渡

措施。这种管理方式不仅成效有限，还可能让家长感到无力，自我评价下降。

（2）正确方法的关键要点

有效的管理应该是逐步进行的，原则应保持一致，而管理的力度则应根据孩子的具体行为来调整。对于不同的不当行为，应采取相应程度的应对措施。

第三步：提高家长的关注技能

第三步的主要目标是提升关注技能，具体包括增强家长对孩子理性行为的关注（如表扬和奖励），以及通过家长参与儿童游戏活动改善亲子关系。

1. 具体方法

增强家长对孩子理性行为的关注及通过游戏改善亲子关系的具体方法，其内容如图 6–2 所示。

游戏参与

父母选择孩子玩游戏开心且游戏性质恰当时，陪伴孩子 15 至 20 分钟。在此期间，父母应顺从孩子的意愿，保持心态平和，避免提问或干预，仅需跟随孩子的游戏节奏。通过这种方式，孩子会将父母的陪伴视为一种情感上的奖赏，感受到自己的活动得到了父母的关注，从而更愿意参与父母感兴趣的活动

关注与反馈

在游戏过程中，父母应适时地向孩子展示关注，并给予真诚的反馈。这种关注不仅限于孩子已经完成的行为，还应暗示对将来行为的期待，例如，表达对孩子安静玩耍时的高兴之情

不良行为处理

如果孩子在游戏中出现严重的破坏性行为，那么建议家长采用消退法，即父母暂时离开，不予理睬。若孩子的不良行为依然加剧，则父母可以暂时离开房间，并告知孩子只有在表现良好时才能再次一起游戏。目前，不建议采用其他管束方法

注意事项

这种方法主要适用于多动症儿童。在游戏时，只需父母一方参与，但要让孩子明白父母双方都对此感兴趣。当游戏结束时，如果孩子要求继续玩，那么父母最好婉拒。在介绍完这些方法后，治疗师最好能亲自为孩子父母示范操作步骤

图 6–2　增强家长对孩子理性行为的关注及通过游戏改善亲子关系的具体方法

2. 家长反应与解释

（1）对操作难度进行提醒

家长常常认为，专业人员推荐的方法简单易行。鉴于此，专业人员需要明确指出，实际操作并非如此。家长在陪伴孩子时，容易犯频繁提问、指导或干预孩子行为的错误。

（2）对方法效果进行解释

面对家长对方法效果的疑虑，专业人员应当阐释，第三步治疗的核心在于通过关注来增加儿童的适当行为。在采取任何约束措施之前，家长与孩子建立稳固的积极关系至关重要。这样做可以避免孩子因不当行为而受到限制，同时确保他们的适当行为得到相应的关注和爱护。

第四步：关注孩子遵从性行为和独立游戏能力

第四步的目标是引导家长将关注点从儿童游戏扩展至儿童的遵从性行为和独立玩耍。通过运用上一步介绍的关注技巧，促进儿童的遵从性行为和独立玩耍能力的发展。这不但是前一步的延伸，而且是运用关注技巧来加强儿童的适应性行为。其具体实施内容如图 6–3 所述。

1. 提高孩子的遵从性

通常，有四种方法可以提高孩子的遵从性（见图 6–3）。

① 语言表达：在向孩子提出要求时，应确保指令简洁明了，采用积极、正面的语言，避免使用疑问句式，同时避免过于宠溺的语气。因为疑问句会导致孩子拒绝，而宠溺的语气会激发孩子提出问题，否则，不利于多动症儿童的遵从性

② 要求内容：对孩子提出的要求应保持简洁，避免一次性提出多项要求。一些父母反复强调要求，这样往往适得其反。建议只提出一次要求，并让孩子复述一遍，这样既确保孩子对要求的理解，也有助于加强他们的记忆

3 时间给予

一旦提出要求，应确保孩子有充足的时间去执行。父母常犯的错误是短时间内连续提出多个要求，这使得孩子难以应对

4 注意力保证

在向孩子提出要求时，应确保他们的注意力集中，最好直接与孩子进行眼神交流，同时尽量减少干扰因素，如关闭电视或收音机，这样有助于提升孩子的遵从性

图 6-3 提高孩子遵从性的内容

2. 对孩子遵从性行为的反馈

一旦要求被提出，家长应密切关注孩子是否遵循执行。若孩子确实遵从了要求，应立即给予表扬，对孩子的遵从性行为给予积极的反馈。其具体内容如图 6–4 所示。

1

对于那些对表扬反应冷淡的孩子，可能需要采取其他形式的正强化，如实施代币制度。通过积累一定的积分，孩子可以获得他们期望的奖励

2

专业人员可以建议家长制定一份“强化清单”，明确列出哪些行为将对应哪些奖励，并与孩子一起讨论和确认清单中的每一项内容

图 6-4 家长给予积极反馈的具体做法

3. 培养孩子独立玩耍的方法

针对孩子打扰家长的行为，家长可以采用正强化技术，降低其发生频率。图 6–5 就是用正强化技术培养孩子独立玩耍的方法示例。

用正强化技术培养孩子独立玩耍的方法示例

家长忙于工作时，可以抽空观察孩子的行为。家长如果发现孩子在安静地玩耍并未打扰家长，应立即给予积极反馈，表扬他们。随后，家长可以继续自己的事务，过几分钟后再检查孩子的表现，若仍然良好，则进一步给予表扬。若孩子能够长时间保持不打扰家长的状态，家长应给予适当的奖励，并逐渐增加检查的时间间隔

图 6-5 用正强化技术培养孩子独立玩耍的方法示例

家长可能担心，频繁地表扬孩子可能会诱发不良行为。对此，专业人员可以向家长解释，如果孩子在独自玩耍时没有得到及时的奖励，这种行为就不会得到强化。正是因为家长缺乏有效的管理策略，问题才一直存在。此外，当儿童安静玩耍时，家长往往忽略了表扬孩子的重要性，这一点需要特别指出。虽然初期可能会遇到一些困难，但一旦这种方法取得成效，家长就会发现它能够事半功倍地改善儿童的行为。

第五步：采用暂时隔离法减少孩子不服从行为

第五步旨在帮助家长对孩子不服从行为建立有效的纪律约束。尽管前期治疗后，部分孩子不服从行为可能无明显的变化，但家长仍需坚持之前的措施。减少孩子的不服从行为，其具体内容如下所述。

1. 前期的准备与要求

在对孩子实施纪律约束前，家长需要做一些准备，了解相关的注意事项（见图 6–6）。

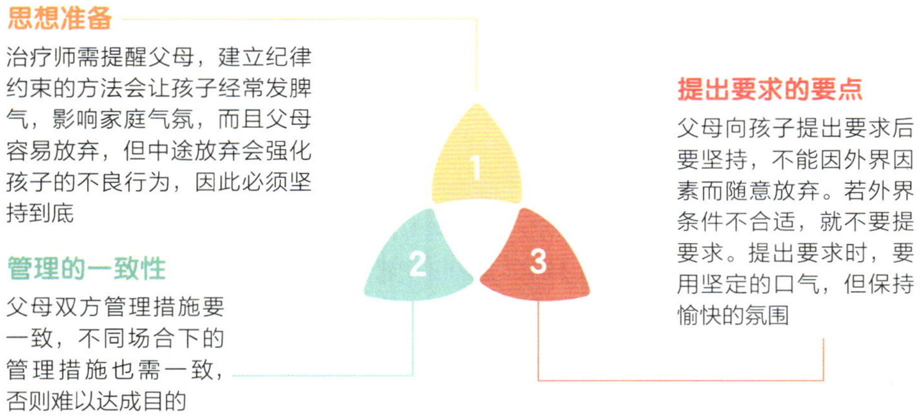

图 6–6 对孩子实施纪律约束前的准备与要求

2. 实施纪律约束的步骤

（1）初次警告

当孩子未能遵守指示时，家长应默数五个数（从 1 数到 5），随后以坚定的语气、目光直视孩子，并用手指向孩子，发出警告：“如果你不遵从指示，你将需要乖乖地站到那个房间角落的圆圈里去。”

（2）再次警告与隔离

在发出警告后，家长应再次默数五个数。如果孩子仍旧不遵从指示，那么家长应立即带孩子到圆圈中，以坚定的语气和坚决的态度告诉孩子：“你没有按照要求去做，因此你必须乖乖地站在这里。”在执行这一措施时，家长语气要坚定，态度要坚决，动作要迅速。首次采用此方法时，家长应双方都在场，以防止孩子过度反抗。需要注意的是，无论孩子如何反抗，都应坚持执行。

3. 确定隔离时间与离开标准

对孩子进行隔离时，确定隔离时间与离开标准非常重要（见图 6–7）。

首先，孩子必须停止哭闹，并安静下来；如果孩子长时间持续哭闹，无论时间多长，都应继续站立。其次，必须确保孩子感到不愉快，父母可以通过观察孩子的外部行为来做出判断

应根据孩子的年龄来设定（如 3~4 岁的孩子可能会觉得站立五分钟相当漫长，而 8~9 岁的孩子则可能认为这个时间较短），持续时长应以引起孩子的不愉快感为准

图 6–7　对孩子隔离时间与离开标准

4. 隔离期间的互动原则

隔离期间，家长应避免与孩子互动。等孩子恢复平静后，家长再进行交流与

处理，其具体做法如图 6–8 所示。

1 避免互动

当孩子静止站立时，家长应避免与之争辩或给予过多关注

2 交流与处理

一旦孩子恢复平静，家长应上前询问是否愿意遵从指示。若孩子同意，则允许其离开；若拒绝，则需继续站立。当孩子遵从指示后，家长应予以表扬，但无须道歉，以此明确奖惩界限，帮助孩子调整其行为

图 6–8　隔离期间的互动原则

5. 应对孩子擅自离开措施

（1）首次警告

若孩子擅自离开隔离区域时，家长应态度严肃地大声警告：“如果你离开这个圆圈，我会打你的手掌。”同时，家长要拍响手掌以示强调。

（2）重复违规的处理

若孩子无视警告继续离开，家长应迅速将其带回圈圈内，并严肃地轻拍几下孩子的手掌。同时，家长需告知孩子若再次离开将会受到同样的惩罚。若孩子在多次警告后仍未改正，家长可以考虑采取其他措施，例如，每次违规后让孩子多站立 10 分钟，或者取消之前孩子因良好行为而获得的奖励。

6. 选择隔离地点与特殊情况

许多家长可能仍然心存疑惑：该如何选择隔离地点以及在遇到特殊情况时如何执行隔离措施呢？其具体内容如图 6–9 所示。

隔离地点的选择

避免选择儿童房间、浴室或有电视的房间。应选择一个相对单调、孩子难以找到玩具的角落，确保面向墙壁且与墙壁保持一定的距离

特殊情况的处理	用餐时，若孩子未到指定时间不得离开，必须等到规定时间才能用餐。即使家人已经吃完，也不应延长其用餐时间。当家中有客人或其他小孩在场时，家长应向客人解释情况或请其他小朋友暂时离开，以确保纪律约束方法得到坚持执行

图 6-9　家长隔离地点的选择与特殊情况的处理

第六步：就寝时暂时隔离法的应用

第六步，当暂时隔离法在之前已初显成效时，我们可将其应用于孩子就寝时不顺从的行为。实施方法与之前相同，但需要适当延长隔离时间，通常为白天时长的两倍。

第七步：公共场所暂时隔离法的使用

第七步的核心任务是处理孩子在公共场所的不顺从行为。

1. 基本原则

在公共场所，对孩子使用暂时隔离法的基本原则主要有三个，其具体内容如图 6-10 所示。

01 预先评估

在孩子尚未前往公共场所之前，家长应预先评估孩子可能出现的不顺从行为

02 设立奖励体系

针对孩子不同的正面行为，挑选一系列奖励措施。例如，在进入公共场所前给孩子一些零钱，并说明只有表现得当，离开时孩子才能用它购买物品或存入储蓄罐，以此激励孩子的正面行为

03 必要时采取隔离措施

在某些情况下，短暂隔离可以作为一种干预手段。无论是公共场合还是家庭环境，都应遵循一致的隔离规则，尽管在公共场合的隔离时长可以略短于家中

图 6-10　公共场所对孩子使用暂时隔离法的基本原则

2. 方法适用范围及家长心态调整

（1）适用范围

对孩子使用暂时隔离法，适用于任何场合，包括去亲戚和朋友家。

（2）家长心态调整

使用暂时隔离法失败的主要原因，在于家长可能感到尴尬，需要向他们阐明这种感觉源自个人的自我评价，例如，他们认为被他人发现自己在管教孩子，就意味着自己不够称职。因此，必须让家长理解，他们的行为实际上是为了孩子将来能够举止得体，这才是真正的好父母。通过改变自我评价，家长可以相应地改变自己的感受。

综合来看，上述提到的方法应当与其他策略并行使用。毕竟，这些方法并非适用于所有情境，很多时候仍需依赖药物治疗或其他形式的干预措施。

02 学校的积极干预策略

在孩子成长的过程中，学校不仅是他们学习和活动的主要场所，还是多动症相关问题频繁显现的环境。因此，学校在对多动症儿童的行为和学业进行干预方面扮演着至关重要的角色。

提升教师对多动症的理解

对那些正处于小学阶段的多动症儿童来说，除了父母，少有其他人能比教师有更多时间与儿童相处。因此，教师多掌握一些多动症的相关知识显得尤为重要。

1. 明确多动症的病因

多动症儿童往往大脑发育异常，这是导致儿童行为问题和学习困难的主要原因。多动症儿童表现出的注意力不集中、不遵守纪律等行为，并非仅仅是家庭教养不当或儿童性格顽劣所致，而是他们无法自主控制的病态表现。关于多动症，目前尽管尚无特效治疗方法，但仍需要一个长期的教育和矫治过程。药物治疗能够改善这些行为问题，为后续的教育和训练打下坚实的基础。

2. 多动症的发展过程与环境因素的关联

多动症儿童的行为和学习方面的难题主要源于其注意力缺陷和冲动性。注意力缺陷使得儿童在学习过程中遭遇挫折，进而丧失学习的积极性；而冲动行为则导致他们在社交活动中受阻，信心受损，最终形成一种恶性循环。尤其在负性强化（如批评、惩罚）频繁出现，而正面鼓励不足的情况下，这种情况尤为明显。

因此，多动症儿童出现合并症状，如学习障碍和品行障碍在很大程度上是环境因素造成的。教师肩负着预防多动症儿童发展成适应不良行为的责任。

3. 干预在多动症治疗中的作用

患有多动症的儿童在学业成就和社交互动方面往往面临更多挑战。因此，教师需要为他们提供更多的关爱和耐心，实施更为周密的组织管理策略，以及通过更多的正面激励和公正的批评来引导他们。此外，为这些儿童量身定制的、更具适应性的学业计划也是至关重要的。鉴于儿童期的行为和认知具有极高的可塑性，教师早期且持续的干预措施能够显著改善他们的长期预后。

4. 在学校环境中实施的干预措施对于矫正学生行为更为有效

尽管家庭治疗在家庭环境中有其益处，但其对改善多动症儿童的学业成绩和行为问题的效果相对有限。为了提升学生在学校的表现，教师和相关人员持续在学校环境对多动症儿童进行干预显得尤为关键，最佳的干预时机就是儿童出现行为问题时立即进行。

常规行为指导

在学校干预过程中，教师必须精通多动症儿童行为管理技巧。多动症儿童常常表现出多种适应不良的行为，如在课堂上干扰他人、不遵守课堂纪律、不完成作业，以及课间与同学发生打闹，甚至斗殴等行为。为此，教师需精心策划并逐步实施管理策略，而管理效果的好坏往往取决于教师采取策略的时机和方法。下面介绍一些行为管理方法和原则。

1. 设定目标需切合实际

以多动症儿童的实际情况为出发点，避免为其设定过高的期望值，不要以普通儿童的标准来衡量他们，也不要将他们与普通儿童进行比较。在矫正多动症儿童的不良行为时，应优先选择容易改善的问题，如上课发言时要先举手。对多动症儿童过分严格的要求可能导致他们放弃尝试，并可能损害师生之间的关系。对于多动症儿童，只要能将其行为控制在可接受的范围内就可以了。

2. 以适应性行为替代问题行为

有针对性地教授多动症儿童一系列技巧和适应性行为，以替代他们的问题行为。例如，指导条理性差的多动症儿童整理课桌和书包，以及教育好斗的多动症儿童掌握“运动员风度”等技巧。若仅对问题行为进行干预，而不教授他们正面行为，则多动症儿童可能仅能克服单一的问题行为。

3. 针对关键时间出现的问题进行集中干预

儿童在课堂、活动、休息以及午餐时间转换期间，行为问题尤为突出。教师可以通过预先提醒和安排特别活动等方式来预防多动症儿童的这些问题，特别要防止多动症儿童的鲁莽行为导致的伤人、伤己。

4. 为多动症儿童的旺盛精力提供适当的释放途径

多动症儿童通常精力充沛，因此教师需要为他们提供适当的途径来消耗这些能量。教师可以鼓励他们参与一些体力消耗较大的运动或游戏，如跑步、踢足球、爬山等体育活动及户外探险。同时，教师也可以安排一些室内活动，如在课堂上让他们到黑板前回答问题，自习课时允许他们进行适量的活动；此外，让他们担任班干部也是一个不错的选择，这样不仅能让他们发挥自己的精力，还能帮助他们增强责任感和自尊心。

5. 规则和指令必须清晰且易于理解

多动症儿童通常难以接受复杂的条文，他们需要的是简单、明确、客观的指令。在提出要求时，教师应让儿童大声重复指令。当他们按照指令行动时，教师让他们轻声对自己说出来，以此来实现自我监督。

6. 运用奖惩机制

在管理多动症儿童的过程中，教师的评价是一种极为常见的奖惩手段。教师的最佳做法是将正强化（如表扬、物质奖励、代币）与负性强化（如批评、承担后果、暂时隔离）相结合。在实施奖惩机制时，教师应遵循以下原则（见图 6-11）。

奖励应即时　延迟奖励会显著降低其对多动症儿童的激励效果

高频率奖励　一旦规则确立并开始执行，就应密切监控其行为表现。当孩子遵守规则时，家长立即给予积极的奖励反馈，以帮助他们养成遵守规则的习惯

更有力奖励　多动症儿童对奖励反应敏感，实施行为疗法时，需足够强大的强化物，以激励他们保持期望行为，单纯表扬或批评难以有效管理。强化物尤其是奖品，要依其兴趣爱好定期更新，满足他们的需求。特定强化物初期有效，但重复使用强化作用会减弱。比如，课堂上的代币等奖励物品，一般每 2 ～ 3 个月更换一次，以维持激励效果

平衡惩罚与奖励　对于多动症儿童，“正面奖励总在批评之前”是基本原则。行为矫正初期，至关重要的是先通过适当的积极刺激和奖励强化孩子的恰当行为，建立强有力的正面强化机制，并持续 1 ～ 2 周，之后再考虑惩罚。总体坚持以奖励为主，尽量少用惩罚，确保治疗效果最大化

图 6-11　对多动症儿童实施奖惩机制的原则

7. 教学环境的安排

为了提升多动症儿童在学校的表现，教学环境和秩序的优化至关重要。在教学环境中，针对多动症儿童实施一些特别策略显得尤为必要。下面介绍一些教学环境中常见针对多动症儿童的干预措施（见图 6-12）。

01
座位安排

将多动症儿童的课桌安排在靠近教师处，并与其他同学分开。因为孩子与同学坐得近，易互相干扰，导致其注意力不集中，且常干扰他人，强化其不当行为。合适的座位安排便于教师管理，有助于增加其合适的课堂行为和强化训练

02
指令方式

单纯言语提醒多动症儿童常无效，可采用可视客观指令。例如，在教室贴日常任务和规则，在课桌上贴提示符号（如停止符号、大眼睛和大耳朵图案），帮助孩子记住规则；还可贴上遵守课堂纪律的反馈图表（如进步曲线、五角星等），提高干预成功率

03
教学方法

对于多动症儿童，可使教材形象化，增加教学的新奇趣味性，加强直观性教育，多采用活动和游戏方式，克服其厌烦情绪，提高其注意力。教师讲课应生动，有吸引力，适时提问，防止多动症儿童分心。虽然这些方法对普通学生也有必要，但多动症儿童更需新奇刺激来吸引注意、激发兴趣

04
学业功能改善

课堂行为改善与学业进步常不平行（如孩子能安静坐，但做作业无进步）。应逐渐要求多动症儿童提高学业功能，如完成一定量的课堂作业、减少错误率等，不只是关注其安静与否。配合孩子注意力集中时段，一次安排一个任务，仔细指导并限时完成

图 6-12　教学环境中对多动症儿童常见的干预措施

8. 班会形式的应用

班会对于多动症儿童而言意义重大，它既是提供归属感、履行社会责任的载体，也是一种集体治疗形式。

（1）班会展开形式

由教师提出能引起多动症儿童兴趣的问题，激发他们互动的热情，通过讨论寻找问题解决办法。班会建议围成圆圈进行，这种坐法能让多动症儿童感受到与他人及教师之间的平等，增强多动症儿童被团体接纳的感觉。

（2）教师引导方式

教师在班会中对每个多动症儿童的努力都应给予支持和奖励，避免以批评口吻发言。

（3）班会主题

每次班会都可以解决一个主题。以“儿童好发脾气”这一主题为例，其具体

流程如下（见图 6–13）。

1. 让大家分享自己因发脾气而导致不良后果的例子
2. 引入多动症儿童的例子，引导大家讨论发脾气这种行为的危害性
3. 全体同学和有行为问题的多动症儿童共同参与，提出大家都可能接受的解决方法
4. 教师听完解决方法后，要求全班同学缩小可选择的计划和方法范围
5. 让爱发脾气的多动症儿童提出具体计划并实施

图 6–13　以“儿童好发脾气”为例，班会具体流程

学习技能训练

患有多动症的儿童，特别是多动—冲动型的多动症儿童，常伴随学习困难。他们学习有始无终，难以坚持到底，考试时又容易疏忽大意，导致他们的学业成绩往往不尽如人意。对这些儿童进行专门的学习技能训练是治疗的重要组成部分。早期识别和介入这类儿童的学习障碍，可以有效地防止学业成绩的进一步下滑。学习技能训练通常采用小组辅导的形式，每组 3 ～ 4 名儿童，旨在针对他们的技能缺陷进行强化训练。训练材料可以结合课堂学习和家庭作业来使用。训练方法包括示范、直接指导、自我调节、自我评估以及对计算错误导致的后果进行分析等。对多动症儿童的训练课程，如表 6–1 所示。

表 6-1　多动症儿童学习技能训练的相关课程

课程	内容
自我评估训练	让多动症儿童对自己的听课行为进行评分，并由训练者也给出相应的评分。若多动症儿童与训练者的评分存在差异，则需进行扣分处理。通过这一训练过程，多动症儿童将逐步学会更准确地评估自己的表现
注意力集中训练	指导多动症儿童在限定的时间内完成指定任务，时间长度根据儿童的能力进行调整。可以使用计时器来辅助强化训练，目的是确保多动症儿童在计时器结束前完成任务，并在完成后给予反馈和奖励
答题准确性和完整性的训练	培养多动症儿童在答题前抑制冲动，养成仔细审题的习惯，以提高答题的准确性和完整性
组织能力的培养	针对多动症儿童在执行任务时缺乏条理性的问题，通过训练帮助他们形成有条理的工作习惯
提高考试技巧	教授多动症儿童如何仔细审题、优先解答会做的题目、合理估计答题时间、减少错误以及进行验算等考试技巧
学会逐步放松以获得平静	鉴于多动症儿童通常具有冲动的个性特点，训练他们学会放松和平息激动情绪，这对于矫正其不良行为将大有裨益
特殊技能训练	针对多动症儿童可能存在的特定学习技能缺陷，如阅读障碍、计算障碍等，应由专业特殊教育教师提供个别化的矫正课程。这些课程将涵盖阅读、写作、拼写、计算等方面的矫正指导。对于社交技能不足的多动症儿童，同样需要提供相应的指导课程

家庭与学校的协作

提升学校对多动症儿童干预成效的关键因素之一，是家庭与学校之间的关系如何。

1. 关系良好

当教师和家长都深入了解多动症的基础知识，针对多动症儿童设定的目标切实可行，并且都满怀信心和热情时，双方更易形成有效的合作关系，并且对这类儿童的治疗效果好。

2. 关系矛盾

若家庭与学校之间存在明显的矛盾，就会阻碍多动症儿童的进步。例如，家长可能抱怨孩子在学校受挫，或认为学校未能满足孩子的需求；教师则可能将孩子的症状归咎于家庭问题。

3. 正确的态度和关系

鉴于学校与家庭的关系对多动症儿童的影响，学校与家庭应秉持良好的态度积极合作，并建立联系卡。其具体的协作可参考图 6–14 的内容。

1

学校和家庭合作

家长和教师应摒弃相互指责的态度，共同努力，在学校和家庭之间建立有效的合作机制，以改善孩子的行为

2

建立联系卡

建立家校医联系卡，明确教师、家长、医生和多动症儿童各自的角色与任务。教师每日依据既定目标对儿童的行为进行评分，而家长根据协议给予奖励。同时，定期向医生反馈，以便制定下一个目标，医生则需定期（每周或每两周）向教师或家长提供指导，传授行为管理技巧，并持续观察和评估这些方法的效果。对于较大的青少年，可以在访谈中协助他们设定目标，并确定合适且有价值的奖励，以此增强他们的参与动机

图 6–14　针对多动症儿童，家庭与学校协作的策略

03 感觉统合训练对多动症的重要性

1969 年，美国南加州大学儿童心理学家艾尔丝博士（Dr.Jean Aryes）将儿童的脑神经发展与心理发展相结合，提出了感觉统合理论（Sensory Integration Theory）。

感觉统合是指个体对通过不同感觉通路（视、听、触、嗅等）而来的感觉信息在大脑内进行解释、联系和统一。例如，当在运动后感到口渴时，你看到一杯水，便伸手拿起杯子喝水（视觉：注意到杯子的位置；本体感觉：手部抓握的控制；庭感觉：感受到姿势的变化和趋势；触觉：抓握的质感和力度的反馈等。所有这些信息的辨识、整合与反馈），这个过程即为感觉统合。

感觉统合训练，旨在为存在感觉统合失调的儿童提供特定的感觉输入调节，尤其是针对负责身体平衡、方向感和速度感知的内耳前庭系统、肌肉、关节及皮肤等部位的感觉输入。这种方式的训练可以帮助儿童整合这些感觉信息，促进神经系统的功能发展，并激发适应性反应，以实现治疗效果。

多动症儿童参与感觉统合训练的必要性

在个体的身心发展过程中，无论是正常儿童还是存在心理障碍的儿童，发育成熟的过程始终贯穿其中。正常儿童在运动协调性、运动能力、语言沟通、游戏技巧应用以及生活和学习技能的掌握等方面，均展现出大脑功能的显著作用，这些成就正是大脑感觉统合功能的直接体现。感觉统合训练旨在促进正常儿童的运动和心理功能的进一步完善，同时帮助感觉统合失调的儿童纠正其异常行为。

多动症儿童通常表现出注意力分散、过度活跃、学习抗拒及情绪波动等症状。这些儿童的学业表现不佳，往往并非由于先天智力不足，而是由后天环境或个人因素诱发的。针对多动症儿童实施的感觉统合训练，应根据每个孩子的具体情况量身定制训练方案，并通过一对一的指导方式进行。这样的训练不仅能够缓解这类儿童的多动和情绪暴躁等问题，还能有效地提高他们的学习成绩和运动协调能力。

多动症儿童感觉统合训练方法

1. 球池游戏

（1）训练器材

海洋球若干。

（2）训练内容

球池游戏的训练内容，详细表述如图 6–15 所示。

1 水中作画

多动症儿童从池壁上闭眼跳入球池，随后模仿数字、字母或几何图形进行爬行或行走

2 兴风作浪

多动症儿童或坐或躺于球池中，通过上下肢的划拨和翻腾，使池中的球滚动起来

3 围湖造田

多动症儿童坐或跪在球池内，双手迅速挑选黄色球并依池壁内侧聚拢，象征土地；接着在黄球上层摆放绿色球，象征植物；最后在最上层点缀红球，象征花朵或果实

4 海底探宝

多动症儿童通过肢体触觉在球池中搜寻各种颜色的球

图 6–15　球池游戏的训练内容

（3）训练注意事项

①在进行球池游戏训练时，训练人员需进行口头或动作示范，并说明训练项

目的要求，让多动症儿童完成。

②训练人员的指令可以重复多次，直至多动症儿童理解要求。

③每完成一项，训练人员应对多动症儿童的完成情况进行支持、引导和评价，再继续进行下一个项目。

④训练人员还可以一次性发出多个指令，要求多动症儿童重复练习，然后依次完成训练。

2. 花样舞步

（1）训练器材

宽面直平衡木和 S 形平衡木。

（2）训练内容

让多动症儿童在平衡木上进行拖步行走（即在平衡木上一脚行进，另一只脚轻触支持面并拖动跟进）、两脚交替行走、踮脚尖走、跨步行走（两脚交替加大步幅行进）、高抬腿走以及合作行走（两个儿童面对面，双手相握同时完成行走动作）。

在进行这些训练时，可以让多动症儿童在睁眼或闭眼状态下交替进行前进或倒退。

（3）训练注意事项

花样舞步的训练注意事项，其具体内容如图 6–16 所示。

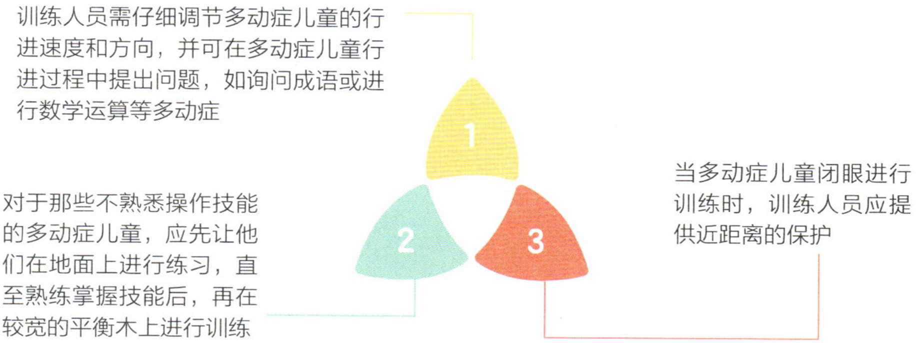

图 6–16　花样舞步训练的注意事项

3. 穿越雷区

（1）训练器材

各种大小和颜色各异的球类若干（如按摩球、足球、篮球、吹花球、网球和气球），玩具汽车若干。

（2）训练内容

穿越雷区的训练内容包括多个方面，具体见图 6–17。

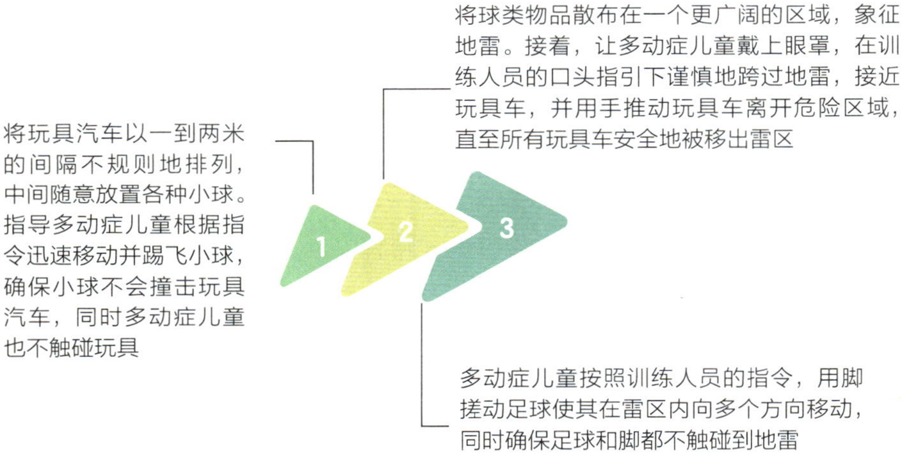

图 6–17　穿越雷区的训练内容

（3）训练注意事项

①训练人员应引导多动症儿童在正式训练前观察玩具车的位置和行进路线，确保在训练过程中持续且清晰地发出指令，以便儿童能够准确地根据指令进行操作。

②此外，训练人员应灵活变换指令，并适时调整行进路线。

③若多动症儿童在训练中碰触“雷区”，则需从头开始训练。

④训练期间，可以播放故事音频，以增加训练的趣味性。并在训练结束后，针对故事内容向多动症儿童进行提问，以检验他们的注意力和理解能力。

4. 羚羊舞步

（1）训练器材

羊角球若干。

（2）训练内容

羚羊舞步的训练，其具体内容如图 6-18 所示。

让多动症儿童在羊角球上进行原地转圈练习 → 让多动症儿童在羊角球上进行连续的折线跳跃，行进路线类似于多个首尾相连的“Z”字形，并在跳跃过程中交替进行睁眼和闭眼的训练

图 6-18 羚羊舞步的训练内容

（3）训练注意事项

①训练过程中，训练人员可以向多动症儿童提出知识性问题。

②在训练开始前，多动症儿童必须首先熟练掌握羊角球的蹦跳基础技能，以便适应操作环节的快速变化以及更具挑战性的训练项目，从而提升各感觉系统之间的协调性。

04 容易忽略的营养支持

饮食营养对多动症的影响不容小觑，这一点常常被人们忽视。实际上，许多与儿童多动症相关的症状，通过适当的饮食调整或营养补充，也能得到显著的改善。

多动症儿童适宜的食物

适宜多动症儿童食用的食物有很多，其具体内容如图 6–19 所示。

高蛋白食物

鸡蛋、瘦肉、牛奶、豆类等

蛋白质是构成神经细胞的重要成分，可以使体内有关氨基酸增多，缓解多动症

01

多不饱和脂肪酸（DHA）

鱼

多不饱和脂肪酸对脑细胞的发育有重要的作用，可以改善脑功能，提高记忆力、判断力

02

含有油酸酯和亚油酸酯食物

坚果果仁、西瓜子、南瓜子、松子仁

可促进脑部发育，但坚果富含油脂和热量，摄入要适量

03

富含卵磷脂和 B 族维生素的食物

瘦肉、蕈类、豆制品、谷类食物

帮助改善记忆

04

富含铁和锌的食物

动物肝脏、动物血，以及鱼、虾、牡蛎、海带等海产品

补血，提高免疫力

05

蔬菜水果

柑橘、猕猴桃、青椒、胡萝卜、菠菜、土豆、绿叶菜、香蕉等

补充必要的维生素、矿物质和膳食纤维

06

图 6–19　适宜多动症儿童食用的食物

多动症儿童禁忌的食物

多动症儿童需谨慎食用的食物也有很多，其具体内容如表 6–2 所示。

表 6–2　多动症儿童禁忌的食物表

类型	主要食物
含铅食物	爆米花、皮蛋、贝类
高糖食物	甜点（蛋糕）、各式糖果、饮料、冷饮等
含色素食物	可乐、橘子水、蜜饯、奶油蛋糕上的红绿裱花等，尤其要注意红色、黄色色素
辛辣刺激性食物	辛辣的调味品，如辣椒、大葱、生姜和胡椒油等，酒精、饮料
含咖啡因食物	咖啡、茶、可乐、能量饮料等
含酪基酸食物	挂面、糕点及部分乳制品
含甲基水杨酸盐食物	苹果、橘子、西红柿等
含铝食物	油条等油炸食品

多动症儿童适宜的中医药膳

中医学认为儿童多动症主要是由于阴阳失衡，心肾两脏功能不足，导致神志不宁。显然，中药和药膳能够调节人体阴阳平衡，改善心肾功能不足，提神醒脑。

（1）茯苓饼

取等量的茯苓细粉、米粉和白糖，将它们混合并加入适量的水，调成糊状后，在平锅上用微火摊烙成极薄的饼。经常食用，有助于健脾补中、宁心安神。

（2）猪肉莲子汤

取瘦肉 75 克，莲子 30 克，百合 30 克，一并放入砂锅中，加入适量水煮成汤品，调味后食用，每日 2 次，连续服用。

（3）参蛋汤

取太子参 15 克，红枣 15 枚，鸡蛋 2 枚。将它们放入锅中，加入适量水共同煮沸。待鸡蛋煮熟后，剥去蛋壳，继续加入锅中煮一会儿，之后即可食用鸡蛋并喝下汤汁。每日 1 次，长期坚持可见显著效果。

（4）桂圆汤

取桂圆肉 500 克，白糖 50 克，首先将桂圆肉放入碗中并加入糖，反复进行蒸制和晾干的过程 3 次，直至其色泽转变为深黑色，然后将桂圆肉与少量白糖一同装入瓶中保存。每日服用 2 次，每次 4 ～ 5 颗，连续服用 7 ～ 8 天。

（5）二子首乌粥

取桑椹 15 克，女贞子 12 克，墨旱莲 18 克，大米 50 克，适量白糖。将上述药材水煎取汁，加入大米煮成粥，粥成后加入适量白糖调味，每日服用。

（6）枣仁熟地粥

取酸枣仁 15 克，熟地 12 克，大米 50 克。首先将熟地水煎取汁，然后将大米加入其中，接着放入酸枣仁煮成粥。粥煮好后，加入适量白糖调味，每日服用。

（7）柏仁莲米粥

取柏仁 12 克，莲米 12 克，大枣 5 枚，大米 50 克。首先，将柏仁去壳并捣烂，然后与莲米、大枣一同加入适量清水煮沸。然后，待水沸腾后，加入大米继续煮至粥熟。最后，用白糖调味，每日服用一剂。

多动症儿童平衡营养的标准

对于多动症儿童，家长还应注意平衡其营养，以下是一些平衡营养的标准，其具体内容如图 6–20 所示。

01 每周吃自己做的饭菜达到 4/5 以上

02 孩子每周可以吃到 1 次父母做的手工点心

03 控制孩子的零食、点心，使其不影响正餐

04 每天吃的食品种类最好达到 20 种

05 尽量做到每天吃黄、绿色蔬菜

06 控制孩子尽量少吃方便食品

07 每天吃一次大豆制品

08 少吃薯类食物

09 尽量每天吃一个蛋，并保证有鱼、肉类食物

10 经常吃海鱼

11 蔬菜要保证新鲜

12 家中食品最好适应季节特点

13 尽量每周吃三次海产品

14 可以常吃菌类食品

15 注意控制膳食中的盐分

16 注意控制高糖食物

17 做到不喝碳酸饮料

18 每周尽量做到有 15 次是亲子共同进餐

19 进餐时，尽量让孩子心情愉悦

20 教会孩子吃东西细嚼慢咽

图 6–20 多动症儿童平衡营养的标准

总体而言，在现代科学诊断和治疗的基础上，家长如果能在饮食上做出适当的调整，追求更健康的饮食习惯，无疑将对多动症孩子的心理和行为健康产生积极的影响。

附　录

附表 1　Conners 评定量表

1. Conners 父母症状问卷（PSQ）

Conners 父母症状问卷（PSQ）适用于评估 3～16 岁儿童及青少年行为问题。临床应用发现，其对多动症儿童的诊断敏感，对情绪障碍也有一定的辅助作用。简明症状问卷适用于治疗研究追踪疗效。

Conners 父母症状问卷（PSQ）

项目	一点没有	偶尔有一点	常常出现	很常见
（1）撕扯东西（包括指甲、手指、头发、衣服等）	0	1	2	3
（2）对成人冲撞、言语行为冒失	0	1	2	3
（3）与小朋友、同学合不来	0	1	2	3
（4）容易激惹、冲动	0	1	2	3
（5）做事情喜欢把持、操纵	0	1	2	3
（6）吸吮或咀嚼（拇指、衣服、毯子等）	0	1	2	3
（7）容易哭或常常哭	0	1	2	3
（8）容易被激惹	0	1	2	3
（9）白日梦（好幻想）	0	1	2	3
（10）学习方面有困难	0	1	2	3
（11）总觉得局促不安	0	1	2	3

续表

项目	一点没有	偶尔有一点	常常出现	很常见
（12）害怕（新环境、新地方或生人）、怕去学校等	0	1	2	3
（13）不安静、常常十分活跃	0	1	2	3
（14）好破坏	0	1	2	3
（15）说谎或说些无中生有的事	0	1	2	3
（16）害羞	0	1	2	3
（17）比其他同龄儿童更容易闯祸	0	1	2	3
（18）语言与同龄儿童不同（如：婴儿样谈话，口吃、语言难以理解）	0	1	2	3
（19）不承认错误或责怪他人	0	1	2	3
（20）好争吵	0	1	2	3
（21）好噘嘴、生闷气	0	1	2	3
（22）有时自行拿父母的钱或他人的钱或东西	0	1	2	3
（23）不服从或虽然做了但常常抱怨	0	1	2	3
（24）较其他人更怕孤独、疾病，或死亡	0	1	2	3
（25）做不完一件事	0	1	2	3
（26）容易感觉受了伤害	0	1	2	3
（27）恃强欺弱、霸道	0	1	2	3
（28）重复地做一件事	0	1	2	3
（29）残酷	0	1	2	3
（30）行为幼稚（对一些不要他人帮助的事也要别人做，好纠缠成人，需要成人反复地向他保证）	0	1	2	3
（31）易分心，注意短暂	0	1	2	3
（32）头痛	0	1	2	3
（33）情绪变化很快、很激烈	0	1	2	3
（34）不喜欢或不遵守规则或约束	0	1	2	3
（35）好打架	0	1	2	3
（36）与兄弟姐妹相处不好	0	1	2	3

续表

项目	一点没有	偶尔有一点	常常出现	很常见
（37）对于困难的事容易受挫	0	1	2	3
（38）打扰其他儿童	0	1	2	3
（39）总是不高兴	0	1	2	3
（40）饮食问题（食欲不佳，边吃饭边起身玩耍）	0	1	2	3
（41）肚子疼	0	1	2	3
（42）睡眠问题（不易入睡、起床太早或半夜起床）	0	1	2	3
（43）这里疼痛或那里疼痛	0	1	2	3
（44）呕吐或恶心	0	1	2	3
（45）在家里总是觉得受了骗	0	1	2	3
（46）自吹自擂、好吹牛，说大话	0	1	2	3
（47）常假想自己受到威胁	0	1	2	3
（48）排便困难（常常腹泻、排便习惯不规则、便秘）	0	1	2	3

评定说明：

请按照儿童实际情况对以下每项问题做出评定。每项分 4 个等级，所评问题不存在，请在“0”字上画圈；偶尔有一点或表现轻微，请在“1”字上画圈；常常出现或较严重，请在“2”字上画圈；很常见或十分严重，则在“3”字上画圈。注意不要漏项。

Conners 父母症状问卷（PSQ）总共有 48 项，按 0 ～ 3 四级评分，“0”代表没有此问题；“1”代表偶尔有一点或表现轻微；“2”代表常常出现或较为严重；“3”代表很常见或十分严重。量表中的 48 个项目可归纳为品行问题、学习问题、心身障碍、冲动—多动、焦虑、多动指数六个因子。将项目得分相加除以项目数即为 Z 分。多动指数 Z 分 ≥ 1.5 作为划界分，不过更符合我国儿童实际情况的 Z 分为 0.8~1.3，得分大于此分即有多动症的可能，不过不同版本问卷临界值不同，评分标准需由医生或心理专业人员结合临床表现，病史等综合判断。

各因子分的计算结果如下：

品行问题:(2+8+14+19+20+21+22+23+27+33+34+39)/12。

学习问题:(10+25+31+37)/4。

心身问题:(32+41+43+44+48)/5。

冲动—多动:(4+5+11+13)/4。

焦虑:(12+16+24+47)/4。

简明症状问卷(即多动指数):(4+7+11+13+14+25+31+33+37+38)/10。

(括号中数字为各因子在量表中的项目数，如品行问题在量表中内容为第 2、8、14、19、20、21、22、23、27、33、34、39 这 12 项，将这几项分数相加除以项目数 12 即为品行问题这一因子的 Z 分)

2. Conners 教师评定量表(TRS)

Conners 教师评定量表(TRS)适用于评估 6 ~ 17 岁儿童及青少年行为问题，临床应用发现其对多动症儿童的诊断敏感，对情绪障碍也有一定辅助作用。简明症状问卷适用于治疗研究追踪疗效。

Conners 教师评定量表(TRS)

项目	一点没有	偶尔有一点	常常出现	很常见
(1)老是在座位上扭来扭去	0	1	2	3
(2)搞出一些不应该有的噪声	0	1	2	3
(3)有要求必须立即给予满足	0	1	2	3
(4)行为快捷(鲁莽、冒昧)	0	1	2	3
(5)好突然发脾气及有一些不可预测的行为	0	1	2	3
(6)对批评过分敏感	0	1	2	3
(7)易分心，注意力短暂	0	1	2	3
(8)打扰其他同学	0	1	2	3
(9)白日梦、好幻想	0	1	2	3
(10)好生闷气	0	1	2	3
(11)情绪改变迅速和激烈	0	1	2	3
(12)好争吵	0	1	2	3
(13)对权威很顺从	0	1	2	3

续表

项目	一点没有	偶尔有一点	常常出现	很常见
（14）不安静，常常“十分忙碌”	0	1	2	3
（15）易激惹，好冲动	0	1	2	3
（16）需要老师极大的注意	0	1	2	3
（17）显然不受班级同学的欢迎	0	1	2	3
（18）易于受其他同学的领导	0	1	2	3
（19）玩游戏时不能公平对待——只能赢，不能输	0	1	2	3
（20）显然缺乏领导能力	0	1	2	3
（21）常不能完成已开始做的事	0	1	2	3
（22）幼稚，不成熟	0	1	2	3
（23）不承认错误或责怪别人	0	1	2	3
（24）与其他同学相处不好	0	1	2	3
（25）与同学不能合作	0	1	2	3
（26）做事易受挫折	0	1	2	3
（27）与老师不能合作	0	1	2	3
（28）学习困难	0	1	2	3

量表评分说明如下：

请根据该生情况在下列数字上画圈。Conners 教师评定量表（TRS）包括 28 项，按 0～3 四级计分，“0”代表没有此问题，“1”代表偶尔有一点或表现轻微，“2”代表常常出现或较严重，“3”代表很常见或十分严重。量表中的 28 个项目可归纳为品行问题、多动、注意力不集中—被动 3 个因子。将 3 个因子项目得分相加除以项目数即为 Z 分。多动指数 Z 分≥ 1.5 作为划界分，不过更符合我国儿童实际情况的 Z 分为 0.8～1.3，得分大于此分即有多动症的可能，不过不同版本问卷临界值不同，评分标准需由医生或心理专业人员结合临床表现，病史等综合判断。

各因子计算方法如下：

品行问题：（4+5+6+11+12+23+27）/8

多动：（1+2+3+8+14+15+16）/7

注意力不集中—被动:（7+9+18+20+21+2+26+28）/8

括号中数字为各因子在量表中的项目数，如多动在量表中内容为第1/2/3/8/14/15/16 这 7 项，将这几项分数相加除以项目数 7 即为多动这一因子的 Z 分。

3. TRS 简明症状问卷（即多动指数）

项目	一点没有	偶尔有一点	常常出现	很常见
（1）老是在座位上扭来扭去	0	1	2	3
（2）好突然发脾气及有一些不可预测的行为	0	1	2	3
（3）易分心，注意力短暂	0	1	2	3
（4）打扰其他同学	0	1	2	3
（5）好生闷气	0	1	2	3
（6）情绪改变迅速和激烈	0	1	2	3
（7）不安静，常常“十分忙碌”	0	1	2	3
（8）易激惹，好冲动	0	1	2	3
（9）常不能完成已开始做的事	0	1	2	3
（10）做事易受挫折	0	1	2	3

TRS 简明症状问卷（即多动指数）

量表评分说明如下：

简明症状问卷是从 Conners 教师评定量表（TRS）中筛选出的 9 个项目，可用于医师、老师或其他研究者对儿童行为问题的快速评估，也可用于治疗或干预前后行为的评估。

评分方式为将各项目得分相加除以项目总数 10，即得出多动指数的 Z 分，不同版本问卷临界值不同，评分标准需由医生或心理专业人员结合临床表现，病史等综合判断。

附表 2 SNAP- Ⅳ评定量表（SNAP- Ⅳ）

SNAP- Ⅳ评定量表主要用于 5 ～ 18 岁儿童和青少年的多动症筛查、辅助诊断，以及治疗疗效和症状改善程度的评估。该量表包括父母或教师使用的版本，完成评估大约需要 10 分钟。

中文版的修订由不同的学者分别对 SNAP- Ⅳ进行了中文版本的编译，本文所列出的版本为深圳市儿童医院杨斌让教授编译的短版本。

SNAP- Ⅳ父母及教师评定量表（18 项）

注意力不集中	完全没有	有一点	不少	非常多
（1）在做学校作业或其他活动时无法密切注意细节或犯粗心的错误	0	1	2	3
（2）很难持续专注于工作或游戏活动	0	1	2	3
（3）当直接跟他说话时，看起来好像没有在听	0	1	2	3
（4）无法坚持遵从指令，并且不能完成作业、家务或职责	0	1	2	3
（5）难以组织规划工作及活动	0	1	2	3
（6）逃避、不喜欢或不情愿从事需要持续动脑筋的任务（例如，学校或家庭作业）	0	1	2	3
（7）遗失活动所必需的东西（例如，玩具、作业、铅笔或书本）	0	1	2	3
（8）容易受外部刺激影响而分心	0	1	2	3
（9）日常生活中忘东忘西	0	1	2	3
（10）手脚动个不停或在座位上扭来扭去	0	1	2	3
（11）在教室或其他要求持续坐着的场合离开座位	0	1	2	3
（12）在不适当的场合过度跑来跑去或爬上爬下	0	1	2	3
（13）难以安静地玩或参与休闲活动	0	1	2	3
（14）“忙个不停”或好像“装了发动机一样”动个不停	0	1	2	3
（15）过多讲话	0	1	2	3
（16）在问题未问完之前脱口说出答案	0	1	2	3

续表

注意力不集中	完全没有	有一点	不少	非常多
（17）难以等候轮流	0	1	2	3
（18）打断或干扰别人（例如，插话或打断别人游戏）	0	1	2	3

SNAP-Ⅳ父母及教师评定量表（26项）

注意力不集中	完全没有	有一点	不少	非常多
（1）在做学校作业或其他活动时无法密切注意细节或犯粗心的错误	0	1	2	3
（2）很难持续专注于工作或游戏活动	0	1	2	3
（3）当直接跟他说话时，看起来好像没有在听	0	1	2	3
（4）无法坚持遵从指令，并且不能完成作业、家务或职责	0	1	2	3
（5）难以组织规划工作及活动	0	1	2	3
（6）逃避、不喜欢或不情愿从事需要持续动脑筋的任务（例如，学校或家庭作业）	0	1	2	3
（7）遗失活动所必需的东西（例如，玩具、作业、铅笔或书本）	0	1	2	3
（8）容易受外部刺激影响而分心	0	1	2	3
（9）日常生活中忘东忘西	0	1	2	3
多动—冲动	**完全没有**	**有一点**	**不少**	**非常多**
（10）手脚动个不停或在座位上扭来扭去	0	1	2	3
（11）在教室或其他要求持续坐着的场合离开座位	0	1	2	3
（12）在不适当的场合过度跑来跑去或爬上爬下	0	1	2	3
（13）难以安静地玩或参与休闲活动	0	1	2	3
（14）“忙个不停”或好像“装了发动机一样”动个不停	0	1	2	3
（15）过多讲话	0	1	2	3
（16）在问题未问完之前脱口说出答案	0	1	2	3
（17）难以等候轮流	0	1	2	3
（18）打断或干扰别人（例如，插话或打断别人游戏）	0	1	2	3
对立违抗	**完全没有**	**有一点**	**不少**	**非常多**
（19）发脾气	0	1	2	3

续表

（20）与大人争辩	0	1	2	3
（21）主动抗拒或拒绝遵守成人的要求或规则	0	1	2	3
（22）故意做惹恼他人的事情	0	1	2	3
（23）自己犯错时责怪他人	0	1	2	3
（24）易生气或易被他人激怒	0	1	2	3
（25）愤怒及怨恨	0	1	2	3
（26）怀有恶意或有报复心	0	1	2	3

量表评分说明：

SNAP-Ⅳ评定量表采用四级评分法，将症状程度分为“完全没有”（记0分）、“有一点”（记1分）、“不少”（记2分）和“非常多”（记3分）。通过计算每个分量表条目得分总和除以相应分量表条目数，得出该分量表的得分。得分越高，表明症状越严重。

在临床应用中，SNAP-Ⅳ通常采用简易评分法。其具体判断方法如下：

（1）注意缺陷和多动－冲动两个分量表

分别计算这两个分量表的总分、平均分，或记录每个分量表中得分2或3的条目数，以此判断孩子的表现类型是注意缺陷为主，还是多动－冲动为主，抑或二者混合表现。

总分判断

若某一分量表总分≤13，则判定为“正常”；14～17分为“轻度异常”；18～22分为“中度异常”；23～7分为“重度异常”

平均分判断

若分量表平均分≤1；则认定为“正常”；若≥2，则视为“异常

特定条目判断

若分量表中得分2或3的条目数≥6项，同样判断为“异常”

SNAP-Ⅳ量表中注意缺陷和多动－冲动两个分量表评分方法

（2）对立违抗分量表

若儿童该分量表中得分 2 或 3 的条目≥ 4 项，则判定为“异常”。

（3）治疗效果与评估

SNAP- Ⅳ评定量表还可作为评估治疗效果的工具。当注意缺陷与多动 - 冲动两个分量表的平均分≤ 1 时，可判断治疗效果达到“缓解”。

附表 3 Weiss 功能缺陷评定量表 - 父母版（WFIRS-P）

Weiss 功能缺陷评定量表（Weiss Functional Impairment Rating Scales，WFIRS）由 Margaret D. Weiss 在 2007 年编制。该量表主要评估症状以及孩子的行为或情绪问题对临床上相关功能领域的影响程度。

在多动症中，症状与功能损害存在差异，尽管它们之间有重叠，但存在明显的区别。一些孩子可能表现出明显的症状，但功能损害相对较轻；另一些孩子可能功能损害严重，而症状相对轻微。此外，在多动症的治疗过程中，可能会遇到症状缓解不明显，但功能显著改善的情况。因此，对多动症孩子的症状和功能进行综合评估显得尤为重要。

WFIRS 能够精确地量化相关领域的功能水平，量表中的某些条目甚至可能成为孩子期望的治疗目标的一部分。该量表可用于系统地监测治疗改善情况，为治疗决策提供关键信息，因此它常被用于评估治疗效果。

WFIRS 包括自我报告版和父母版两种形式。具体来说，Weiss 功能缺陷评定量表父母版是由父母对孩子进行评估的工具。该量表的中文版本由北京大学精神卫生研究所的王玉凤教授及其团队在 2001 年进行修订。

WFIRS-P 由儿童的父母或监护人进行评估，包含 50 个条目，覆盖 6 个功能领域，分别是家庭、学习与学校、生活技能、儿童的自我观念、社会活动和冒险活动。

Weiss 功能缺陷评定量表——父母版（WFIRS）

在过去一个月里，您的孩子情绪和行为方面存在什么问题？请认真阅读下面每一项描述，然后在相应的程度上画钩。

A. 家庭	从不	有时候	经常	总是或频繁	不适用
（1）和兄弟姐妹有矛盾	0	1	2	3	
（2）因孩子使父母间产生矛盾	0	1	2	3	
（3）家人常因为孩子的事情请假	0	1	2	3	
（4）在家庭中引发纠纷	0	1	2	3	
（5）由于孩子的原因，家人难以与朋友交往和参加社会活动	0	1	2	3	
（6）孩子使家人在一起时难有乐趣	0	1	2	3	
（7）不听父母的话，教养困难	0	1	2	3	
（8）因为孩子而难以顾及其他家庭成员	0	1	2	3	
（9）因触怒他人而遭打骂	0	1	2	3	
（10）因他 / 她家庭花费了很多钱	0	1	2	3	
B. 学习和学校	**从不**	**有时候**	**经常**	**总是或频繁**	**不适用**
（1）很难跟上功课	0	1	2	3	
（2）需要学校的补课位	0	1	2	3	
（3）需要请家教	0	1	2	3	
（4）在课堂上给老师找麻烦	0	1	2	3	
（5）被中途停课或逐出教室	0	1	2	3	
（6）在学校课外活动时出问题	0	1	2	3	
（7）在校期间或放学后被滞留受罚	0	1	2	3	
（8）被学校停课或开除	0	1	2	3	
（9）旷课或迟到	0	1	2	3	
（10）能力虽好但得不到好的分数	0	1	2	3	
C. 生活技能	**从不**	**有时候**	**经常**	**总是或频繁**	**不适用**
（1）过度地看电视，玩电脑，打游戏	0	1	2	3	
（2）保持清洁，刷牙，梳头，洗澡等	0	1	2	3	

续表

（3）上学前的准备工作做不好	0	1	2	3	
（4）睡觉前的准备做不好	0	1	2	3	
（5）饮食习惯不好（挑食，喜食垃圾食品）	0	1	2	3	
（6）睡眠有问题	0	1	2	3	
（7）常常受伤	0	1	2	3	
（8）不喜欢体育锻炼	0	1	2	3	
（9）常常需要去诊所或医院	0	1	2	3	
（10）吃药、打针或看医生 / 牙医有麻烦如不遵守时间等	0	1	2	3	
D. 自我管理	**从不**	**有时候**	**经常**	**总是或频繁**	**不适用**
（1）孩子的自我感觉不好	0	1	2	3	
（2）孩子缺乏足够的乐趣	0	1	2	3	
（3）孩子对自己的生活感觉不幸福	0	1	2	3	
E. 社会活动	**从不**	**有时候**	**经常**	**总是或频繁**	**不适用**
（1）被其他孩子取笑或欺负	0	1	2	3	
（2）取笑或欺负其他的孩子	0	1	2	3	
（3）和别的孩子相处不好，常有矛盾	0	1	2	3	
（4）参加课外活动（如运动，音乐，兴趣小组等）	0	1	2	3	
（5）很难交上新朋友	0	1	2	3	
（6）很难和朋友长期保持友谊	0	1	2	3	
（7）不能很好地参加社交聚会（如不被邀请，不愿参加，在聚会时举止失当）	0	1	2	3	
F. 冒险活动	**从不**	**有时候**	**经常**	**总是或频繁**	**不适用**
（1）很容易听其他孩子的指挥（迫于同龄或同伙孩子的压力）	0	1	2	3	
（2）弄坏或损毁东西	0	1	2	3	
（3）做违法的事情	0	1	2	3	
（4）招来警察	0	1	2	3	

续表

（5）吸烟	0	1	2	3	
（6）用一些非法的药物如毒品	0	1	2	3	
（7）做一些危险的事情	0	1	2	3	
（8）伤害他人	0	1	2	3	
（9）说一些刻薄或不恰当的话	0	1	2	3	
（10）（对同性或异性）有不当的骚扰行为	0	1	2	3	
项目	在此填写				
A. 家庭					
B. 学习和学校					
C. 生活技能					
D. 自我观念					
E. 社会活动					
F. 冒险活动					
总分					

量表评分说明：

（1）评分方法

依据孩子最近一个月内的情绪、行为状况，对每个条目采用 4 级评分，即 0（从不）、1（有时）、2（经常）、3（总是或频繁）。需要注意的是，生活技能分量表中的第 2 项“保持清洁”及社会活动分量表的第 4 项“参加课外活动”这两个条目为反向计分。

WFIRS-P 属于李克特式量表，若任何一个条目评分为 2 或 3，则代表此条目在临床上存在缺陷。将各分量表中每一个条目得分相加，可得到各维度的量表分，进而计算出量表总分和平均分。若存在不适用的条目，在计算平均分、总分时，这些条目不参与评分。同时，需记录量表中得分为 2 或 3 的条目数或所有条目总分或平均分。

（2）评分标准

当任何一个功能领域至少有 2 项得 2 分，或 1 项得 3 分，抑或平均得分 >15 时，可考虑在临床上孩子存在功能损害。

附表 4 Achenbach 儿童行为量表（CBCL）

Achenbach 儿童行为量表是一套广泛使用且内容详尽的儿童行为评估工具，由美国心理学家 Thomas M. Achenbach 编制。Achenbach 儿童行为量表包括父母用儿童行为评定量表（CBCL）、教师报告表（TRF，用于 5 ～ 18 岁儿童）、直接观察报告表（由观察者填）、青少年自我报告表（YSR，用于 11 ～ 18 岁青少年），形成了对儿童较全面评估的量表系列。

1. 一般项目

一般项目包括姓名、性别、年龄、出生日期、种族、填表日期、年级、父亲职业、母亲职业、填表人等信息。这些项目虽不直接记分，但在分析时，父母职业等信息往往与儿童家庭的社会经济情况有关，具有一定的参考价值。

2. 社交能力

Achenbach 儿童行为量表之社交能力方面的具体内容

涉及项目	具体内容
参加体育运动情况	了解孩子参与体育活动的频率、种类及表现
课余爱好	涵盖孩子在课余时间的兴趣爱好，如绘画、音乐、阅读等
参加团体（组织）情况	包括是否参与学校社团、课外兴趣小组等团体活动
课余职业或劳动	例如，是否有参与家务劳动、兼职工作等经历
交友情况	关注孩子的交友数量、朋友类型及其与朋友相处的融洽程度
与家人或其他小孩交友情况	评估孩子在家庭内部以及与其他儿童交往时的互动模式
在校学习情况	涉及学习成绩、学习态度、课堂表现等方面

3. 行为问题

行为问题包含 113 个条目，其中第 56 条包含 8 小项，第 113 条为“其他”。这些条目是量表的重点部分，用于全面评估儿童可能存在的行为问题。

Achenbach 儿童行为量表

第一部分：一般项目

儿童姓名	
性别	男□　　女□
年龄	
种族	
父母职业（请填具体）	父亲职业：
	母亲职业：
填表者	父□　　母□　　其他人□
填表日期	年　月　日

第二部分：社会能力

Ⅰ	
（1）请列出您的孩子最爱好的体育运动项目（如游泳，棒球等）	无爱好□ 爱好：a.______ b.______ c.______
（2）与同龄儿童相比，他/她在这些项目上用去时间的多少？	不知道□　较少□　一般较多
（3）与同龄儿童相比，他/她的运动水平如何？	不知道□　较低□　一般□　较高
Ⅱ	
（1）请列出孩子除体育运动以外的爱好（如集邮、看书、弹琴等，不包括看电视）	无爱好□ 爱好：a.______ b.______ c.______
（2）与同龄儿童相比，他/她花在这些爱好上的时间多少？	不知道□　较低□　一般□　较高
（3）与同龄儿童相比，他/她的爱好水平如何？	不知道□　较低□　一般□　较高
Ⅲ	
（1）请列出您的孩子参加的组织、俱乐部、团体或小组的名称	未参加□ 参加：a.______ b.______ c.______
（2）与同龄参赛者相比，他/她在这些组织中的活跃程度如何？	不知道□　较低□　一般□　较高

续表

Ⅳ	
（1）请列出您的孩子有无干活或打零工的情况（如送报、帮人照顾小孩、帮人搞卫生等）	没有□ 有：a.______ b.______ c.______
（2）与同龄者相比，他/她的工作质量如何？	不知道□ 较低□ 一般□ 较高
Ⅴ	
（1）您的孩子有几个要好的朋友？	无□ 1个□ 2～3个□ 4个及以上□
（2）您的孩子与这些朋友每周大概在一起几次？	不到1次□ 1～2次□ 3次以上
Ⅵ	
与同龄儿童相比，您的孩子在下列方面表现如何？	a. 与兄弟姐妹相处：较差□ 差不多□ 较好□ b. 与其他儿童相处：较差□ 差不多□ 较好□ c. 对父母的行为：较差□ 差不多□ 较好□ d. 自己工作和游戏：较差□ 差不多□ 较好□
Ⅶ	
（1）当前学习成绩（对6岁以上儿童而言）	未上学：□ 阅读课：不及格□ 中等以下□ 中等□ 中等以上□ 写作课：不及格□ 中等以下□ 中等□ 中等以上□ 算术课：不及格□ 中等以下□ 中等□ 中等以上□ 拼音课：不及格□ 中等以下□ 中等□ 中等以上□ 其他课（如历史、地理、常识、外语等）： 不及格□ 中等以下□ 中等□ 中等以上□
（2）您的孩子是否在特殊班级？	不是□ 是□，什么性质：________
（3）您的孩子是否留级？	没有□ 有□，什么性质：______，留级理由：________
（4）您的孩子在学校里有无学习或其他问题（不包括上面3个问题）	没有□ 有问题□，问题内容：______ 问题何时开始：______ 问题是否已解决？ 未解决□ 已解决□，何时解决的：______

第三部分：行为问题

项目	没有	偶尔	经常
（1）行为幼稚与其年龄不符	0	1	2
（2）过敏性症状（填具体表现）	0	1	2
（3）喜欢争论	0	1	2
（4）哮喘病	0	1	2
（5）举动像异性	0	1	2
（6）随地大便	0	1	2
（7）喜欢吹牛或自夸	0	1	2
（8）精神不能集中，注意力不能持久	0	1	2
（9）老是想某些事情不能摆脱，强迫观念（说明内容）	0	1	2
（10）坐立不安活动过多	0	1	2
（11）喜欢纠缠着大人或过分依赖	0	1	2
（12）常说感到寂寞	0	1	2
（13）糊里糊涂，如在云里雾里	0	1	2
（14）常常哭叫	0	1	2
（15）虐待动物	0	1	2
（16）虐待、欺侮他人或吝啬	0	1	2
（17）好做白日梦或呆想	0	1	2
（18）故意伤害自己或企图自杀	0	1	2
（19）需要他人经常注意自己	0	1	2
（20）破坏自己的东西	0	1	2
（21）破坏家里或其他儿童的东西	0	1	2
（22）在家不听话	0	1	2
（23）在学校不听话	0	1	2
（24）不肯好好吃饭	0	1	2
（25）不与其他儿童相处	0	1	2

续表

项目	没有	偶尔	经常
（26）有不良行为后不感到内疚	0	1	2
（27）易嫉妒	0	1	2
（28）吃喝不能作为食物的东西（说明内容）	0	1	2
（29）除怕上学外，还害怕某些动物、处境或地方（说明内容）	0	1	2
（30）怕上学	0	1	2
（31）怕自己想坏念头或做坏事	0	1	2
（32）觉得自己必须十全十美	0	1	2
（33）觉得（或抱怨）没有人喜欢自己	0	1	2
（34）觉得他人存心捉弄自己	0	1	2
（35）觉得自己无用或有自卑感	0	1	2
（36）身体经常弄伤，容易出事故	0	1	2
（37）经常打架	0	1	2
（38）常被人戏弄	0	1	2
（39）爱和出麻烦的儿童在一起	0	1	2
（40）听到某些实际上没有的声音（说明内容）	0	1	2
（41）冲动或行为粗暴	0	1	2
（42）喜欢孤独	0	1	2
（43）撒谎或欺骗	0	1	2
（44）咬指甲	0	1	2
（45）神经过敏，容易激动或紧张	0	1	2
（46）动作紧张或带有抽动性（说明内容）	0	1	2
（47）做噩梦	0	1	2
（48）不被其他儿童喜欢	0	1	2
（49）便秘	0	1	2

续表

项目	没有	偶尔	经常
（50）过度恐惧或担心	0	1	2
（51）感到头晕	0	1	2
（52）过分内疚	0	1	2
（53）吃得过多	0	1	2
（54）过分疲劳	0	1	2
（55）身体过重	0	1	2
（56）找不出原因的躯体症状 a. 疼痛 b. 头痛 c. 恶心呕吐 d. 眼睛有问题（说明原因。译注：不包括近视及器质性眼病） e. 发疹或其他皮肤病 f. 腹部疼痛或绞痛 g. 呕吐 h. 其他（说明内容）	0	1	2
（57）对他人身体进行攻击	0	1	2
（58）挖鼻孔、皮肤或身体其他部分（说明内容）	0	1	2
（59）公开玩弄自己的生殖器	0	1	2
（60）过多玩弄自己的生殖器	0	1	2
（61）功课差	0	1	2
（62）动作不灵活	0	1	2
（63）喜欢和年龄较大的儿童在一起	0	1	2
（64）喜欢和年龄较小的儿童在一起	0	1	2
（65）不肯说话	0	1	2
（66）不断重复某些动作，强迫行为（说明内容）	0	1	2
（67）离家出走	0	1	2

续表

项目	没有	偶尔	经常
（68）经常尖叫	0	1	2
（69）守口如瓶	0	1	2
（70）看到某些实际上没有的东西（说明内容）	0	1	2
（71）感到不自然或容易发窘	0	1	2
（72）玩火（包括玩火柴或打火机等）	0	1	2
（73）性方面的问题（说明内容）	0	1	2
（74）夸耀自己或胡闹	0	1	2
（75）害羞或胆小	0	1	2
（76）比大多数孩子睡得少	0	1	2
（77）比大多数孩子睡得多（说明多少，不包括赖床）	0	1	2
（78）玩弄粪便	0	1	2
（79）语言问题（说明内容，如口齿不清）	0	1	2
（80）茫然凝视	0	1	2
（81）在家偷东西	0	1	2
（82）在外偷东西	0	1	2
（83）收藏自己不需要的东西（说明内容，不包括集邮等爱好）	0	1	2
（84）怪异行为（说明内容，不包括其他条已提及者）	0	1	2
（85）怪异想法（说明内容，不包括其他条已提及者）	0	1	2
（86）固执、绷着脸或容易激怒	0	1	2
（87）情绪突然变化	0	1	2
（88）常常生气	0	1	2
（89）多疑	0	1	2
（90）咒骂或讲粗话	0	1	2
（91）声言要自杀	0	1	2

续表

项目	没有	偶尔	经常
（92）说梦话或有梦游（说明内容）	0	1	2
（93）话太多	0	1	2
（94）常戏弄他人	0	1	2
（95）乱发脾气或脾气暴躁	0	1	2
（96）对性的问题想得太多	0	1	2
（97）威胁他人	0	1	2
（98）吮吸大拇指	0	1	2
（99）过分要求整齐清洁	0	1	2
（100）睡眠不好（说明内容）	0	1	2
（101）逃学	0	1	2
（102）不够活跃，动作迟钝或精力不足	0	1	2
（103）闷闷不乐，悲伤或抑郁	0	1	2
（104）说话声音特别大	0	1	2
（105）喝酒或使用成瘾药	0	1	2
（106）损坏公物	0	1	2
（107）白天遗尿	0	1	2
（108）夜间遗尿	0	1	2
（109）爱哭诉	0	1	2
（110）希望成为异性	0	1	2
（111）孤独、不合群	0	1	2
（112）忧虑重重	0	1	2
（113）请写出您的孩子存在的、上面未提及的其他问题	0	1	2

一、请检查一下是否每条都已填好

二、请在您最关心的条目下画线

量表评分说明:

（1）社交能力评分

不同项目有不同的记分方式。例如，爱好数量方面，无爱好或一种爱好记 0 分，两种爱好记 1 分，3 种或以上记 2 分；在参加团体（组织）情况等项目中，“不知道”不记分，低于一般记 0 分，一般记 1 分，高于一般记 2 分等。通过对各项得分进行加总与平均，得出社交能力各维度分数，进而归纳成活动情况（部分项目总分）、社会情况（部分项目得分）及学习情况等因子分，分数越高表明社会能力越强。不过，这一部分国内尚无统一常模数据，量表作者依据美国常模的 2 百分位，以低于该值（T<30）作为可疑异常的分界值。

（2）行为问题评分

行为问题评分的方法及标准如下图所示。

行为条目评分	依据儿童最近半年（6 个月）内的表现，对 113 条行为问题条目进行评分，采用 0 ～ 2 分的计分方式。其中，0 代表无该行为；1 代表轻度或有时有；2 代表明显或经常有。例如，第 30 条“怕上学”，若过去有但最近半年无此表现，则记 0 分
总粗分计算	将 113 条的粗分相加得到总粗分，分数越高，表明行为问题越严重
正常上限分界值	根据大样本统计分析，不同年龄段和性别的儿童有各自相应的正常上限分界值。具体而言，4 ～ 5 岁、6 ～ 11 岁、12 ～ 16 岁男孩分别为 42、40 ～ 42 和 38；同龄女孩分别是 42 ～ 45、37 ～ 41 和 37。若儿童的总粗分超过相应分界值，就应进一步检查

Achenbach 儿童行为量表行为问题评分方法及标准

青蓝

实践篇

完全图解 多动症（ADHD）儿童行为训练指南

—下册—

孙　瑾　刘大粼◎编著

天津出版传媒集团
天津科学技术出版社

前言

Preface

在现代社会，儿童心理健康问题逐渐成为家长、教育工作者及社会各界关注的焦点。其中，注意缺陷多动障碍（ADHD，又称“儿童多动症”）作为一类普遍存在的儿童心理行为障碍，更是引起了我们的特别关注。随着生活节奏的加快和竞争压力的加剧，多动症儿童在成长和学习过程中所面临的挑战愈发显著。为了深入理解和有效应对这一问题，我们编写了本书。

本书旨在为家长、教育工作者及多动症儿童的监护人提供一套系统的养育策略。我们从多动症儿童的生理和心理特征入手，结合具体案例和科学实证研究，深入分析了在不同成长阶段，如何运用科学的方法和策略来应对多动症儿童面临的各种挑战。

在本书的编写过程中，我们特别强调实用性和操作性。例如，从如何合理安排学习与休息时间，到如何引导儿童进行任务规划和执行，再到如何利用电子设备辅助学习，每一个章节均提供了切实可行的建议和方法。同时，我们还探讨了在儿童面临留级、转学等重大决策时，家长和教育者应如何权衡利弊，做出最有利于儿童发展的决策。此外，我们认识到每个多动症儿童都是独特的个体，他们的需求和挑战各具特点。因此，我们建议家长和教育者在阅读本书时，能够结合儿童的实际情况，灵活运用书中的策略和方法。

最后，我们衷心感谢所有参与本书编写、审阅和提供宝贵意见的专家、家长和多动症儿童的监护人。正是由于各位的共同努力和无私分享，本书得以顺利完成。我们期望本书能够为多动症儿童的成长之路提供有益的指导，为他们的未来开启无限可能。

目录 Contents

part 1 大脑里的指挥官：儿童注意力是如何发展的

part 2 当孩子总是“停不下来”，父母可以这样做

part 3 幼儿期 ADHD 的日常养育技巧

part 4 为多动症儿童入学做准备

part 5 未雨绸缪，如何应对学校生活

part 1

大脑里的指挥官：儿童注意力是如何发展的

当儿童集中注意力时，呼吸会变得轻微而缓慢，有时甚至会出现呼吸暂时停顿的现象，即所谓的“屏息”。

01 儿童注意的特征与表现

注意是心理活动的一种组织特性，现代心理学将其定义为心理活动对特定对象的指向和集中。注意并非一个孤立的心理过程，而是与感知、记忆、思维、想象等心理过程相伴随的共同特性。在复杂的外界环境中，注意帮助我们筛选关键信息，排除无关干扰。若缺乏注意，观察、思维、记忆、想象等智力活动就会失去方向与控制，正如古语所言："心不使焉，则白黑在前而目不见，雷鼓在侧而耳不闻。"这凸显了注意的重要性。

儿童注意的基本特征

儿童注意的基本特征包括指向性、集中性和非独立性（见图 1–1）。

指向性

指向性是指人的心理活动有在众多事物中选择特定对象进行反映的能力。它表现为在同时出现的多种刺激中，能够有选择地关注某一个或几个。例如，"两耳不闻窗外事，一心只读圣贤书"便体现了这种选择性关注

集中性

集中性是指人的心理活动在选择关注对象时，能够抑制对其他不相关事物的反应，从而确保对所关注对象的清晰认知。它表现为对干扰性刺激的抑制。例如，在课堂上，学生专注于教师讲授的内容，而对教师的衣着或电风扇的噪声等干扰因素视而不见、听而不闻

非独立性

注意并非一种独立的心理过程，而是其他心理过程的积极伴随状态。这意味着注意本身不能脱离其他心理活动而单独存在

图1–1　儿童注意的基本特征

儿童注意的外部表现

当儿童专注于某个对象时，他们通常会表现出特定的生理变化和行为。通过观察这些行为，我们可以对儿童的注意状态有所了解。然而，为了深入理解儿童的注意实况，我们还需要依据他们一贯的行为表现进行全面而综合的分析。儿童注意的外部表现可以从三个主要方面进行观察（见图 1–2）。

01 适应性运动

当儿童集中注意力时，会将感官朝向刺激源，如当他们注意看某个物体时，会把眼睛转向该物体，视线集中在上面，眼睛睁得较大，眨眼次数减少；倾听声音时，会侧耳倾听，头部微微转向声音的方向

02 无关运动的停止

当儿童集中注意力时，会不自觉地停止或减少那些与注意力无关的动作。例如，原本可能在手脚乱动、玩玩具的儿童，在专注于某个游戏或故事时，会停止这些无关动作，身体保持安静

03 呼吸运动的变化

当儿童集中注意力时，呼吸会变得轻微而缓慢，有时甚至会出现呼吸暂时停顿的现象，即所谓的“屏息”。这是因为儿童的神经系统在集中精力处理信息，身体的其他生理活动会相对抑制，以保证注意力的高度集中

图1–2　儿童注意的外部表现

02 儿童注意的发生与发展

儿童的注意是如何发生的

儿童自出生起便伴随着注意现象，并且随着成长，其注意力会不断发展变化。

1. 儿童定向性注意的发生

自出生起，婴儿就具有先天的定向反射，这是注意发生的基础。在遭遇外部刺激时，新生儿会自发地将感受器官转向刺激源。例如，将头部转向声源或光源，此为一种本能的反应，有助于新生儿对周围环境进行基础的感知和探索。这种无条件定向反射构成了最原始的初级注意，即定向性注意，其主要是由外部事物的特征所触发，代表了无意注意的初始形态。

2. 儿童选择性注意的发生与发展

选择性注意，也称选择性关注，是指儿童在认知过程中对特定刺激物表现出的偏好性关注，而对其他刺激物则相对较少关注，该现象在儿童定向性注意形成之后逐渐显现。新生儿时期的儿童已开始展现出对周围环境的选择性注意倾向，尤其是在视觉领域，表现为视觉偏好。例如，新生儿更倾向于注视人脸，喜欢规则脸谱，以及对对比度高的图案和轮廓边缘表现出明显偏好。在 1 岁之前，儿童注意力的发展主要表现为选择性注意的增强，而选择性注意的发展变化则主要体现在选择性注意性质的演变和选择性注意对象的转变（见图 1–3）。

01 选择性注意性质的演变

儿童成长的早期阶段，注意某些东西，是因为这些东西的物理特点吸引他们，如大的声音、明亮的颜色等，随着时间的推移，儿童开始更关注那些对自己有意义、能满足自己需求的东西。比如饿了的时候，就会更注意吃的东西；喜欢玩玩具时，就会更留意好玩的玩具

02 选择性注意对象的转变

表现为儿童注意范围的逐渐扩大以及关注的事物数量的持续增加，如小婴儿可能只能注意到眼前很近的、少数几样东西，如妈妈的脸。但渐渐地，儿童能注意到房间里更多的东西，像远处的玩具，墙上的画等等

图1-3　婴儿的选择性注意发展和变化的体现

3. 儿童有意注意的发生

儿童有意注意的形成需要经历三个阶段（见图 1–4）。

01 由成人言语指令引起和调节

儿童七八月大后，成人常不自觉地以言语引领儿童注意，赋予儿童任务，使儿童的注意带有意图。如老师说："小朋友们，我们一起来看看这幅画上有什么！"儿童便会有意识地将注意力集中在图片上

02 通过自言自语控制和调节行为

儿童常常一边做事一边自言自语，如搭积木时会说"我要先搭这块，然后再搭那块""别忘了给小房子留个窗子"等，这表明儿童能够自觉运用言语将注意力集中在当前任务相关的事物上

03 运用内部言语指令控制、调节行为

内部言语不用于交际，而是思考时支持思维的言语，如默读、心算。它始于学前期，由外部言语转化而来，是儿童言语发展高级阶段的重要标志。形成后，儿童能自定目标、制订计划，主动将注意力聚焦在与活动任务相关的事物上，排除干扰，保持注意力集中

图1-4　儿童有意注意形成的三个阶段

儿童注意是如何发展的

根据注意的目的性以及维持注意是否需要意志力，可将注意划分为无意注意、有意注意和有意后注意。

1. 无意注意

无意注意也叫不随意注意，是指在没有预先设定目标且无须刻意努力的情况下自然产生的注意，如在看书时，旁边有人突然大笑，笑声会让人不自觉地将注意力从书本上移开，转向发出笑声的人。引起无意注意的原因主要有两类。

（1）客观刺激物本身的特点

引起无意注意的原因之一是客观刺激物本身的特点（见图 1–5）。这些特点包括刺激物的强度、对比度、新颖性、活动性以及颜色等。例如，一个响亮的声音、一个鲜艳的颜色或者一个突然的动作，都很容易吸引人们的无意注意。这是因为这些刺激物在感官上更为突出，能够迅速捕捉人们的注意力。

图1–5　引起无意注意的原因——客观刺激物本身的特点

（2）个体的心理状态

引起无意注意的原因之二是个体的心理状态（见图 1–6）。具体来说，当个体处于某种特定的心理状态或需求状态时，更容易被与之相关的刺激所吸引。例如，当一个人饥饿时，他可能会对食物相关的信息更加敏感，即便这些信息并不是他主动寻求的。此外，个体的兴趣、期望、情绪状态等也会影响无意注意的产生。一个令人感兴趣或符合个体期望的刺激，更容易吸引个体的无意注意。同时，个体的情绪状态也会影响他们对刺激的敏感度和反应速度，从而影响无意注意的产生。

01 需要和兴趣

能够满足儿童需求、符合儿童兴趣的刺激物，通常会轻易成为无意注意的焦点

02 情绪和精神状态

个人的情绪和精神状态会显著影响其注意力。当一个人身体健康、情绪高涨、精力旺盛时，他能够全身心地投入到学习中，不知疲倦；相反，若处于疲劳、疾病或情绪低落的状态，注意力便难以保持稳定，活动效率也会大幅下降

03 个人知识经验

新奇的刺激物容易吸引注意力，但如果这些新奇的刺激对儿童来说难以理解，那么它们也不会引起儿童的注意

图1-6　引起无意注意的原因——个体的心理状态

2. 有意注意

有意注意是一种具有预定目标、需要付出一定意志力的集中注意力，也被称为随意注意，如学生听课。

（1）有意注意的形成与发展

儿童有意注意的形成和发展是一个渐进的过程。在婴幼儿时期，儿童的注意力主要是无意的，他们容易被新奇、鲜艳或声音大的事物所吸引。然而，随着年龄的增长和教育的影响，儿童开始逐渐学会控制和集中自己的注意力，有意注意开始逐渐形成（见图 1–7）。

儿童在 1 岁左右开始形成有意注意，这时语言能吸引儿童的注意力。如成人说一些简单词语，儿童会去关注

儿童在 1 岁以后，物体的第二信号系统（能让人类借助语言文字对客观事物进行抽象思维等高级神经活动，如“谈梅生津”）开始影响儿童的注意力

因为大脑发育的限制，控制有意注意的额叶到 7 岁左右才成熟。所以幼儿（一般指 3~6 岁儿童）的有意注意只能维持 3~5 分钟，学龄前儿童（广义也包含幼儿）在“合适教育”引导下，能保持 10~15 分钟。例如，幼儿听故事可能听几分钟就走神，学龄前儿童在老师引导下听故事能坚持更久

图1-7　儿童有意注意的形成与发展

（2）如何培养有意注意

在儿童教育里，要善于利用无意注意的特点，如用新奇有趣的东西吸引儿童来努力培养儿童的有意注意（见图 1–8）。

如何培养有意注意

明确任务目的与要求

儿童有意注意还在早期发展阶段，主要靠成人引导，在成人要求下发展。因此，明确告诉儿童有意注意的目的和任务很重要，如让儿童搭积木时，须对儿童说清楚要搭成什么形状的物品

有意识的语言引导

用语言引导儿童注意，如问儿童“宝贝，仔细瞧瞧，蚂蚁们是怎样齐心协力搬这块大面包屑的？”能让儿童集中注意力

观察与实践结合

儿童需要在活动中实现有意注意，和成人不同，儿童不能光看不动。如让儿童观察植物时，最好让儿童参与浇水、施肥等活动

游戏训练

可以教儿童一些集中注意力的方法。例如，玩找不同、拼图等训练性游戏，帮助儿童集中注意力

图1-8　如何培养儿童的有意注意

3. 有意后注意

有意后注意指的是事先有预定目的，但不需要过多的意志努力的注意。它的形成依赖于两个条件，即对活动有浓厚兴趣和活动自动化（见图 1–9）。

01 对活动有浓厚的兴趣

当个体对某项活动兴趣盎然时，维持注意力所需付出的意志力就会相应减少。例如，当儿童对学习绘画缺乏兴趣时，练习绘画就需要付出巨大的意志努力，此时的注意力是有意注意。然而，一旦儿童对绘画产生了浓厚的兴趣，色彩和线条便能轻易吸引儿童的注意力，无须刻意努力就能保持专注，这时的注意力就转变为有意后注意

02 活动自动化

通过活动自动化，可以显著降低个体在监控活动时所需的精力投入。随着活动自动化程度的提高，维持注意力所需的意志力努力相应减少。例如，熟练骑自行车的儿童，骑行过程中展现的注意力就属于有意后注意。骑车动作经过长期练习已高度自动化，无须刻意集中注意力，就能轻松应对骑行中的转向、蹬踏，整个过程自然流畅，几乎不耗费额外精力

图1-9 有意后注意的形成条件

03 各阶段儿童注意的发展特点及培养方法

儿童成长过程中，不同年龄阶段儿童注意的发展特点都有所不同，从幼儿到青少年，儿童注意各方面的能力不断进阶。家长应该了解这些特点并制定相应的培养方法，助力儿童提升专注度，为学业和生活发展打下坚实的基础。

新生儿期（0～28天）

儿童注意的发展特征

新生儿此时是一种自然而然产生的无意注意，是不经意间产生的，无须特定条件或目标的引导。

婴儿期（28天～1岁）

1. 儿童注意的发展特征

（1）注意力持续发展。除了强烈的外界刺激能够吸引婴儿的注意外，任何能够直接满足婴儿生理需求或与之相关的事物都能引起婴儿的兴趣。

（2）到了5个月大时，婴儿的双手运动能力有所发展，婴儿开始对各种颜色鲜艳、能够发出声音、可以活动的玩具表现出浓厚的兴趣，并且经常注视或摆弄这些玩具。

（3）婴儿在6～12个月时，对周围环境中的事物产生了广泛的兴趣，注意力的焦点开始变得多样化。婴儿不仅关注具体物品，也开始注意周围人说话。

（4）然而，这个阶段的注意力非常不稳定。婴儿对一个特定对象的注意力通常只能维持几秒钟。例如，11 ~ 12 个月大的婴儿注视成人手中的挂表，时间一般不会超过 15 秒。

2. 儿童注意的培养方法

针对这个年龄段的儿童，主要从以下几个方面进行儿童注意的培养（见图 1–10）。

01

协助婴儿培养良好的日常生活习惯

02

经常利用新颖且色彩鲜艳的玩具或画册来吸引婴儿的注意力

03

适度控制玩具的数量。过多的玩具种类可能会导致婴儿注意力分散

04

选择适宜的游戏。例如，3 个月以下的婴儿适合拨浪鼓，摇晃声能引导婴儿寻找声源；4 个月以上的婴儿适合寻宝游戏；7 个月以上的婴儿适合趴地推球游戏（让宝宝趴在离墙壁约 0.5 米的地方，将小球推向墙壁，并能自己接住反弹回来的球，反复进行）；10 个月以上的婴儿适合图形辨别游戏

图1–10　婴儿期儿童注意的培养方法

幼儿期（1 ~ 3 岁）

1. 儿童注意的发展特征

（1）有意注意逐渐发展。有意注意在儿童 1 岁左右开始形成，此时处于初步发展阶段，持续时间短暂且不稳定。

（2）语言成为吸引注意力的关键因素。1 岁之后，随着语言的产生和发展，儿童的注意力活动提升至更高级的层次——第二信号系统。物体的第二信号系统特

征开始对儿童的注意力活动产生制约和影响。此时的儿童开始对图书、图片、儿歌、故事、电影、电视等表现出浓厚的兴趣。

（3）物体永久性的概念开始建立。儿童开始理解即使物体从视线中消失，被移动到其他位置时，该物体依然存在。注意力活动变得更加持久和有目的性，不再仅仅依赖于物体的可见性。

（4）注意力直接受表象的影响。表象指的是物体不在眼前时，其特征在人脑中的反映。一般而言，1.5 ～ 2 岁，儿童开始形成表象思维。

2. 儿童注意的培养方法

对于幼儿期儿童的注意力培养，主要有以下几种方法（见图 1–11）。

01 当儿童专注于某项活动时，避免打扰。待儿童自然转移注意力后，及时给予表扬："宝宝真棒，这么专心。"

02 合理控制玩具和图书的数量，以避免过度刺激

03 鼓励儿童完成任务，培养儿童做事有始有终的习惯

04 营造一个有助于提升注意力的环境，减少干扰因素

05 避免反复对儿童提出要求，以免影响其注意力的产生与发展

06 制定并严格执行合理的作息时间表

07 对儿童的进步给予及时的认可和表扬，以增强儿童的自信心

08 选择能够促进注意力提升的游戏。例如，为 1 岁以上的儿童准备贴贴纸游戏，为 18 个月以上的儿童提供推球入洞游戏

图1–11　幼儿期儿童注意培养方法

学龄前期（3～6岁或7岁）

1. 儿童注意的发展特征

（1）无意注意与有意注意均在不断发展。学龄前儿童的无意注意随着年龄增长而成熟，能更长时间关注新鲜事物。同时，有意注意也在发展，家长和教师可通过明确任务和适当引导帮助儿童提高专注力和学习效率。

（2）注意的特征依然以无意注意为主导，刺激物的物理特性依旧是引发无意注意的主要因素。与儿童的兴趣和需求紧密相关的刺激物逐渐成为引发无意注意的重要原因。

（3）在游戏活动中，通过不断向儿童明确游戏任务，有意注意得以发展。

（4）注意的品质逐步提升。

2. 儿童注意的培养方法

在学龄前阶段，特别需要关注对儿童的有意注意能力的培养，主要有以下几种方法（见图 1–12）。

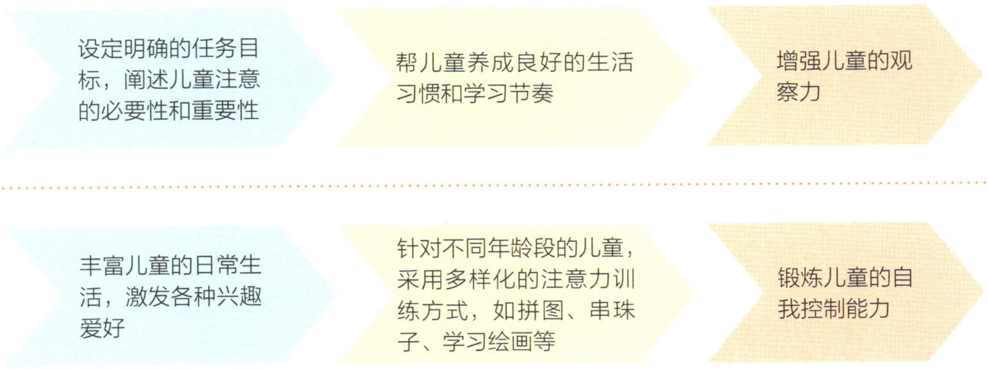

图1–12　学龄前期儿童注意力培养方法

学龄期（6～12岁）

1. 注意的发展特征

（1）无意注意高度发展，趋于持久稳定，对抽象材料的注意逐步发展。注意带有明显的情绪色彩。

（2）有意注意逐渐占据主导地位。

（3）注意的品质显著提升。

2. 注意的培养方法

进入学龄期，依据儿童注意发展的特点，相应的注意培养方法见图1–13。

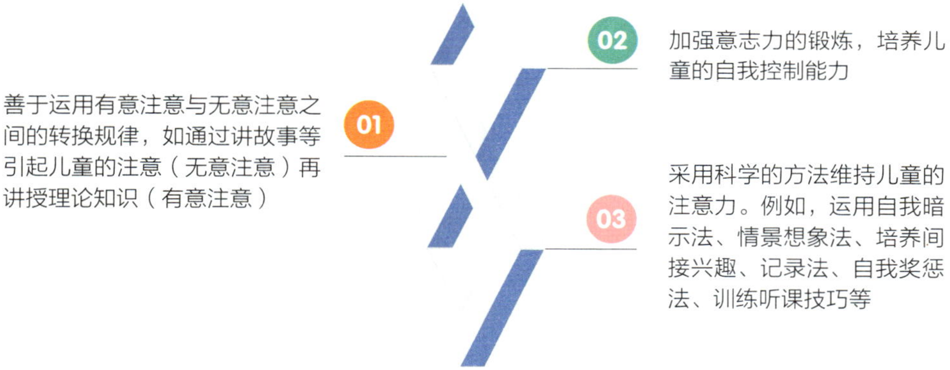

图1–13　学龄期儿童注意力培养方法

少年期（11～15岁）

1. 注意的发展特征

在新的教育和生活环境下，注意力的品质持续发展并呈现出新的特征。

（1）有意注意在学习活动中扮演着越来越重要的角色。注意力的稳定性逐渐增强，能够轻松维持 45 分钟的专注。

（2）注意力的范围逐渐扩展至接近成人的水平，在 0.1 秒内能够辨识 4 ~ 6 个不同的对象。

（3）在学习过程中，能够根据活动的性质和任务要求，有效地分配自己的注意力。

（4）能够有意识地根据活动任务的需要，将注意力从一个对象转移到另一个对象上。

2. 注意的培养方法

少年期注意力培养方法见图 1–14。

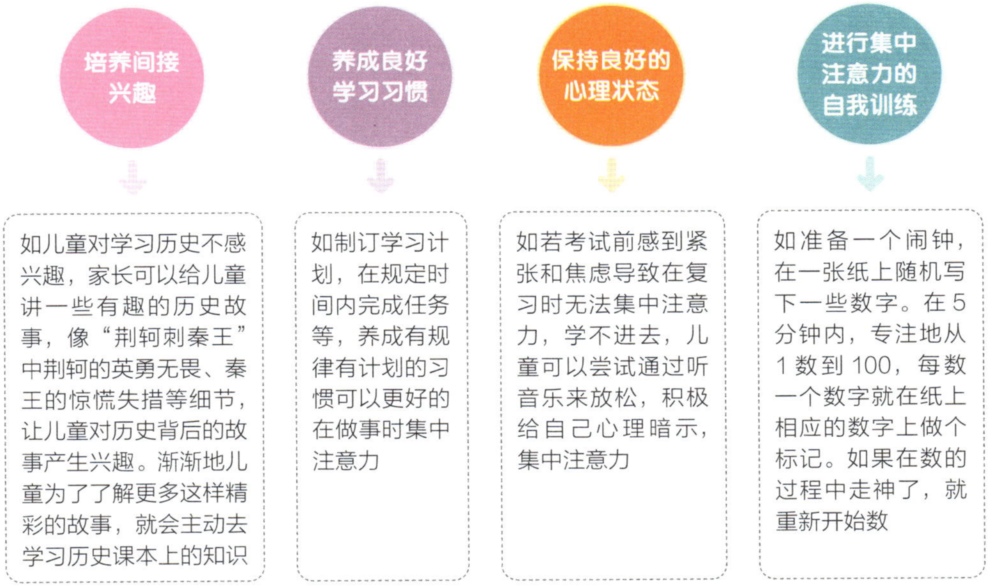

图1–14 少年期注意力培养方法

04 儿童注意力训练游戏

游戏1 舒尔特方格

游戏内容

在一张纸上绘制一个 5×5 的方格阵列，并随机填入 1 至 25 的数字。儿童的任务是在尽可能短的时间内，按顺序找出并指出这些数字。

游戏目的

用时越短，表明专注力越强。

游戏2 哪些物品消失了

游戏内容

展示几件物品给儿童观察 1 ~ 2 分钟，随后请儿童闭上眼睛，家长在这时移除其中一件或两件物品。

接着，让儿童睁开眼睛，描述哪些物品消失了。

游戏目的

这个游戏有助于提升儿童的专注力和观察记忆能力。

游戏3 记忆卡片

游戏内容

准备一组记忆卡片，每张卡片上都印有不同的图案。

翻开两张卡片，观察儿童是否能够记住它们的位置，随后尝试翻开其他卡片以寻找匹配的图案。

游戏目的

此游戏有助于提升儿童的专注力和记忆力。

游戏4 走迷宫

游戏内容

为儿童提供一张迷宫图，引导他探索从起点至终点的正确路径。

游戏目的

提升儿童的注意力。

游戏5 拼图挑战

游戏内容

选择一张拼图块数量适中的拼图，让儿童依照图片的顺序逐一拼出。

游戏目的

在拼图的过程中，儿童需要保持专注，寻找对应的拼图块。

游戏6 找不同

游戏内容

准备两张相似的图片，让儿童找出其中的不同之处。

游戏目的

有助于培养儿童的观察力和专注力。

游戏7 亲子搭积木

游戏内容

准备一套积木，家长和儿童一起发挥想象力搭建各种造型，如房子、城堡、桥梁等。可以先各自搭建，然后互相展示并讲解自己的作品，也可以合作完成一个大型的建筑。

游戏目的

锻炼儿童的创造力和空间想象力，培养儿童的耐心和专注力，同时增进亲子间的交流与合作。

游戏8 你画我猜

游戏内容

准备一些纸和笔，家长先在纸上画一个简单的物体或场景，然后让儿童根据画的内容猜出是什么。儿童猜对后，换儿童来画，家长猜。也可以设定一个主题，如动物、水果、交通工具等，在规定时间内进行比赛，看谁猜对的数量多。

游戏目的

提升儿童的观察力、想象力和语言表达能力，加强亲子之间的默契。

游戏9 开火车

游戏内容

这个游戏需要三人或更多人参与。以三人为例：参与者围坐成一圈，每人选择一个火车站名，通过简短的对话来启动“火车”。例如，父亲扮演大连站，母亲扮演沈阳站，儿童扮演长春站。父亲拍手并喊：“大连的火车就要开。”所有人一起拍手并问：“往哪开？”父亲接着拍手并喊：“长春开。”此时，作为长春站的儿童必须迅速接话：“长春的火车就要开。”大家再次齐拍手并问：“往哪开？”儿童拍手并回答：“沈阳开。”这样，火车就开到了下一个人那里，他（她）必须立刻接上。游戏进行得越快越好，中间不应有停顿。

游戏目的

由于这个游戏要求参与者同时运用口、耳、心，它能够使儿童注意力高度集中，并且锻炼思维的快速反应能力。

游戏10 顶乒乓球

游戏内容

让儿童将乒乓球置于球拍上，保持球不掉落，绕桌子走一圈。在此过程中，大人可以故意制造干扰，如拍手、跺脚、大声喊叫，甚至用语言刺激：“掉了！快要掉了！”但必须注意不触碰儿童的身体。儿童为了不让乒乓球掉落，必须保持冷静和专注，直到绕完一圈才算成功。之后，可以交换角色，让儿童体验不同的挑战。

游戏目的

在设置得更艰难、更复杂的环境中训练儿童高度集中的注意力。

part 2

当孩子总是『停不下来』 父母可以这样做

对于儿童来说，来自父母、老师或同伴的认可和鼓励，往往能极大地增强儿童的自尊和自信，促使儿童更愿意展现良好的行为。

01 儿童行为异常的判别与表现

儿童行为异常是指在特定年龄段的儿童，其行为表现与同龄正常儿童的行为模式和发展规律存在显著偏离。具体表现为与周围环境、社会规范或自身发展阶段不相适应的行为特征，如过度的情绪波动、反复的刻板动作、社交互动障碍、注意力不集中、多动冲动以及对特定事物或情境的异常恐惧或抗拒等。这些异常行为具有持续性，并对儿童的日常生活、学习、社交等方面产生明显的负面影响，干扰其正常的成长和发展进程。

儿童异常行为的判别

儿童行为异常是相对大多数正常儿童的“正常”行为而言的“行为偏离（behaviour deviation）”。判断儿童行为是否异常，可参照以下依据。

1. 社会适应依据

行为是个体对环境的适应反应。儿童在社会环境中，通过不断学习逐步学会控制自身行为、适应规则以及变化的环境。正常的儿童行为与环境相契合，符合社会适应的要求，且社会适应能力会随着年龄增长而逐渐成熟。比如，年龄稍大的儿童能够更好地遵守学校纪律和社会公德。

2. 年龄相符依据

儿童处于生长发育阶段，其行为特征具有明显的年龄阶段性特点。在评估儿童行为时，必须充分考虑其所处的年龄阶段特点。例如，幼儿时期的好动与学龄期儿童相对安静的行为表现存在差异，不能用同样的标准衡量。

3. 功能损害依据

主要判断儿童行为异常是否对儿童的其他行为功能产生影响，以及是否干扰了社会生活。比如，严重的行为问题导致儿童无法正常与同伴交往、学习等。

4. 统计学依据

采用统计学方法能够对儿童行为特征进行精确描述，不同年龄段的儿童行为发展具有相应的统计学标准正常值。儿童行为异常表现可视为行为的“偏离”，本质上是一种量变，从统计学视角分析，即行为超出了既定的“正常值”范围。例如，在特定年龄段儿童的某种行为出现频率上，若某儿童的行为表现显著高于或低于该年龄段的平均水平，则可能存在行为异常的情况。

儿童行为异常的表现

根据儿童行为的特征，可以将儿童异常行为大致归纳为七个方面（见图 2-1）。

品行问题或反社会行为

儿童频繁出现攻击、说谎、偷窃等行为问题，且反复持续发生，这会使儿童在社会适应方面遇到困难，甚至发展为反社会行为。例如，经常欺负同学、无故抢夺他人物品等

非反社会行为

儿童表现出孤僻、懦弱、害怕与人接触等情况。这类问题主要源于自尊心和自信心受挫，失败感和内疚感增加，进而导致紧张不安并伴有恐惧的情绪状态。例如，在集体活动中总是独自躲在角落，不敢主动与其他儿童交流

自我评价、兴趣和意志方面的行为问题

具体表现为自卑、缺乏自制、依赖性强等，此类儿童往往较为敏感、缺乏自信且害怕失败。例如，在面对挑战时总是轻易放弃，对自己的能力缺乏信心

退缩行为

表现为执拗、好哭闹、回避等。儿童在特定情境或参与某项活动时，会出现过分强烈、持续的恐惧和回避反应。例如，一到上学时间儿童就哭闹不止，拒绝进入学校

神经质样表现	学习能力问题	顽固的不良习惯
由特定情绪因素诱发，常出现在学校教室、集体宿舍或医院病房等情境中，主要症状包括抽搐、呼吸过度，甚至晕厥等。比如，在考试前儿童因过度紧张而出现身体抽搐的情况	指儿童在学习过程中出现的异常行为，常见的有厌学、精力不集中、学业不良，也可能表现为用功过度等。例如，儿童对学习毫无兴趣，上课时总是注意力分散，或每天花费大量时间学习但成绩依然不理想	儿童在某些情境下精神及躯体不适时，在饮食、睡眠和生活态度等方面出现的刻板、不良习惯性动作。常见的有习惯性抽动、吸吮手指、咬指甲、遗尿和口吃等。例如，总是不自觉地咬指甲，即使指甲已经破损也难以控制

图2-1　儿童行为异常的表现

如何培养儿童的良好行为

培养儿童的良好行为，可采用以下七种方法。

1. 引导法

引导法主要指的是成人（家长或教师）在与儿童交往过程中，借助帮助、讲解、示范、纠正、强化、要求等方式，引导儿童逐步学习并形成社会性行为。例如，在儿童参与集体活动时，成人应指导儿童遵守活动规则，按顺序轮流进行，不能插队；又如，当儿童面对长辈时，教导儿童使用礼貌用语，像主动说“您好”“谢谢”“再见”等。

2. 规范法

生活中有许多行为需要规范，涵盖各种生活行为习惯（如按时作息、保持个人卫生等）、家务劳动（如帮忙扫地、整理衣物等）、乘坐公共汽车的注意事项（如排队上车、给老人让座等）。通过让儿童反复实践这些行为，久而久之，良好的行为习惯就能养成了。

3. 强化法

强化指的是对于儿童的良好行为，要及时给予表扬和鼓励，以强化这种良好行为使其得以持续保持。例如，当儿童表现良好时，父母给予赞同和鼓励的话语（如“你做得真棒！”）、手势（如竖起大拇指）、动作（如拥抱）等（见图 2–2）。

01 正强化	02 负强化	03 间隔的强化	04 持续的强化
给予奖励以增加行为出现的频率	撤销厌恶刺激以增加行为出现的频率	按一定时间间隔或行为次数间隔给予强化	每次行为出现都给予强化

图2–2　多种强化手段

4. 模仿和想象法

模仿和想象是行为形成的重要途径。带儿童外出活动时，引导他们观察其他幼儿的良好行为，如主动收拾玩具、礼貌待人等，并鼓励儿童向这些表现优秀的幼儿以及好人好事学习。通过模仿，儿童可以逐渐养成良好的行为习惯。

5. 稳定情绪法

要关注儿童的情绪行为，让儿童的情绪处于稳定状态，一般来讲，当父母或儿童所依恋的老师在场时，儿童往往会表现得更加安静、踏实、坦然，并且能够坚持完成一定的活动任务。所以家长和教师要经常对儿童表示关怀、支持和鼓励，这样不仅有利于儿童形成善良、同情的品质，还对儿童自信心和自尊的形成具有积极影响。

6. 丰富知识法

儿童的认知能力是在直接接触世界的过程中得以发展的，而儿童的活动离不开成人的引导和支持。成人应积极为儿童提供活动的材料（如各种玩具、书籍等）、机会（如参加社会实践活动、参观博物馆等）和条件（如安全的活动场所），引导儿童学习如何观察身边的事物、分析问题以及解决遇到的问题，通过丰富知识来促进良好行为的形成。

7. 游戏训练法

通过游戏来训练儿童的行为是一种有效的方式。游戏不仅有利于培养儿童的社交能力，让儿童学会与同伴合作、交流和分享，还能提升儿童的情绪能力，使儿童学会理解他人的感受和情绪，了解周围的事物。在游戏中，儿童可以在轻松愉快的氛围中逐渐养成良好的行为习惯。

02 阳性强化：巧妙制订奖励计划以促进正面行为

阳性强化法基于强化理论与消退理论的原理。在儿童表现出积极且适宜的行为时，通过给予相应的奖励，能够显著提高该行为的发生频率；反之，当儿童表现出不适当的行为时，通过不给予奖励或故意忽略，有助于逐步减少这些行为的发生概率。通常，奖励可以划分为物质奖赏和习得性奖赏两大类别。

儿童行为发展的特点

物质奖赏，亦称为初级奖赏，是与生俱来的。这类奖赏通常与人类的基本生存活动密切相关，具有强烈的吸引力，并且容易强化行为（见图 2–3）。

图2-3　儿童行为发展的特点

然而，物质奖赏也存在局限性，它们通常较为单一，并且容易导致厌倦感，从而使得行为迅速减弱。例如，当儿童已经吃饱时，即便为儿童提供最爱的食物，也无法激起儿童的食欲，此时该食物便无法用来强化儿童的特定行为。常见的物质奖励包括糖果、各种食品以及玩具等。

【例 2-1】7 岁的小明在课堂上总是坐不住，影响正常的课堂秩序。老师便和小明约定，如果他在课堂上能连续 15 分钟保持安静坐着，就可以得到一颗糖果。第一天，小明为了得到糖果，成功做到了连续 15 分钟安静坐着，老师立刻兑现承诺给了他糖果。接下来的几天，小明为了获得糖果，在课堂上的表现越来越好，安静坐着的时间也逐渐延长。

习得性奖赏

习得性奖赏，也叫继发性奖赏，主要包含社会奖赏、活动奖赏和一般奖赏。

1. 社会奖赏

社会奖赏是指通过他人的注意、赞许、微笑、拥抱、抚摸等方式给予的奖励。对于儿童来说，来自父母、老师或同伴的认可和鼓励，往往能极大地增强儿童的自尊和自信，促使儿童更愿意展现良好的行为。例如，当儿童在公共场所主动帮助他人时，父母可以给予赞许的目光或口头表扬，这样的正面反馈会让儿童明白自己的行为是受到欢迎和尊重的，从而激励儿童在未来继续做出类似的行为。社会奖赏不仅能即时强化儿童的正面行为，还能在长远上塑造儿童积极的人格特质（见图 2-4）。

内容

指个体通过符合社会规范和期望的行为而获得的来自他人或社会环境的积极反馈与认可，包括他人的表扬、赞许、关注、尊重、荣誉以及各种社会交往中的积极回应等。这种奖赏并非基于生理本能需求的满足，而是侧重于个体在社会互动中所获得的心理上的满足和激励，它对儿童的社会行为塑造、自我认同的形成以及价值观的发展具有重要作用

示例

婴儿通过母亲的微笑和逗弄来建立积极的反应；父母的轻拍头部、拥抱、认可的手势以及满意的表情，如说“你真棒”“你有进步了”等；学校颁发的小五星、小红花、奖状等，都是正面反馈的体现

引导及注意事项 家长、监护人以及教师应当引导儿童理解社会性奖赏的重要性，并逐步用其取代物质奖赏

图2-4 社会奖赏

2. 活动奖赏

活动奖赏是指通过允许儿童参与其喜爱的活动或给予其选择活动的权利来作为奖励。例如，某儿童特别喜欢画画，当他表现出良好的行为时，父母可以奖励他额外的画画时间或者为他提供新的绘画工具。这种奖励方式能够激发儿童的内在动机，让儿童为了获得更多参与活动的机会而主动展现出良好的行为。活动奖赏不仅有助于培养儿童的兴趣和爱好，还能提高儿童的自我控制能力（见图 2–5）。

内容 将活动分为两类：一类是儿童偏爱的，例如踢足球、玩游戏、观看电视节目、上网以及参与户外活动；另一类则是儿童不太感兴趣的，比如洗袜子和扫地。通过利用儿童对不同活动的偏好差异，家长可以安排儿童喜欢的活动紧随那些虽不受欢迎但需要加强的行为之后

示例 完成家庭作业后，儿童可享受 30 分钟的电视时间，这一做法经过多次实践后，儿童在完成作业方面变得更加自觉

引导及注意事项 父母应根据儿童的个人喜好和性格特点，合理规划活动的安排顺序

图2-5 活动奖赏

3. 一般奖赏

一般奖赏通常是指一些较为普遍的奖励形式，它们可能不像物质奖赏那样具体和直接，但同样能够对儿童的行为产生积极的强化作用。一般奖赏可以是一些

象征性的奖励，比如贴纸、积分或者小奖章等，这些奖励可以在儿童表现出良好行为后给予，作为对儿童行为的肯定和认可。通过累积这些一般奖赏，儿童可以兑换一些更具体的奖励或者特权，如额外的游戏时间、选择晚餐菜单的权利等。这种奖励机制不仅增加了儿童对良好行为的兴趣和动力，还教会了儿童目标设定和延迟满足的重要性（见图 2–6）。

内容	包括金钱、代币、优异的成绩和奖状等，代币是家庭自制的替代性货币，表现优秀时可以获得，可以用来换取其他奖励，例如食物，或者积累到一定数量后换取特权，如看电影
示例	孩子若能坚持每周按时完成作业，将获得代币奖励，这些代币可以用来兑换玩具或用于周末出游等活动；同时，若取得优异的成绩，也会得到相应的奖状作为鼓励
引导及注意事项	这种奖励具有高度的可转换性、广泛的适用范围和极大的灵活性。然而，只有将其兑换为其他形式的奖励，才能实现其增值效应；否则，它将失去效力。因此，必须按照既定承诺进行兑换

图2-6　一般奖赏

03 消退策略：运用消退法有效减少不良行为

消退法指的是在行为发生后，不再提供任何强化措施，从而使该行为的出现频率逐渐减少直至消失。值得注意的是，“注意”和“关注”有时也可视为一种强化。例如，对儿童的不良行为反复强调和批评，实际上可能无意中加强了这种行为，因为儿童可能会为了吸引他人的注意力而持续这种不良行为。

因此，有意识地对不良行为采取不理睬、不关注、不强化的态度，以促进其自然消退，是消除不良行为的有效策略之一。在实施消退法时，家庭成员首先需要观察和分析哪些因素可能强化了儿童的不良行为，例如长辈的溺爱或无原则地满足儿童的要求，让儿童从不良行为中获益。一旦找到原因，就应该在后续的行动中停止这些强化因素，并对不良行为不再给予关注，从而促使行为自然消退（见图 2–7）。

01 产生不良行为

哭闹着要玩具、故意捣乱

02 不予强化，忽视

家长或教师不给予儿童关注、回应，不满足其通过不良行为想要达到的目的

03 不良行为的发生频率逐渐降低，最终消失

儿童明白这种行为无法带来期望的结果，不再通过哭闹索要玩具

图2–7　消退法运用示例

此外，在消退行为训练初期，可能会出现不良行为的频度和强度暂时增加的情况，如儿童产生明显的情感反应。但只要家庭成员坚持下去，不良行为的发生就会逐渐减少。不过，由于训练开始时可能出现不良行为恶化的情况，而且对于有严重攻击、破坏行为，或有严重自伤、伤人症状的多动症儿童，不适合采用这种方法（见图 2-8）。

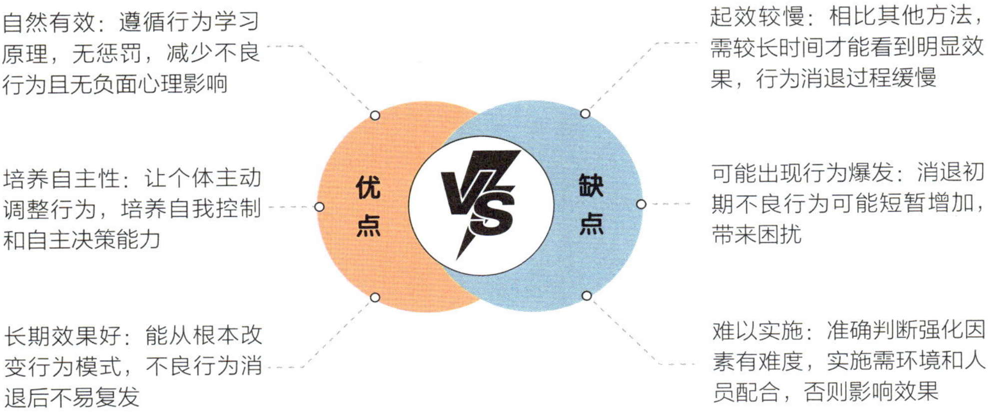

图2-8　消退法优缺点

04 惩罚的艺术：合理运用惩罚法以纠正错误行为

惩罚法，亦称厌恶疗法，是一种通过施加不愉快的刺激或撤销愉快的刺激来减少或消除儿童不良行为的方法。当儿童出现不良行为时，成人（家长或教师）会给予相应的惩罚，旨在让儿童明白该行为是不被允许的，并促使其改正。然而，惩罚并不等同于体罚，主要是通过温和的手段实现这种厌恶刺激，具体包括以下内容。

责备和不赞成

有时儿童会故意激怒家长以获取关注和掌控家长，此时家长需恰当运用责备和不赞同（见图 2–9）。

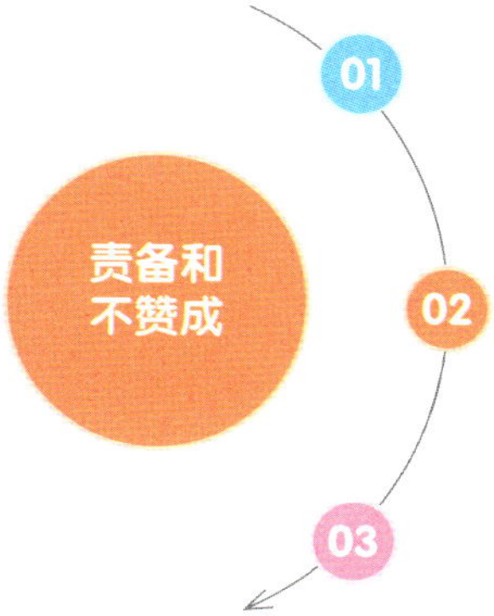

方法

靠近儿童，认真地看着儿童的眼睛，表情严肃地指出儿童的错误行为。不要讽刺、责怪或贬低儿童，以免伤害亲子关系。批评应该是针对行为的，而不是儿童本人，让儿童知道父母的爱没有减少。可以说“说谎不是好事”，而不是“你撒谎，你是个坏孩子”

最佳时机

儿童不良行为刚发生的时候

无效征兆

儿童顶嘴、嘲弄家长、与家长争吵；对家长的话轻视或不理睬；随意发脾气；好像希望得到更多关注，此时责备和不赞成已经不起作用，需要考虑其他惩罚方法

图2-9　惩罚方法——责备和不赞成

【例 2-2】4 岁的轩轩为了引起妈妈的关注故意把玩具扔得满地都是，还大声吵闹。妈妈听到动静后，放下手中的事情，走到轩轩面前，注视着他的眼睛，表情严肃地说：“轩轩，你把玩具扔得满地都是，还大声吵闹，这让妈妈很不满意，因为这会让客厅变得很乱，而且影响到妈妈做饭了。”妈妈在说这些话的时候，保持着自我控制，没有挖苦或发牢骚。轩轩意识到自己的行为是不对的，主动把扔在地上的玩具收拾了起来。妈妈看到轩轩的表现，也及时给予了肯定，说：“轩轩把玩具收拾好了，这才是乖孩子，等妈妈做完饭就陪你玩一会儿。”

自然结果惩罚

儿童的不良行为会产生自然结果（见图 2-10）。这种自然结果本身就是一种惩罚，无须成人额外施加不愉快的刺激。例如，如果儿童不愿意穿外套而外出，结果因寒冷而感冒，这种自然的后果会让儿童明白不穿外套的后果，从而在未来更加自觉地穿上外套。自然结果惩罚有助于儿童学会自我管理和承担责任。

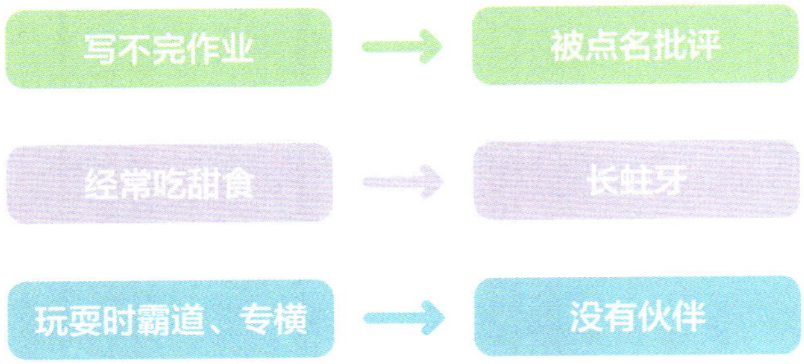

图2-10 不良行为会产生自然结果示例

当儿童面临这些不愉快的后果时，家长可以适时地给予暗示，引导儿童从中吸取教训，改进自己的行为。在运用这种方法时，父母必须确保儿童的安全，并且避免直接干预结果，例如当儿童作业量过多时，不应代为分担。重要的是让儿童理解，他们需要对自己的行为负责。由于这种惩罚是自然产生的，儿童通常会更容易地接受。

逻辑结果惩罚

逻辑结果惩罚是指针对儿童的具体不当行为，施加与之性质相匹配、合乎逻辑的惩罚措施。例如，若儿童挑食倒掉饭菜，那么就一周内不允许吃零食，当儿童理解到不良行为与相应后果之间的直接联系后，更倾向于调整自己的行为，并且更容易接受这种类型的惩罚。

家长在采用这种惩罚手段时应当谨慎，需注意惩罚应具有一定的时效性（见图 2–11）。所设定的惩罚措施不宜过于严苛，且持续时间不宜过久，否则惩罚将失去其原本的教育意义，同时家长自身也难以长期维持。

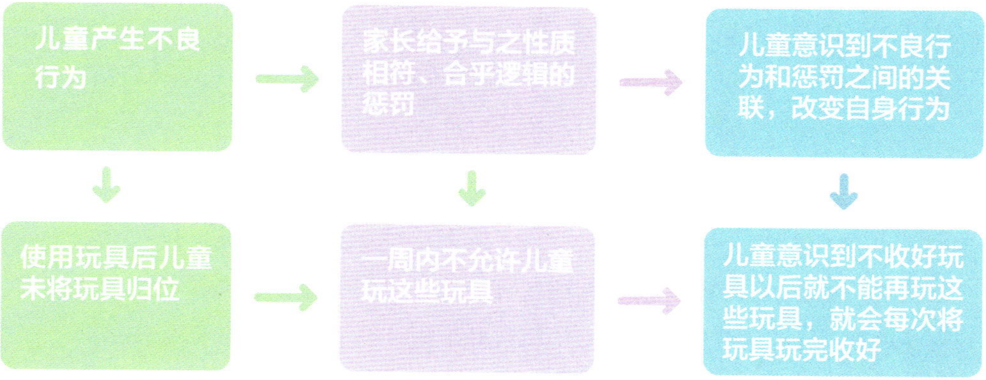

图2–11　逻辑结果惩罚示例

暂时隔离法

暂时隔离法适用于年幼的儿童，在他们表现出不良行为，如故意抢夺玩具或任性发脾气时，可以让他们待在特定区域或坐在某把椅子上，时间通常根据“1

岁用时1分钟”的规则来设定。这种行为矫正方法需要在不良行为发生后立即执行，以确保最佳效果。

父母使用暂时隔离法时要注意以下六点（见图2-12）。

01 隔离期间不给儿童任何关注

02 用不超10个字、10秒钟的方式迅速将儿童送到隔离处

03 可用大直背椅作为低龄儿童的隔离地点

04 使用能响铃的可移动定时器，并放置在儿童够不着但能听到的地方

05 隔离结束后，让儿童自己说出被隔离的原因

06 每当儿童出现不良行为时，必须采取措施，不要只是吓唬而不去执行

图2-12 暂时隔离法注意事项

【例2-3】3岁的阳阳在小区的儿童游乐区玩耍时，抢夺别人玩具甚至还动手打了那个小朋友。阳阳妈妈看到这一幕后，立刻严肃地走到阳阳身边，平静而坚定地对他说：“阳阳，打人是不对的行为，你需要去那边的长椅上坐3分钟，好好想一想。”说完，妈妈便带着阳阳来到不远处的长椅边，让他坐在上面。

阳阳一开始又哭又闹，试图从长椅上站起来跑开，妈妈则没有妥协，告诉他要坐满三分钟，并不理会他的任何哭闹，随着时间的推移，阳阳的情绪逐渐稳定下来，3分钟一到，妈妈走到阳阳身边，蹲下来耐心地询问，“阳阳，知道刚刚哪里做错了吗”？阳阳回答，“不应该抢别人东西，也不可以打人”，妈妈这才让阳阳恢复自由活动。

从那以后，类似的情况再发生时，妈妈依旧会及时运用这种方法来处理。慢慢地，阳阳攻击小朋友的行为明显减少，也学会了用更文明的方式与小伙伴相处。

行为处罚

行为处罚适用于年龄较大的儿童，父母应尽量在不良行为发生前就向儿童说明相应的处罚内容。这种处罚方式是让儿童失去某些特权。由于儿童事先清楚地知道什么样的不良行为会带来怎样的惩罚，所以这对他们能起到督促作用（见图2-13）。

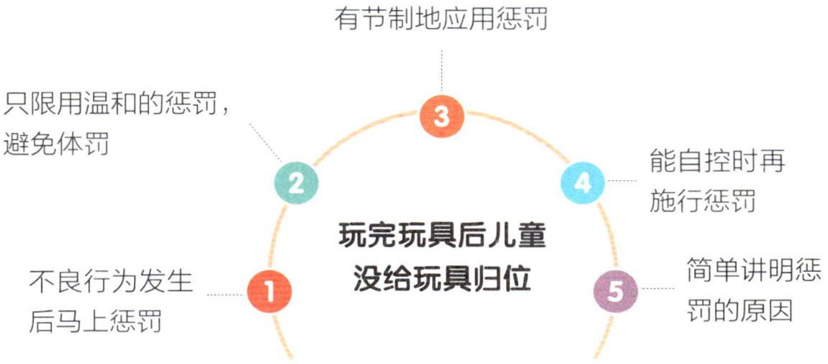

图2-13　正确的温和惩罚

【案例 2-4】明明妈妈在家庭会议上严肃地和明明约定：“你如果对爸爸妈妈说谎，当天就不能玩电子游戏。”有一天，明明想买新的漫画书，可零花钱不够，他便对妈妈谎称学校要交资料费。妈妈发现真相后，平静地对明明说：“明明，你对妈妈说谎了，按照我们之前的约定，今天你不能玩电子游戏了。你现在大声说一下自己的不良行为和接受的处罚吧。”明明有些羞愧地说：“我对妈妈说谎了，今天不能玩电子游戏。”

05 习惯的力量：帮助多动症儿童构建良好行为习惯

培养良好的行为习惯对于预防多动症儿童的不良行为恶化至关重要，同时也是治疗儿童多动症的关键步骤。父母可以采取以下方法对儿童进行行为管理，从而培养出良好的行为习惯，从日常小事和每一件具体事务开始，这样或许能够取得积极的效果（见图2-14）。

1. **制定规则**：制定简单易懂的家庭行为规范，例如，回家要洗手、离开房间要关灯，以及儿童的生活要有规律。把这些规则用大字或图画贴在显眼的地方，让儿童清楚知道遵守规则和违反规则的后果。奖惩制度要明确，确保家里秩序井然，气氛温馨和谐
2. **运用强化理论**：儿童遵守规则时，立即给予表扬和奖励，帮助儿童养成好习惯；一旦违规，立刻纠正，给予惩罚，帮助他们改正错误，防止小问题变成大问题
3. **保持耐心**：培养好习惯需要时间，普通儿童也会有反复。对于自控力较弱的多动症儿童，家长更需耐心，允许他们犯错，多鼓励使他们理解道理，逐渐养成好习惯
4. **逐步推进**：养成良好习惯后，继续努力培养新的好行为，逐步扩大良好行为的范围
5. **以身作则**：养成良好习惯后，继续努力培养新的好行为，逐步扩大良好行为的范围

图2-14　构建良好行为习惯方法

06 表扬的智慧：恰当地对多动症儿童进行正面鼓励

许多家长容易察觉到儿童的不足之处，却往往难发现他们的优点。例如，当儿童自觉完成作业时，家长可能认为这是理所当然的，因此不予以表扬；而儿童一旦回家立刻看电视，却可能遭到家长的严厉责备。如果儿童在成长过程中只接收到批评而缺乏鼓励，可能会变得自卑、缺乏自信，甚至可能自暴自弃，或者通过制造负面事件来引起家长的注意。因此，当多动症儿童展现出优点、特长或亮点时，家长应当及时给予表扬或奖励，以巩固儿童的积极行为。具体的做法包括以下五点（见图 2-15）。

及时表扬

不要拖延，也不要改变时间地点，及时表扬才能够巩固好的行为。孩子年纪越小，越应该早点表扬，这样效果才明显

制定规则

不要总是用玩具表扬儿童，单一的表扬方式容易让儿童感到厌烦，时间长了儿童可能会不重视。应该根据儿童的年龄、场合和行为的不同，灵活地改变表扬的方法，以达到更好的效果

肯定进步

儿童每一点小进步，家长皆应表扬，使其在赞美中养成习惯，铸就优良行为模式

具体明确

表扬儿童时要具体明确，比如："你学会了自己穿衣服，妈妈很高兴。""主动帮助了同学，表现得很棒！"这样儿童才能清楚地知道自己的优点，更加自信。避免模糊不清的夸奖，要表扬儿童的行为，而不是人格

逐步推进

一旦养成了好习惯，就可以继续培养新的习惯，逐步扩大良好行为的范围

图2-15　表扬方法

07 批评的技巧：有效地对多动症儿童进行建设性批评

针对多动症儿童在行为表现上的缺陷或错误，应予以适当的批评与惩戒（需严格避免体罚），旨在协助儿童克服缺陷，并预防未来类似行为的重现。具体实施策略及要点详见图 2-16。

及时批评

儿童犯错时，即刻批评，勿更换时间变换地点，以确保批评的效果

明确批评

避免长时间说教、啰嗦无重点，否则易起反作用

方式恰当

批评儿童时应该温和一些，避免大声斥责。可以让儿童安静地思考自己的错误，或者用眼神提示儿童自我反省和改正，也可以让他们重复规则。如果儿童违反规定或者做错事，可以适当地让儿童暂停活动，帮助他们进行反思

适当处罚

如果儿童的不良行为比较严重，可以适当采取一些惩罚措施，比如让儿童做家务、限制看电视的时间或者取消一些奖励。但惩罚要适度，目的是让儿童认识到自己的错误，绝对不能使用体罚

批评行为

批评儿童时，应该针对儿童的错误行为，而不是儿童的人格，避免给他们留下心理阴影。应该给儿童机会去改正错误，千万不要说“没救了，永远改不了”，这样会打击儿童的积极性，让儿童感到沮丧，失去自信

图2-16　批评技巧

08 行为管理的精髓：实施高效的行为管理策略

行为管理主要侧重于通过具体的方法和原则来引导和纠正儿童的行为，而非直接改变其思想态度或学习动机。以下是行为管理的八大原则，适用于多动症儿童的行为矫正。

及时反馈

对于多动症儿童，及时反馈非常重要。及时反馈的核心要点在于反馈要迅速，延迟的反馈可能会因为儿童忘记之前的行为而失去效果（见图 2–17）。

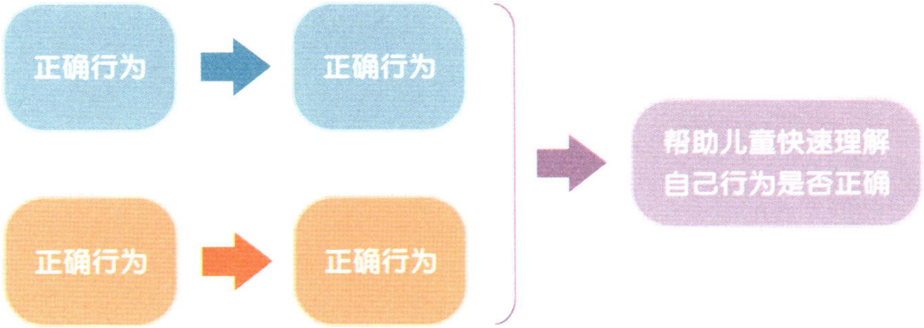

图2–17　及时反馈

【例 2–5】7 岁的小华在公园和其他小朋友玩耍，主动帮助了摔倒的小朋友，妈妈看到后立即表扬他并奖励了一颗他最爱的巧克力。然而，不一会儿，小华就因为抢玩具而推搡其他小朋友，妈妈立刻制止并温和地批评了他，告诉他推搡小朋友和抢夺玩具是不好的行为，因为小华做了这样错误的行为，所以今天不能看电视了，同时让小华向对方道歉。通过这种及时奖励好行为，及时纠正不良行为的方式，小华逐渐学会了如何更好地与他人相处。

频繁反馈

多动症儿童需经常获得反馈，改变重大行为问题时，在能力范围内尽量给予奖励。例如儿童做作业，克服每个困难都鼓励比完成后再奖励要好得多。家长可通过在醒目处贴笑脸贴纸、使用定时器或手机提醒等方式，提醒自己关注儿童行为。

【例 2–6】7 岁的小明做作业时常常分心，拖拖拉拉。妈妈告诉小明，今天的作业需在 30 分钟内完成，每完成一道题就可以得到一个小星星，每集齐 5 个小星星，就可以兑换 10 分钟的游戏时间。妈妈使用定时器设定了一个时间，提醒自己每隔 5 分钟去看一次小明的进展。每次看到小明认真做题，妈妈都会走过去摸摸他的头，说："你真棒，又完成了一道题！"并立即给他一个小星星作为奖励。最终，小明在 30 分钟内完成了作业，并且积累了足够的星星，获得了游戏时间作为奖励。

更强奖赏

多动症儿童通常需要更为显著和有力的外部奖励来激发他们的正面行为，这与普通儿童主要依赖内在动机（例如成就感、兴趣或社交认可）的情况有所区别。由于多动症儿童往往缺乏有效的内在奖励机制，长期的激励策略对儿童来说效果有限，因此，他们需要更直接和明显的外部奖励来引导和维持儿童的积极行为（见图 2–18）。

奖励方式

奖励方式	内容	说明
物质奖励	儿童喜欢的图书、小玩具、小装饰等	虽然物质奖励在普通家庭教育中可能被视为“功利”，但对多动症儿童来说，这是一种有效的短期激励手段，能够帮助他们建立积极行为的习惯
活动奖励	上网、玩游戏等	将上网或玩游戏作为奖励手段，并不意味着放任孩子沉迷。可通过设定时间限制、明确规则和监督使用，确保孩子在享受奖励的同时，不会过度依赖网络或游戏
金钱奖励	对于学龄儿童，可以适当给予金钱奖励	适当给予金钱奖励不仅是一种激励手段，还能帮助儿童学习理财技能，培养儿童的规划能力和责任感

图2-18　更强奖赏的奖励方式

先奖后罚

当儿童表现出不当行为或不遵从指令时，父母往往倾向于采取惩罚措施。对于大多数儿童而言，这种方法是有效的，因为他们偶尔会犯错，而惩罚有助于他们吸取教训，防止错误重演。但是，多动症儿童频繁地表现出不良行为，单纯依赖惩罚往往效果不佳，甚至可能激起儿童的怨恨和敌对情绪，从而陷入一个恶性循环。因此，对于多动症儿童来说，采用“先奖励后惩罚”的策略会更加有效（见图 2-19）。

确定一个可以替代不良行为的良好行为，并优先关注和奖励，一旦儿童表现出良好行为，立即给予表扬或奖励，强化积极行为

↓

在良好行为得到奖励并持续至少一周后，再对不良行为进行惩罚，惩罚应有选择性，仅针对特别严重的不良行为，而非所有小错误

↓

奖励与惩罚的比例应保持在 2 ~ 3 次奖励对应 1 次惩罚，通过奖励建立积极行为模式，减少对惩罚的依赖

图2-19　先奖后罚流程

【例 2-7】6 岁的小乐常在餐桌上插嘴，打断家人的谈话，妈妈告诉小乐，“在餐桌上，等别人说完话再发言，这样大家都会很开心。”当小乐耐心倾听、没有插嘴时，妈妈立即表扬他：“小乐，你等大家说完再说话，真棒！”并奖励他 10 元钱。一周后，妈妈观察到小乐已经能够大部分时间遵守规则，但仍偶尔插嘴，这时，妈妈温和地提醒他：“小乐，如果你再插嘴，今晚就不能看动画片了，而且还会扣零花钱哦。”当小乐再次插嘴时，妈妈按照约定取消了当晚的动画片时间，并扣了这周小乐 10 元零花钱。小乐逐渐学会了在餐桌上耐心倾听，因为他知道良好的行为会得到奖励，妈妈通过“先奖后罚”的策略，帮助小乐建立了积极的餐桌礼仪，同时也避免了过度惩罚带来的负面情绪。

事先预告

为了让儿童更好地遵循规则，父母可以在活动开始前预先发出预告。父母通常能够预见到儿童可能出现不当行为的情境，但往往不确定如何运用这种预见性。通过预先告知和制定应对策略，可以减少许多不必要的冲突（见图 2-20）。

提前提示

活动开始前，给儿童明确的提示。例如：“马上要出门，还有 20 分钟，现在关掉游戏，收拾一下准备出门。”给儿童一定时间，帮助儿童从当前活动（如打游戏）中转移注意力

确认孩子听到

当儿童专注于某项活动时，可能不会注意到你在说话。这时，你可以轻声问：“你听到了吗？”并要求他们给你回应，这样可以避免因为没听见而产生的误会，确保沟通顺畅

明确指令

使用中性语气直接给出指令，例如：“小原，我已经告诉过你，马上出门了，关掉游戏去穿衣服。”不要给儿童商量的余地，必要时可以重复指令或亲自采取行动（如关掉游戏）。如果儿童不配合，按照事先约定的惩罚处理，如扣分、取消活动或暂时隔离

图2-20　对于事先预告的具体建议

保持冷静

当多动症儿童频繁造成麻烦时，父母可能会感到愤怒、沮丧，甚至情绪失控。然而，作为成年人，父母必须铭记自己的角色是儿童的导师和教练，旨在帮助儿童纠正错误，而非宣泄情绪。保持冷静是有效教育儿童的基础（见图2-21）。

01 心理距离法

将自家幼儿的问题视为邻居家幼儿的问题，以局外人的视角看待。这种方法可以帮助父母更客观、理智地处理问题，避免情绪干扰

02 自我提醒

每天多次提醒自己“保持冷静”，尤其是在面对儿童的破坏性行为时。通过深呼吸或短暂离开现场，给自己时间平复情绪

03 明确目标

记住教育的目的是帮助儿童成长，而不是惩罚或发泄怒气。即使在最困难的情况下，也要以冷静的态度引导儿童

图2-21　保持冷静的方法

宽宏大量

通过宽容儿童、他人和自己，父母可以更好地应对多动症儿童的行为问题，减少情绪压力（见图2-22）。

宽容儿童

与儿童发生冲突时，不要执着于输赢或尊严问题，暂时离开现场，冷静思考，重新控制情绪，寻找更好的处理方式

宽容他人

理解他人对儿童行为的指责，因为他人可能不了解多动症的特点，但也要坚持自己的立场，认识到“我的孩子是有弱点的好孩子”，保护儿童免受伤害

宽容自己 接受自己在教育儿童时的情绪波动，不要过度自责，每天回顾自己的表现，宽恕自己和儿童的过错，明确改进方向，以更好的状态面对新的一天

图2-22 宽宏大量的方法

保持连续

通过时间、规则、方法和家庭成员的一致性，确保行为管理的有效性，即使短期内未见成效，也要坚持执行（见图 2-23）。

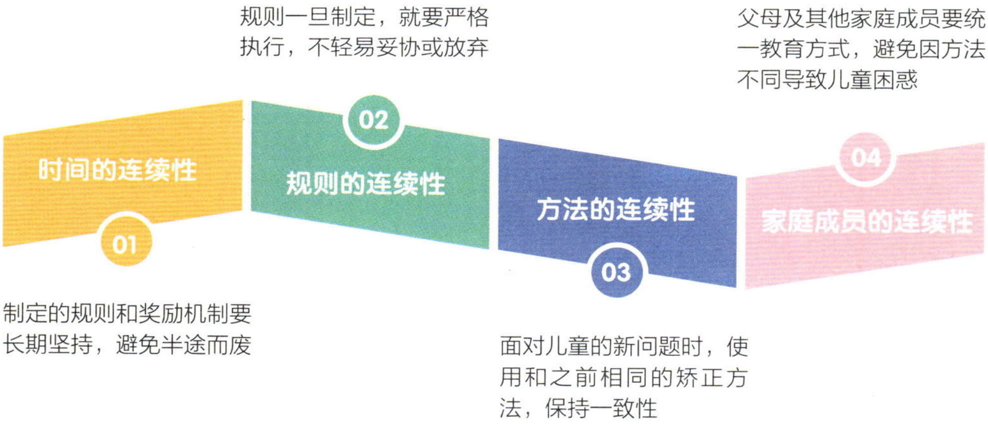

图2-23 保持连续的具体内容

09 矫正八步法：系统改善多动症儿童的行为

“行为矫正八步法”是由美国著名儿童心理学家巴克利博士基于其多年研究和实践经历所归纳总结的，旨在为多动症儿童提供专业的行为管理策略。这一方案在美国得到了广泛的应用，数以万计的心理卫生专业人员接受了相关培训，并且有成千上万的家庭从中受益。此外，欧洲及中国的多动症治疗指南也将此方法视为关键的治疗手段。在门诊和学校实践中，也验证了“行为矫正八步法”在中国的适用性。

本方案以家庭操作为导向，旨在通过科学系统的指导，帮助父母更好地管理和引导儿童。方案的核心在于改变父母的教育方式，因为儿童行为的改善源于父母行为的逐步、自然和最终的改变。通过学习和实践，父母可以成为出色的行为管理者，帮助儿童建立积极的行为模式（见图 2-24）。

行为矫正八步法治疗目标

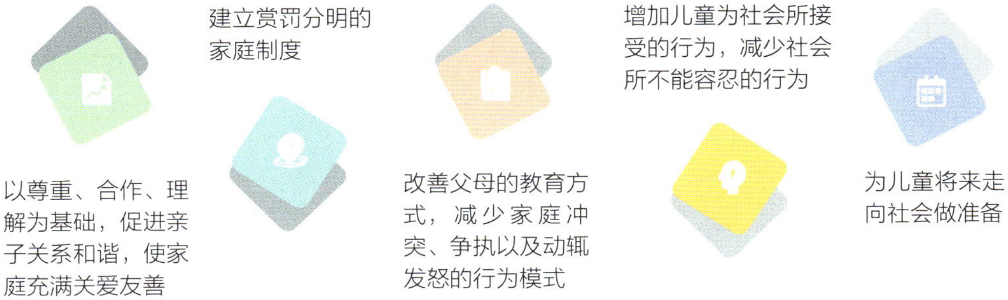

图2-24　行为矫正八步法的治疗目标

行为矫正八步法适用对象

行为矫正八步法适用的对象是 6 ~ 12 岁的多动症儿童，这些儿童常常表现出注意力不集中、过度活跃和冲动等行为问题。通过八步矫正法，父母可以系统地改善儿童的行为，帮助儿童更好地适应学校和社会环境。每一步都旨在解决特定的行为问题，从建立基本的亲子关系到设定明确的规则和界限，再到提供积极的反馈和奖励，最终帮助儿童形成自我控制和管理的能力（见图 2-25）。

图2-25　行为矫正八步法的适用对象

如果儿童的语言能力低下，无法理解父母的指令，那么这些治疗方法将难以实施；而如果儿童存在严重的对立违抗障碍或品行障碍，仅依赖这些方法很难达到预期效果，需要采取更为有力的干预措施。此外，若儿童患有孤独症谱系障碍、严重抑郁症或精神病性障碍，通常也不适宜采用这套方案。

在执行该方案的过程中，全家人必须团结一致、保持协调。因为父母在子女的教育方法上若出现分歧，一方的正面努力可能会被另一方的负面态度所抵消。因此，若父母之间存在严重的矛盾，甚至面临婚姻危机，导致家庭氛围紧张和压抑，那么系统地实施治疗方案将变得异常困难。建议优先处理婚姻和家庭矛盾，然后再着手治疗，否则可能会导致治疗效果不佳。

特别提醒，本方案旨在不仅改变儿童的行为，更关键的是激励父母调整自身的教育方法。若父母无意通过改变自己来协助儿童，或未准备遵循方案的全部要求，那么本方案将难以发挥效果，最终很可能以失败告终。

行为矫正八步法实施步骤

实施行为矫正八步法通常需要 8 ～ 12 周的时间，大致每个步骤会占用一周左右的时间。然而，鉴于每个儿童的情况各异，个别儿童可能需要超过一个月的时间才能完成其中的某一步骤。因此，家长们务必保持耐心，避免急于求成。

这八步法中的每一步都紧密相连，后续步骤建立在先前步骤的基础之上，因此必须严格遵循既定规则进行操作。只有在成功完成前一个步骤后，才能过渡到下一步，这样方能确保行为矫正达到预期效果。

特别需要注意的是，在矫正过程中，切勿跳过前面的步骤，直接进入惩罚阶段。务必铭记先前强调的原则：首先对儿童的良好行为予以奖励，随后再对不良行为实施惩罚。

1. 第一步：设置亲子游戏时间

多动症儿童的行为往往会为父母带来压力，进而导致亲子关系变得紧张。父母可能会变得急躁，过分关注儿童的不足之处，而儿童在不断的责备声中，可能变得更加叛逆。因此，修复亲子关系是行为矫正过程中的首要步骤。通过每日与儿童共同参与亲子游戏，父母能够重新建立信任，从而改善亲子间的关系。

（1）治疗目标

①关注儿童的良好行为，赢得儿童的信任。

②享受与儿童相处的时光，改善亲子关系。

（2）实施方法（见图 2–26）

① 选择时机　在儿童玩得开心且行为正当时，走近观察 2 分钟，用欣赏的语气提问或评论，例如：“这很有趣！”“你是怎么做到的？”然后加入游戏

2 游戏互动

在游戏中真诚赞美，如“好球！”“你真棒！”或用“现场直播”方式描述儿童的行为，表达兴趣

3 设定固定时间

每天安排 20 分钟亲子游戏时间，让儿童选择活动（避免看电视）。第一周每天进行，之后每周 3 ~ 4 次

图2-26　设置亲子游戏时间的实施方法

（3）注意事项（见图 2–27）

01 **不指导、不纠正**

以儿童为中心，不干涉游戏方式，避免让儿童感到被控制

02 **不提问、不说教**

避免干扰游戏，让儿童享受纯粹的玩耍时光

03 **真诚反馈**

具体表达对儿童的满意，如“我喜欢我们一起玩的时间”，并用肢体语言（如拍肩）表达赞许

04 **处理破坏行为**

若儿童出现严重破坏行为，采用消退法（如暂时忽略或离开），并平静告知：“今天的游戏结束了，明天再玩”

图2-27　设置亲子游戏时间的注意事项

通过这种做法，父母将更加享受与儿童的互动时光，而儿童也会因为父母的积极参与而感到更加快乐，并主动完成任务以获得表扬。当父母不再尝试去控制或教导，而是转而专注于观察和给予赞美时，便可以进入下一阶段。重要的是要认识到，在第 1 ~ 4 阶段，关键在于父母行为的转变，而非期望儿童立刻发生变化。在这个阶段，父母不应期待儿童出现显著的改变，而是通过游戏来修复和加强亲子关系，为后续的行为矫正打下坚实的基础。

2. 第二步：运用表扬使儿童服从

通过积极的关注和表扬，父母能够加强儿童的服从行为。这一阶段的核心在于及时地反馈，协助儿童逐渐养成自觉服从的习惯。

（1）治疗目标

①抓住儿童的闪光点，增强其服从性。

②学习发出有效指令，训练儿童服从。

（2）实施方法（见图 2–28）

01 观察与表扬

细致观察儿童，只要儿童服从指令，立即给予表扬，例如：“你照我说的做，我很高兴！”“你真能干！”，关注儿童的良好行为，及时反馈

02 训练服从行为

选择儿童空闲且情绪好的时间，发出简单、温和的指令，例如：“把铅笔递给我”“拿蓝色毛巾来”，连续发出 5 ~ 6 个这样的“取物指令”，每次只提一个要求，完成后立即表扬，通过这种简单任务让儿童体验服从的轻松感，逐步增强自觉性

03 日常练习

每天这样进行几次训练，选择儿童喜欢且容易完成的任务，目标是捕捉和强化儿童的服从行为，而不是控制不良行为

图2–28 运用表扬使儿童服从的实施方法

（3）注意事项（见图 2–29）

1 选择合适时机 在儿童空闲且情绪好时训练，避免选择可能引起反感的任务

2 特别赞许 若儿童主动遵守规则或做家务，给予特别表扬，鼓励自觉行为

3 及时反馈　提出要求后，立即关注结果并给予表扬，不要走开或忽视

4 创造困难情境　有意识地设置 2 ~ 3 个稍有难度的任务，在儿童完成时重点表扬

5 避免干扰　儿童遵从要求专心做事时，不要追加其他要求或问题，以免分散儿童的注意力

6 处理不服从　若儿童不服从，按平常方法处理，不要引入新的惩罚方式

图2-29　运用表扬使儿童服从的注意事项

本阶段的关键在于通过表扬来加强服从行为，而不是纠正不当行为。通过设定简单任务和提供即时反馈，帮助儿童养成服从的习惯。随着儿童对父母指令的服从性显著提升，这为后续的行为管理打下了坚实的基础。一旦儿童能够轻松应对大多数指令，父母便可以过渡到下一阶段。

3. 第三步：提出更有效的要求

让儿童学会服从父母的要求，可以从做家务活开始。家务不仅是培养儿童责任感的方式，也是训练儿童服从指令的有效“道具”。

（1）治疗目标

①改变父母提要求的方式，使其更简洁、直接。

②使用任务卡片，要求儿童在规定时间内完成任务。

（2）实施方法（见图 2-30）

（3）注意事项（见图 2-31）

制作任务卡片 A

将家务步骤和要求写在卡片上，贴在显眼处或直接递给儿童，卡片上注明每项任务的完成时间，并使用计时器提醒儿童

发出明确指令 B

用简洁、直接的语气提出要求，例如：“现在把玩具放进箱子里，计时3分钟”，避免使用疑问句或模糊表达，如“你可以……吗？”

图2-30　提出更有效的要求的实施方法

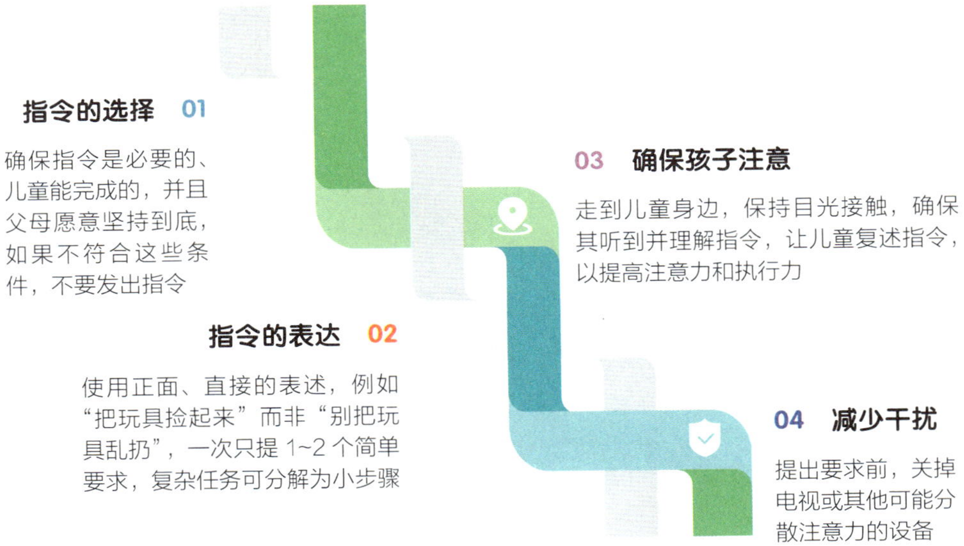

图2-31　提出更有效的要求的注意事项

第二和第三阶段的核心在于通过家务活动培养儿童的服从性，并且优化父母提出要求的方法。父母可以利用简洁明了的指令和任务卡片，逐步引导儿童形成服从的习惯，培养规则意识和责任感。一旦儿童能够按时完成大部分指令，父母便可以过渡到下一阶段。

4. 第四步：用关注法减少对父母的干扰

许多父母抱怨儿童在自己忙碌时（如做饭、打电话）频繁干扰。事实上，父母对干扰行为的过度关注反而强化了这种行为。本阶段的目标是训练儿童在父母忙碌时能独立玩耍，减少干扰。

（1）治疗目标

训练儿童在父母忙碌时独立玩耍，不干扰父母。

（2）实施方法（见图 2–32）

发布明确指令　在忙碌前，告诉儿童该做什么以及不要过来打扰，例如：“我要去做饭，你在这里看漫画，不要打扰我。”安排他去做他感兴趣的一些活动，诸如看动画片、拼图、玩游戏、看漫画等

及时表扬　每隔 1 ~ 2 分钟停下手中的事，表扬儿童没有干扰自己，鼓励他继续玩，逐步延长表扬间隔时间，从 2 ~ 3 分钟到 5 分钟或更长来增加自己工作时间

预防干扰　如果感觉儿童可能来打扰，提前停下工作，表扬他的独立行为，并鼓励他继续玩

工作结束后　给予儿童总体表扬，例如：“你今天做得很好，没有打扰我！”并考虑给予小奖励

日常演练　选择 1 ~ 2 件日常事务（如做饭、打电话）进行训练，逐步扩展到其他场景。如果以打电话为训练项目，可以请别人一天给自己打 1 ~ 2 次电话，如此这般，当真有重要的电话要接的时候，父母就可以从容接听了

图2–32　用关注法减少对父母的干扰的实施方法

（3）注意事项（见图 2-33）

01 循序渐进

父母强化儿童时，开始时频繁表扬，之后逐步延长去照看的间隔时间，直到他能独立玩耍 20 分钟。培养儿童一个好行为也可以用这种方法：开始强化的次数多些，而后逐步减少强化新行为的频率

02 有意识地关注

即使儿童表现安静，也要及时表扬，避免儿童因被忽视而减少独立玩耍时间，初期需频繁停下工作关注儿童，逐步达到目标

图2-33 用关注法减少对父母的干扰的注意事项

本阶段的关键在于通过关注和表扬来减少儿童的干扰行为，明确指令和及时强化有助于儿童养成独立玩耍的习惯，从而为父母赢得更多专注的时间。当儿童能够持续 20 分钟不打扰父母时，便可以顺利过渡到下一阶段。

5. 第五步：建立家庭代币方案

建立家庭代币方案，通过积分或卡片制度，帮助儿童遵守规则、服从指令，并减少不良行为。该方案适用于 4 岁以上儿童，4 ~ 6 岁可使用卡片方案，7 岁以上可使用积分方案。

（1）治疗目标

建立一个系统的奖励机制，通过代币（卡片或积分）强化儿童的良好行为，减少不良行为。

（2）实施方法

①家庭卡片方案（4 ~ 6 岁）：使用扑克牌、贴纸等作为卡片，与儿童一起讨论奖惩规则，再制作一个卡片储存容器（如装饰过的盒子）用于储存挣到的卡片，列出儿童需要完成的任务（如家务、穿衣、做作业等），并为每项任务设定卡片数量（1 ~ 5 张，难度越高，卡片越多），将每日挣得的卡片分为两部分，

2/3 用于日常奖励（如看电视、玩游戏），1/3 积累用于特殊奖励（如周末看电影），特殊奖励的卡片数根据每日积累量计算，例如每日积累 10 张，周末活动需 70 张，强调只有在第一次指令后完成任务才能获得卡片，重复指令无效。

②家庭积分方案（7 岁以上）：以积分取代卡片，任务的分值根据其难度设定（1 ～ 200 分）。基本的评分原则是，那些通过 15 分钟努力即可完成的任务，大约给予 15 分。每日享受的奖励应记录在奖励项目中，而相应的分数支出则记录在支出栏。通过记录每日任务的完成情况以及积分的收入和支出，父母负责填写这些信息，而儿童可以查看但不得修改。定期更新任务和奖励内容，取消那些儿童已经掌握的任务，并增加新的目标。

（3）注意事项（见图 2–34）

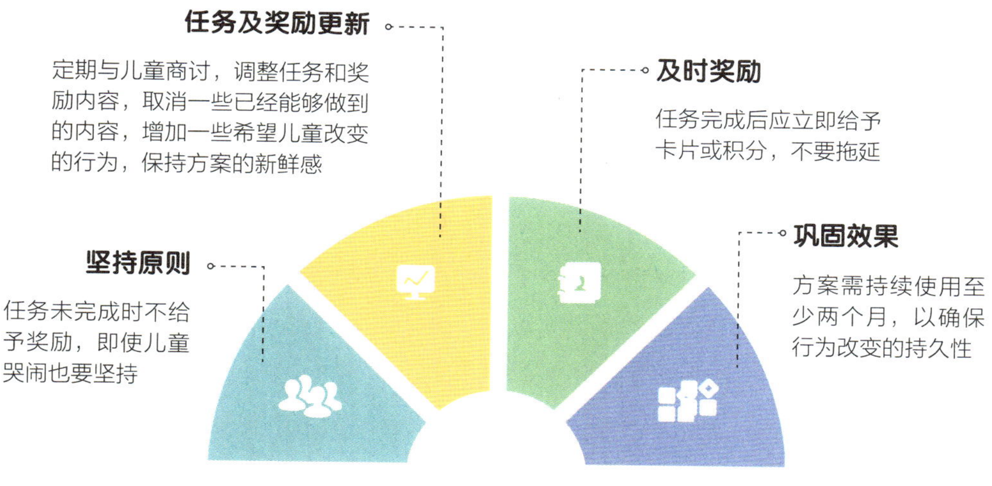

图2–34　建立家庭代币方案的注意事项

本阶段的核心在于运用代币制度来强化积极行为，协助儿童树立规则意识。通过使用卡片或积分将任务与奖励相连接，激发儿童的主动性和责任感。当儿童能够完成大部分任务并对此方案产生兴趣时，他们便可以顺利过渡到下一阶段。

6. 第六步：用扣分法管理不良行为

需遵循先奖后罚的原则，以此改变儿童的不良行为习惯。

（1）治疗目标

①借助家庭代币方案，减少儿童的对立违抗行为以及其他各类不良行为。

②在家中建立起儿童必须服从父母指令的制度。

（2）实施方法

在实施卡片或积分制度1～2周后，建议采取间歇性且有针对性的扣分策略。事先告知儿童，若未能完成分配的任务，将会受到卡片或积分的惩罚。当儿童未按指令行事时，家长应从1数到5作为提醒。如果数数结束后儿童仍未采取行动，应立即从其积分卡或记录本中扣除完成任务应得的分数（如果任务清单中没有相应的项目，可以选择类似行为的分数进行扣除）。此后，家长可以使用扣分法来应对儿童的一系列不良行为。

（3）注意事项（见图2-35）

01

切勿同时纠正多个不良行为，一段时间内仅针对1~2个行为，避免规则过多儿童记不住

02

控制扣分法的使用频率，防止因过于频繁导致儿童积蓄耗尽，使方案无法继续，一般采取3:1的策略，即奖励3次，惩罚1次

03

若因扣分法使用过于频繁，导致方案失去吸引力，儿童不愿参与卡片或积分方案，可暂停方案约1个月，重新开始时注意减少惩罚次数

图2-35　用扣分法管理不良行为的注意事项

7. 第七步：用暂时隔离法矫正严重的不良行为

这一方法借鉴自体育比赛中的暂停概念，在行为治疗中，让儿童暂时停止活动，作为一种纪律约束手段来管教不良行为，主要针对严重不良行为或对代

币方案反应不佳的典型不良行为，通过让儿童在单调乏味的地方接受惩罚来实现目的。

（1）治疗目标

①利用暂时隔离纠正儿童的不良行为。

②促使儿童学会自我控制，尊重父母权威，遵守行为规范。

（2）实施方法（见图 2-36）

图2-36 暂时隔离法的实施方法

（3）注意事项（见图 2–37）

结束隔离

美国常用隔离椅，垂直靠墙放角落且远离墙壁，家长可在附近观察。我国也有罚站、关房间等方式。关键是让儿童明白受罚，隔离环境要安静，无玩具和电视，注意安全

首次实施

第一次选时间宽裕且父母双方在场、态度一致时进行。儿童首次隔离常强烈反抗，持续 0.5 ~ 2 小时，坚持实施后儿童会逐渐听从指令，隔离次数减少。家长要认识到惩罚是帮助儿童改毛病，不能因不忍心放弃责任

隔离期间

不让儿童借口离开隔离椅，不因错过吃饭给零食补偿，保证隔离效果

方案应用

接下来两周不在家庭以外地方用此方案。使用 2 ~ 3 周，不良行为频率降低可进入下一阶段，若行为无改善甚至更严重，要咨询儿童心理卫生专业人员

图2–37　暂时隔离法的注意事项

8. 第八步：扩大隔离法的适用范围

当家长觉得自己有把握在家里合理控制儿童的行为时，便可以尝试扩大暂时隔离法的应用范围。

（1）治疗目标

将暂时隔离法运用到商店、餐馆、他人家中等公共场所，以此来管理儿童的行为。

（2）实施方法

1. **重申规则**：进入公共场所前，先停下，向儿童说明该场合下他常出现的不良行为以及应遵守的规则，并让儿童复述。若儿童拒绝，警告其不能进入商场，若仍拒绝，让儿童在外面隔离，父母需陪伴，不能让儿童独处
2. **制订奖励规则**：进入场所前告知儿童，遵守规则会得到奖励，如卡片、分数等方式。4 岁以下幼儿，家长可准备小食品随时奖励。此外，还可许诺在极少情况下，对儿童特别好的行为给予购买东西的奖励
3. **制订惩罚规则**：在场所外提前告知儿童不遵守规则的惩罚，如扣减分数、卡片，或使用暂时隔离法。进入场所后，提前找好隔离地点（如洗手间拐角处），并告知儿童违规就会在此隔离
4. **安排合适的活动**：带儿童外出旅行、就餐、购物等需等待的情况时，提前准备儿童喜欢的东西（如迷你掌上游戏机、卡通书等），或让儿童在超市推车、拿东西，避免儿童因等待而不耐烦
5. **替代方法**：若无法使用隔离法，可带小记事本，进入场合前告知儿童会记录不良行为，回家后视情况惩罚；或带笔，告知儿童有不良行为就在手腕画杠，这些记号可换算为扣分或隔离
6. **学校应用**：家庭代币方案和暂时隔离法可扩展到学校，由老师配合打分，回家后实施奖惩措施

图2-38　扩大隔离使用范围的实施方法

采用八步法后，若父母与儿童之间的互动变得更加积极，儿童也更加愿意配合父母的要求，这时可以逐渐减少该方案的使用。如果在停止使用后出现新的问题或旧问题复发，可以重新启用该方案。持续坚持使用八步法，父母将会见证许多积极的变化，例如，儿童变得更加合群、合作和友好；家长在管理儿童行为方面的能力得到提升；夫妻关系得到改善等；对于多动症儿童的父母、老师、朋友来说，他们的自信心也会得到增强。

10 破解家教困境：提升自身的家庭教育能力

在教育多动症儿童时，家长需提升自身教育能力，掌握相关知识并控制情绪。主要方法详见图 2-39。

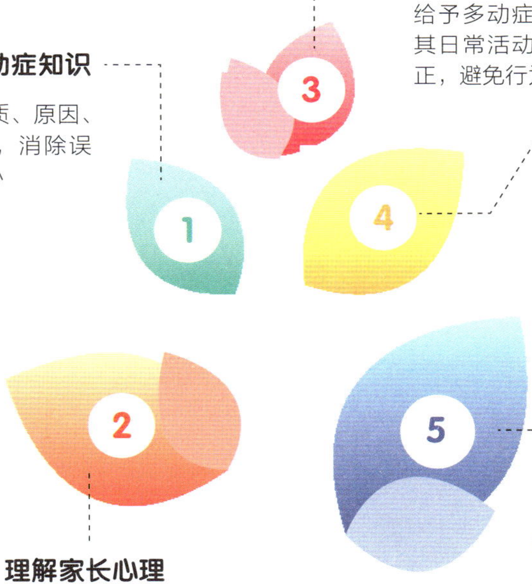

学习多动症知识

了解多动症的实质、原因、表现和治疗方法，消除误解，增强治疗信心

理解家长心理

多动症儿童的照护管理颇具挑战，需要家长倾注大量的时间和心力，这份付出理应得到外界的理解与支持。与此同时，家长也得巧妙化解自己与儿童之间产生的矛盾冲突

加强关注

给予多动症儿童更多关怀，参与其日常活动，及时发现问题并纠正，避免行为偏离后再干预

建立家庭奖励制度

学会表扬和奖励良好行为，逐步扩大良好行为的养成范围，帮助儿童提升独立活动能力。如单独玩耍、打电话、与人交谈等

公共场所的应对

公共场所，家长应提前预估可能的问题并给予警告，以避免不良行为的发生。若出现问题，需及时纠正，确保儿童在商店、餐厅、游乐场等场合表现适当

图2-39　提升家庭教育能力方法

11 家庭游戏治疗：促进多动症儿童的全面发展

家庭环境对儿童游戏活动具有重要作用，游戏活动作为儿童主要的日常行为和学习途径，使儿童得以表达个人经验、情感及需求，激发想象力，并进行自我认知的整合。因此，心理学领域建议在家庭环境中实施游戏疗法，以应对儿童在认知和行为方面的问题。针对儿童多动症的游戏疗法具体有以下五种。

感觉综合游戏

多动症儿童常伴有感觉统合失调的问题，感觉统合游戏能帮助他们改善这一状况，如“指挥官与士兵”游戏。

1. 热身环节

和儿童面对面站立，一边念《同手同脚》童谣，一边做相应动作。若儿童喜欢，可多重复几次。童谣及动作如下：

“大”（四肢伸展）

“小”（紧绷站立）

“大”（四肢伸展）

“小”（紧绷站立）

“同手”（左手碰左膝盖）

“同脚”（右手碰右膝盖）

“上房”（双臂上伸）

“跳墙”（双腿下蹲）

“哭爹——喊娘”（随意甩动四肢）

2. 游戏环节（见图 2-40）

01

简单选定初始角色，分别为“指挥官”和“士兵”

02

给“士兵”的左手、右手、左膝盖、右膝盖依次标注数字序号 1、2、3、4

03

双方面对面立正站好，“指挥官”发号施令，说出一对数字，“士兵”需快速将数字所代表的四肢部位相互触碰。比如“3、1”，即左膝盖与左手相碰；“2、4”，即右手与右膝盖相碰。若数字都代表膝盖，则保持站立不动；若都代表手，则拍手

04

当“士兵”对游戏越来越熟练后，“指挥官”可一次性说出几组数字，如“3、4—3、1—4、2—1、2”，“士兵”需一次性完成

05

双方交替担任“指挥官”和“士兵”，发号施令的难度变化应保持一致

06

“士兵”正确完成指令得 1 个积分，若出现错误，不用完成本次指令，恢复立正站姿，由“指挥官”得 1 个积分

图2-40　指挥官与士兵游戏规则

3. 注意事项

（1）家长要全身心投入热身和游戏，保持激情与快乐。

（2）家长需认真参与游戏，但不要总是赢，可主动做错。

（3）可邀请第三位家庭成员加入，由其统一发布指令，大家比拼反应速度。

注意力训练游戏

注意力不集中是多动症儿童的核心症状之一，可通过游戏提升其注意力水平。如“舒尔特方格”游戏。

1. 材料

自制表格或可擦白板（也可直接购买舒尔特工具）、笔、计时器。

2. 游戏规则

（1）把数字 1 到 16 随机填进 16 个空白格中，多填写几张作为备用。

（2）随机拿出一张填好的舒尔特方格，让儿童按顺序快速用手指点出数字，同时记录完成的时间（见表 2-1）。

（3）若儿童能力较好，可增加方格数量，提升训练难度。

（4）每次进行 4 组训练，留意儿童完成时间的变化情况。

表 2-1　舒尔特方格

16	1	12	5
4	11	7	15
10	2	9	8
14	3	6	13

3. 游戏尝试：竞技舒尔特

（1）选择两张空白表格，对战双方按照规定分别填入数字，形成数字舒尔特。将填好数字的表格扣在桌面上并交给对方。

（2）游戏开始，双方同时翻开表格，用记号笔按数字顺序画出点指轨迹。

（3）双方都完成后，互相交换表格核对笔迹，先完成且完全正确的一方获胜。

4. 注意事项（见图 2-41）

点指任务监督

儿童进行点指任务时，成人需密切留意。若儿童出错，要让其从头再来，且计时持续不停

数字填写检查

儿童填写数字容易出错，可安排另一位成人检查，或者让儿童填完后自行审核

对战游戏时机

等儿童对游戏熟练掌握后，再开展对战类玩法

日常训练安排

这个游戏能作为标准化训练项目，建议每天进行

游戏形式选择

可参考各类舒尔特训练设计，但别一味追求新颖。从练习效果而言，数字舒尔特仍是最稳定、有效的形式

图2-41　舒尔特方格游戏注意事项

情绪调节游戏

多动症儿童往往情绪调节能力较弱，情绪调节游戏有助于他们认识和管理自己的情绪，如“情绪马达”游戏。

1. 材料

卡纸、圆规或圆盘、直尺、画笔、剪刀、铁丝或图钉

2. 制作情绪马达

（1）用圆规或圆盘在卡纸上画一个直径 15 ~ 20 厘米的圆，为增加坚固性，可黏合两张卡纸，再沿圆边剪下，对折后沿直径剪成 2 个半圆。

（2）将半圆平均分成 9 份，标注数字 1 到 9，做成仪表盘的样子。

（3）从左至右，在扇形区域内按从冷色调（如蓝色）到暖色调（如红色）的顺序涂色。

（4）向儿童说明，1 代表情绪非常平静，9 代表情绪完全失控，引导儿童阐述每个数字对应的情绪状态并举例，如“睡觉是 1，很平静”“写作业是 4，有点不安”等。

（5）在另一张卡纸空白处画一个长约 7 厘米、宽约 1 厘米的指针，剪下后用铁丝或图钉固定在表盘圆心，记得折弯铁丝或图钉的尖角。

3. 游戏规则（见图 2-42）

情境对应：分别把指针从 1 到 9 移动，逐步对应相应的颜色，让儿童找到与之对应的生活情境，感受当时的情绪状态，并表演出来

情绪调控：调整指针到任意刻度，让儿童快速对应情绪，并表达对应的行为，着重关注从情绪强烈到平复的过程，可借助呼吸训练等情绪调节技术

应激警示	当儿童情绪失控时，把马达调整到相应的刻度，展示给儿童，并提醒他关注此刻的情绪状态
情绪日记	让儿童调整指针到相应的刻度，以表达当日特殊的情绪状态，并说出引发情绪的具体事件，过程中父母或其他成员可以进行提问

图2-42　情绪马达游戏规则

4．注意事项

（1）虽可购买更耐用的成品，但会缺少共同创作的乐趣和成就感。

（2）后期可对“马达”加固或美化，但亲子活动时不宜提过高要求，以免儿童失去兴趣。

（3）可多制作几个“马达”，贴在儿童容易情绪失控的地方。

规则意识游戏

多动症儿童在遵守规则方面存在困难，通过游戏可帮助他们建立规则意识。如“红绿灯游戏”。

家长和儿童分别扮演交警和行人，模拟交通场景，儿童需按照“红绿灯”的指示行动，以此强化儿童对规则的理解和遵守。

社交技能游戏

社交技能游戏能帮助多动症儿童提高社交能力。

例如“角色扮演游戏”，设定不同的场景，如医院、超市、学校等，让儿童和家长分别扮演不同的角色，进行互动和交流，培养儿童的沟通能力和合作意识。又如“合作搭积木”游戏，让儿童和家长一起用积木搭建一座城堡或其他建筑，在过程中需要相互配合、分工协作，以此提升儿童的团队合作能力和社交技巧。

通过诸如此类的家庭游戏，可以帮助多动症儿童改善症状、促进其发展。

part 3

幼儿期ADHD的日常养育技巧

家长需要密切关注婴幼儿的行为表现，一旦发现异常，应及时寻求专业医生的帮助。

01 婴幼儿也会存在注意力缺陷 / 多动症

许多家长可能认为注意力缺陷 / 多动症（ADHD）是学龄儿童才会出现的问题，但事实上，婴幼儿时期也可能表现出相关的症状。婴幼儿期的 ADHD 可能表现为过度活跃、注意力不集中或冲动行为。这些症状虽然在不同年龄阶段可能有所不同，但早期识别和处理对于儿童的长期发展至关重要。因此，家长需要密切关注婴幼儿的行为表现，一旦发现异常，应及时寻求专业医生的帮助，以确保儿童得到适当的评估和治疗。

婴幼儿多动症诊断现状

1. 诊断限制

在婴幼儿阶段，儿童的身心发展尚未完全成熟，因此这个年龄段的儿童通常无法被确诊为多动症。

2. 研究空白

目前，国内外关于婴幼儿多动症的研究几乎没有，这使得人们难以对婴幼儿多动症的临床特征进行精确的描述。

3. 预防为主

尽管相关研究有限，难以诊断，但并不排除婴幼儿患多动症的可能，鉴于多动症可能对儿童未来的学习产生影响，建议家长从婴幼儿时期开始就对儿童进行注意力方面的训练，以预防儿童长大后出现注意力缺陷。

婴幼儿多动症的预防与鉴别

婴幼儿的注意力发展与成人存在显著差异，其注意力的持续时间本质上比成人更为短暂。因此，家长应避免将儿童与其他人进行横向比较，具体鉴别方法见图 3-1。

观察儿童对不同事物的注意力持续时间的表现	观察儿童注意力是否对所有事物都同样短暂，还是对自己感兴趣的事物注意力持续时间更长，对不感兴趣的事物则较短。如果是后者，就不能简单地判定儿童患有多动症
是否涉及功能损害	评估儿童的注意力和自我控制能力是否落后，并分析这是否影响了儿童的日常活动或学习表现，是否引起了老师和同伴的过度关注，以及是否妨碍了儿童解决问题的能力。如果这些情况都不存在，那么家长不必过分担忧

图3-1　婴幼儿多动症的鉴别

02 哪些先天因素可能导致幼儿多动症

先天因素在幼儿多动症中起重要作用，包括母亲孕期情绪、精神状况，以及妊娠与分娩阶段的机体损害，如感染、营养不良、暴露于有害物质等。这些因素可能影响胎儿神经系统发育，增加多动症风险。遗传因素同样重要，家族病史会提高儿童患病概率。了解这些因素有助于家长认识多动症，采取预防和治疗措施，保障儿童健康成长。

母亲孕期的情绪和精神状况

研究显示，母亲在孕期的心理状态会对幼儿的情绪和行为产生影响，如果母亲的心理状况不佳，那么幼儿出现情绪和行为问题的概率会相对较高。

研究表明，孕妇的情绪波动能够通过血液和内分泌系统对胎儿造成影响。若孕妇频繁经历负面情绪（如焦虑和紧张），会使胎儿的脑血管收缩，从而降低胎儿脑部的血液供应，影响其脑部发育，导致儿童在成长过程中出现情绪和行为方面的问题，增加其成为“性格异常儿童”的风险，这些儿童可能会表现出挑食、易怒、过度活跃，甚至多动症的症状

图3-2　孕妇情绪和精神状况影响胎儿的机制

鉴于此，孕妇务必重视自身情绪和精神状态，积极采取措施以避免负面影响，可从以下几个方面着手。

1. 陶冶情操

可以读一些孕期保健、育儿知识相关的实用书籍或者文学名著、诗歌、散文等专业书籍来丰富精神世界；也可以选择聆听轻柔、舒缓的古典音乐，放松心情；还可以亲近大自然，如去公园散步，去郊外踏青或在家里种植一些花草。

2. 学会转移不良情绪

当产生不愉快情绪时，可以通过适当的方式释放情绪，转移注意力，维持心理平衡，具体做法详见图 3–3。

3. 多接触积极乐观的朋友

01 离开令人不快的环境，去听音乐、阅读喜爱的散文、下棋、钓鱼、浇花、洗个温水澡、做助产操或进行适度的家务劳动等

02 向好友倾诉内心的烦恼，或者与同样处境的人交流心得，获取情感支持与建议

03 积极为宝宝的出生做准备，如准备婴儿用品、布置婴儿房等，将注意力转移到新生命的降临上

图3-3 孕妇转移不良情绪的具体做法

与情绪积极乐观的朋友频繁互动，能够体验到共同度过的快乐时光，并吸收其乐观态度，提升自身的心理韧性。此外，通过学习情绪管理技巧，能够有效调节自身情绪状态。同时与配偶、家庭成员、邻居及同事保持和谐的人际关系，对于维护个体的心理健康具有重要意义。

4. 换个环境或形象来缓解情绪

在心情低落或感到沮丧时，尝试改变发型、添置新衣或重新布置家居空间，这些都能为生活带来新的气息，从而转变心境；而感到不安时，可以前往树林、河边或田野漫步，通过欣赏自然之美来驱散负面情绪。

5. 配偶多关心理解

在妊娠期间，孕妇会经历一系列生理变化，这些变化可能引发心理上的转变。妊娠反应可能会导致孕妇情绪波动、精神疲惫、烦躁不安，同时体型的改变也可能造成其身体上的不适和心理压力。这些因素均可能导致孕妇出现情绪低落、易激动甚至流泪的现象。在这一关键时期，配偶应提供更多的精神理解与支持，以及在生活上给予更多的关怀、体贴和照料。配偶应积极主动地分担家务，给予妻子必要的精神慰藉，并与之共同体验孕育新生命的喜悦。

妊娠与分娩阶段所造成的机体损害

母亲精神状态的不佳、高龄生育、胎儿发育迟缓、产褥感染或惊厥等问题，都可能是多动症的致病因素。同时，出生时体重过低（< 1500 克）的婴儿，患多动症的几率相对较高。此外，尼古丁的摄入会对脑部造成损害，妇女在妊娠期间吸烟，可能导致儿童行为和认知能力出现缺陷，显著增加儿童患多动症的风险。因此为了生育健康的孩子，母亲在孕期需要做到以下两点。

1. 培养良好生活习惯

在孕期培养良好的生活习惯对胎儿的健康具有显著的积极影响，具体见图 3–4。

孕期养成良好的生活习惯内容

01 保证充足睡眠，熬夜会削弱身体的免疫力，损害体力，而一个健康的身体是孕育健康宝宝的基石

02 禁止吸烟和饮酒，吸烟可能引发婴儿体重不足、早产，甚至胎死腹中，还应尽量避免接触二手烟；过量饮酒则可能导致胎儿发育缓慢、中枢神经系统异常或出现畸形

03 适度的运动能够提升新陈代谢和心肺功能。在没有特殊疾病的情况下，最好在医生的专业指导下，选择适合自己的运动项目和运动量

04 在饮食方面，建议多吃蔬菜和水果，以补充身体所需的维生素和矿物质；同时减少刺激性食物的摄入，以避免对胎儿产生不利影响

图3-4 孕期培养良好的生活习惯的注意事项

2. 婚前及生产时审慎抉择

在婚前、孕期和生产时都应多加注意，审慎抉择（见图 3–5）。

01 在挑选伴侣时，应关注对方是否患有癫痫、精神分裂症或传染病等疾病，以减少遗传性疾病的风险

02 选择合适的结婚年龄，并有意识地进行优生优育。避免过早或过晚的婚姻和生育，以预防婴儿先天性不足

03 为了减少分娩过程中的伤害，并降低新生儿脑损伤的风险，建议尽可能采取自然顺产的方式。临床研究表明，剖宫产出生的儿童患多动症的比例相对较高

图3-5 婚前及孕期和生产时的注意事项

03 家庭环境如何影响儿童多动症

家庭环境在儿童的心理素质培养和健康成长中扮演着至关重要的角色，是影响儿童多动症的关键因素。具体来说，表现为以下几个方面。

父母的文化程度、职业

父母作为儿童早期主要的抚养者与教育者，其文化程度和职业状况对幼儿的行为发育影响显著（见图 3–6）。

01 父母应致力于提高自身的文化素养，持续吸收新知识，并广泛涉猎育儿领域的资讯。同时，不妨向育儿专家寻求专业建议

02 尽量选择稳定性较高的工作，确保有规律的工作时间，以便与儿童共同生活，增加亲子间的互动交流，从而让儿童感受到更多的安全感

图3-6　对父母文化程度和职业的建议

1. 父母文化程度

家庭环境宛如一个社会缩影，对儿童的认知发展、心理状态和行为举止都产生着深刻的影响。父母的文化素养和认知能力的差异，常常导致家庭氛围和教育

方法各有不同，这些因素在很大程度上塑造了儿童的行为模式。在家庭生活中，父母作为儿童最初的启蒙导师，通过自己的行为和言语，向儿童传递意识、认知、习惯以及生活价值观。例如，若父母酷爱阅读，儿童可能会在潜移默化中培养出对书籍的热爱；相反，若父母频繁争吵，儿童可能会感到不安，进而出现一系列心理和行为问题。

2. 父母的职业

父母工作的稳定性对家庭氛围有着直接的影响，稳定的工作往往带来更加和谐的家庭环境，使父母能够给予儿童更多的关注。这无疑对儿童的行为发展是有益的。相反，如果父母工作不稳定，忙于寻找新的工作机会，处于情绪低落或疲劳状态，就可能忽视对儿童的照顾，这不利于儿童的健康成长。

家庭结构和家庭氛围

家庭结构及氛围对幼儿的成长有着深远影响（见图 3–7）。

1

父母应致力于营造一个和谐的家庭环境，管理好自己的情绪和形象，展现出积极和健康的生活态度

2

积极地回应儿童的好奇心，促进亲子间的互动和情感的紧密联系

图3–7　针对家庭结构和家庭氛围给父母的建议

1. 家庭结构影响

家庭中若出现父母离婚、分居，或者父母存在情绪障碍、反社会人格等情况，会对儿童产生不利影响。随着儿童年龄的增长，他们与外界的交往逐渐增

多，对外界环境的好奇心也随之增强，喜欢模仿，并开始情感化地认识客观事物，因此，家庭结构对幼儿的影响极为深远。

2. 家庭氛围影响

一个和谐融洽的家庭氛围可以为儿童的健康成长提供理想的环境。父母情绪的稳定性和积极健康的形象，也能为儿童树立起积极的榜样。此外，积极回应儿童的好奇心，并与儿童一起探索这个世界的奥秘，将有助于加强亲子之间的联系。

父母的教育方式

父母的教育方式对幼儿行为及心理发展起着至关重要的作用（见图 3–8）。

01

若存在教育缺失情况，家长需迫切改善家庭环境。家长必须深刻理解家庭教育的重要性，提升对子女教育的责任感，并密切关注儿童的身体和心理发展

02

在育儿过程中，父母应注重教育方法，既不严苛也不溺爱，根据幼儿的成长特点，提出与其年龄相符且切实可行的要求

03

家长要注意对儿童进行耐心引导，鼓励安静行为，注意培养儿童规律的作息和良好的生活习惯，可以实施奖惩制度，但要注意先奖后罚，奖励和惩罚都要及时且精准

图3-8　针对教育方式给父母的建议

1. 教育的缺失

在一些家庭中，教育的缺失已成为一个不容忽视的问题。有些儿童可能长期生活在单亲家庭，或由亲戚等其他监护人监护，甚至无人监护的环境中，这使得传统的教育模式面临挑战。

2. 积极教育方式

众多研究揭示，当父母倾向于运用更多积极的养育策略时，儿童通常会展现出更多的亲社会行为。积极的养育方法对于幼儿的社会化进程、人格形成以及积极情绪和情感的培育具有显著的促进作用。

3. 消极教育方式

在育儿实践中，采用惩罚和管制作为主要手段的父母，可能会使儿童感到缺乏安全感，进而影响其情感需求的满足。长期的负面养育策略会对儿童自我意识的形成产生直接的干扰作用，从而引发儿童出现退缩、焦虑、抑郁和自卑等情绪障碍，并可能导致注意力不集中。此外，消极的教育方式亦可能促使儿童产生消极的社会行为。研究显示，超过 60% 的多动症儿童家庭中存在过度严厉的管教问题，父母频繁干预儿童的日常活动，过度批评、责备乃至体罚，这些行为对儿童造成了心理创伤。同时，过早且过度的智力开发，以及超出儿童适应能力的外部压力，也可能成为诱发多动症倾向的因素。

通常情况下，年幼的儿童行为冲动，注意力容易分散，且充满活力。随着年龄的增长，在父母的引导和训练下，他们将逐步学会控制自己的行为，并开始遵守社会规范。然而，有些儿童的发展速度较慢，如果父母未能认识到这种发展的个体差异，过早地施加强制性教育，或者对儿童的期望值设定过高，超出了儿童实际能够应对的范围，就可能会导致或加剧多动症的情况。家庭环境和家庭教育在儿童的健康成长中扮演着至关重要的角色，特别是对于多动症儿童，家长需要努力理解儿童的特定需求和行为背后的动机，掌握儿童的心理特征，并采取积极的应对策略。

04 轻松应对多动症，帮助儿童克服心理挑战

儿童在幼儿阶段均存在对“爱”的基本心理需求。研究显示，那些充分体验到成人适宜且理性关爱的儿童，通常会表现出自信、活力四射、积极向上的行为特征；反之，如果儿童的这种基本心理需求长期得不到满足，可能会导致其自暴自弃，甚至出现逆反行为。幼儿期的多动症儿童常见的表现包括顽皮、急躁、难以管理，因此，帮助儿童解决心理问题显得尤为关键，以下是一些应对这种情况的策略。

恰当地沟通及引导

幼儿期，正是儿童自尊心逐渐建立的阶段，他们的心灵特别敏感和脆弱，对父母的肯定和理解怀有极大的期待。一句充满鼓励的话语，能够迅速激发儿童的自信，使他们充满活力；相反，一句尖锐的责备，可能就像一把锋利的刀刃，深深地伤害到儿童的自尊。因此应该对儿童进行恰当的引导（见图 3-9）。

注意沟通方式	面对儿童的过失，保持宽容的心态至关重要，避免一味地指责和批评。过度的指责容易激发儿童的逆反情绪，导致其将注意力集中在与父母的对抗上，而忽略了对自己过失的反省，从而错失了自我教育的宝贵机会
正确引导	家长应培养敏锐的观察力，及时发现并赞赏儿童的每一点进步，给予儿童真诚而具体的肯定。同时，积极关注并满足儿童的合理需求，这可以作为提升儿童自信心的有效途径。例如，当儿童尝试自己穿衣，即便结果不尽完美，家长也应给予鼓励：“宝贝，你今天尝试自己穿衣服了，真棒！虽然有些小瑕疵，但你勇于尝试的精神非常出色，继续努力，下次一定能做得更好！”

图3-9　正确沟通及引导的具体措施

营造良好的家庭氛围

一个轻松愉悦的家庭环境，就像肥沃的土壤，对培养幼儿积极的心态至关重要。作为家庭环境的主要营造者，父母应不断提升个人修养，始终保持心理健康，并以满腔的热情和积极乐观的态度陪伴在幼儿身旁，具体做法见图 3-10。

01 在与幼儿沟通时，应使用温和而亲切的语调，并时刻注意自己的行为举止。以积极的态度去影响幼儿，帮助他们建立并巩固积极的心态。由于幼儿年龄尚小，往往缺乏自我情绪控制的能力，同时具有极强的模仿性和易受暗示性。父母的每一个动作、每一句话都可能在幼儿的心灵中留下深刻的痕迹。例如，父母在日常交往中表现出的礼貌和面对困难时的乐观态度，幼儿在不知不觉中也会受到影响，逐渐培养出积极乐观的性格

02 父母需要学会调整自己的心态，主动摒弃工作压力、生活琐事等干扰因素，以愉快的心情积极参与与幼儿的互动，用心营造和谐而亲密的亲子关系。例如，可以每天安排一段专属的亲子时光，与儿童一同玩游戏、阅读绘本，在温馨欢乐的氛围中加深彼此的情感联系

图3-10　创造良好家庭氛围的具体措施

挖掘兴趣爱好

兴趣无疑是激发儿童积极行动的最强劲动力。对于表现出多动倾向的幼儿，父母应当有意识地关注儿童的兴趣所在，或者积极创造条件，培养儿童乐于表达、倾听、观察以及勤于思考的优良习惯。

一旦发现儿童的兴趣所在，便应在相关领域提供及时且有效的指导与支持，使儿童能够全心全意地投入其中。例如，若儿童对绘画充满热情，父母应该提供丰富多样的绘画材料，鼓励儿童自由地发挥想象力，勇敢创作。通过培养兴趣爱好，儿童能够将更多的精力集中在自己喜爱的活动上，从而有效减少不良行为的发生。原本好动调皮的儿童，在专注于绘画时，往往能够变得安静，随着时间的推移，儿童的注意力集中程度也会逐渐提高。

05 如何保护多动症儿童免受意外伤害

相较于正常儿童，多动症儿童往往更容易遭受意外伤害。鉴于学龄前儿童年龄尚小，对周围环境的辨识能力有限，为了降低因儿童的高活动性引发的意外伤害风险，需要儿童自身、家庭成员以及社会各层面的共同努力。同时，应基于潜在风险因素实施积极的预防策略，增强家长和社会的安全防范意识，从而有效降低学龄前儿童因多动行为导致的意外伤害发生率，为了切实有效预防此类意外伤害，可从以下两个主要方面着手。

强化安全教育力度，引导树立正确安全理念

1. 家庭层面

在这一阶段，儿童的语言和理解能力显著提升，对新事物表现出强烈的求知欲。家长可以利用讲故事、展示图片等方法，向儿童详细解释哪些行为可能带来危险，并将预防意外伤害的知识自然地融入日常生活的细节中，帮助儿童逐渐学会辨识危险，掌握自我保护的技巧。

2. 医疗和社会层面

不仅家庭，医疗和社会各方面的共同努力也很重要，具体做法见图 3–11。

01 医院的儿童保健科或专注于多动症治疗的专科医生和护士，应精心编写易于理解的宣传资料。这些资料应包含常见的危险因素、基础急救知识、儿童心理和生理特点以及具体的安全预防措施等内容，并广泛分发给儿童家长和幼儿园教师

02 充分利用广播电视、报纸等传统媒体平台，广泛开展预防意外伤害的宣传活动，营造全社会关注儿童安全的良好氛围

03 专门治疗多动症的医院或科室应定期举办活动，为家长提供系统的安全教育培训；同时，幼儿园应设置专门的安全教育课程，对儿童进行全面的健康教育，以增强儿童的安全意识

图3-11　加强安全教育医疗和社会层面的具体做法

强化环境安全管理

鉴于儿童好动、好奇心强且对环境辨别能力较弱的特性，必须实施一系列环境安全管理措施，以此降低意外伤害的发生概率，包括对环境和物品的管理（见图 3-12）。

01 环境管理

在潜在危险的区域，例如楼梯口、施工地等，张贴明显的安全警示标识，以起到提醒作用。在家庭环境中，家长应培养及时关门的习惯，并且在窗户和阳台安装安全防护网，以预防儿童不慎坠落的意外发生

02 物品管理

请确保将热水瓶、锐利物品（例如刀具、剪刀）以及带电设备（如插座、充电器）放置在儿童无法触及的安全区域，以防止他们接触电源。同时，对于鼠药、农药、各种药品以及消毒剂、洗涤剂等潜在危险物品，务必妥善保管，并向儿童清晰说明其用途及潜在的危害，强调儿童不可随意取用这些物品

图3-12　加强环境管理的具体做法

06 如何乐观应对儿童多动症

学龄前儿童由于其年龄尚小，神经系统尚未发育成熟，普遍表现出高度的活跃性、短暂的注意力持续时间及难以静坐和集中注意力困难的特征。相较于成人，这一阶段儿童的注意力集中时间更为短暂，因此家长对于儿童的这些行为无须过度焦虑。学龄前儿童的多动和注意力分散主要体现在以下几个方面：在进行绘画或阅读故事书等活动时容易分心；与家长交流时显得心不在焉，似乎在听又似乎未听；在行走过程中注意力不集中，容易跌倒。针对学龄前儿童的这些特点，家长和教育者可以采取相应的应对措施。

依据兴趣选择活动

家长切勿急于纠正儿童的多动行为，以免适得其反。正确的做法是帮助儿童挑选合适的活动项目，挖掘其兴趣点，并引导儿童参与其中，借此培养注意力，减少好动行为。通常，好动的儿童在从事自己喜爱的活动时，往往会展现出超乎寻常的认真态度与钻研精神。

给予充分关注和爱

在学龄前期，儿童与家长的互动最为频繁。如果家长因工作繁忙而疏忽了对儿童的关注，儿童就可能会以多动的行为来试图吸引大人的注意。在这种情况下，家长应当自省，反思自己是否给予了儿童足够的关注。所以家长可以在每天晚上睡前与儿童进行一段温馨的互动，倾听儿童讲述一天中的趣事，或给儿童讲述睡前故事，这能让儿童感受到来自父母的关怀和爱护。

给予尊重与表扬

多动的儿童同样值得被尊重和表扬。顽皮是儿童天性的一部分，家长不应总是关注儿童的缺点或顽皮行为而予以责备，这不仅会削弱儿童的好奇心和自尊心，抑制儿童的探索精神，甚至还可能会导致亲子关系疏远，使儿童逐渐习惯于被批评，影响其自我形象。相反，当儿童得到表扬和认可时，儿童往往会变得更加乖巧和自信。因此，家长应善于发现儿童的优点，并及时给予表扬，这样往往能带来意想不到的积极效果。例如，当儿童尝试帮忙收拾玩具，即便结果不尽如人意，也应肯定儿童主动帮忙的意愿。

助力释放多余精力

家长可以选择一些体力活动，例如跑步、跳绳、蹦床、打球等，让儿童释放多余的精力。儿童天性好动，若强行制止，让其保持安静，可能会激发儿童的逆反情绪，使其更加好动。所以家长应尊重儿童活泼的天性，引导儿童合理地释放能量，这样在一些特殊场合需要儿童保持安静的时候，儿童也就能更容易地做到。例如，家长可以每天安排一段时间让儿童参与户外活动，在尽情奔跑和玩耍之后，儿童回到室内时往往能更加安静地进行其他活动。

尝试角色互换

家长与儿童可以尝试角色互换，让儿童从接受教育的角色转变为教育者，而家长则扮演一个好动的角色，坐在儿童旁边，模仿儿童平时的好动行为。通过这种方式，儿童可以亲身体验到自己的好动行为给他人带来的困扰，从而认识到这种行为的不妥，并自发地减少好动行为。例如，在亲子共读的时刻，家长可以故意模仿儿童平时的好动表现，如频繁摆弄物品或不时起身走动，让儿童直观地感受到好动行为对阅读氛围的破坏，进而引导儿童反思自己的行为。

07 成为更主动的家长

家长比任何人都更了解自己的子女。应主动学习有关多动症的知识，全面了解多动症如何影响儿童的日常生活，以便更好地帮助儿童。

主动观察多动症特征

目前，无论儿童年龄大小，诊断多动症的标准都是统一的。若儿童在学龄前已被诊断为多动症，建议在儿童入学后重新对其再进行一次评估。

家长在家中需留意观察儿童是否出现以下多动症的典型特征（见图 3–13）。

01 活动量过剩：儿童的日常活动量远超同龄人，似乎总是充满活力，难以静下心来

02 冲动控制差，延迟满足能力弱：儿童常常不经思考就行动，缺乏耐心等待，急于获得所求之物

03 注意力分散：无论是在学习、游戏还是其他活动中，儿童都难以集中注意力，容易走神

04 未来规划记忆困难：对于预定的事项，儿童很容易忘记，难以记住未来要做的事情及其相关细节

05 情绪和动机调节困难：儿童情绪波动较大，难以自我调节情绪，对活动缺乏足够的积极性和内在动力

06 解决问题能力不足：面对挑战时，儿童缺乏有效的解决策略和方法，不知如何应对

07 内部语言发展滞后：儿童的内心思考和自我对话等内部语言的发展落后于同龄儿童

08 工作质量差异更大：儿童的任务完成度与同龄人相比不高

图3–13　可供观察的多动症的典型特征

主动了解应对方法

家长应仔细观察儿童，准确识别哪些多动症症状影响了儿童的日常生活，并提供必要的帮助和支持，以促进儿童在弱势领域的成长。同时，要记住，某些行为表现是儿童无法自主控制的。鉴于多动症可能带来的长期负面影响，那些积极且深入了解情况的家长可以尽早地去采取行动。因为尽管多动症并非由“父母抚养孩子的方式”引起的，但父母对儿童行为的应对和管理，将影响多动症症状是否持续。也就是说，父母的反应既可能改善问题，也可能使问题加剧。故无论儿童是已被诊断出多动症，还是被怀疑患有多动症，家长都能通过多种方式来帮助儿童，对儿童在家中的行为表现进行有效管理。

1. 主动寻求培训

为了有效地理解和帮助儿童，家长可以主动寻求相关的专业培训支持。比如联系儿科医生、社区相关机构或教育部门来学习和了解多动症行为矫正技巧，包括让儿童直接体验行为后果、对儿童进行表扬、忽略儿童那些不良但不具危险性的行为，以及指导儿童采用替代性行为的方法等，这可能对改善儿童情况产生直接且显著的效果。

2. 积极了解有效管理方式

家长要积极地去了解何种管理方式对自己孩子有效。若发现儿童开始烦躁，转移其注意力往往能起到作用。

3. 保持积极的态度

家长应始终保持积极的态度去观察儿童，发现并关注其擅长的领域。如果儿童展现出非凡的创造力，就为其提供能够激发创造力的玩具；如果儿童表现出乐于助人的特质，就创造机会让其去帮助他人。并且要尝试每天多次表扬儿童正确的行为。

4. 主动创造适宜的环境

主动创造有利于儿童成功的环境 (见图 3-14)。

创造有利于儿童成功的环境示例

- 若儿童容易闯祸，就先收好易碎易坏物品
- 若儿童玩完玩具后不会整理，就帮他规定物品的摆放位置，并在书架或抽屉处放置收纳好的展示图片，协助其整理玩具
- 若儿童难以从一项活动转换到另一项活动，那么就可以用计时器为前一项活动倒计时，时间到后切换活动，或提前口头提示儿童活动转换的时间

图3-14　创造有利于儿童成功的环境示例

5. 积极规划日常生活

对儿童每天的生活进行组织规划，创造结构化环境，确保儿童有充足活动与休息时间。保持用餐、午睡及晚上睡觉时间的一致。可以设置可见的日常活动时间表或其他视觉提示，以帮助儿童按时进行活动。

08 多动症儿童需要注意的饮食问题

随着生活品质的提升和物质资源的日益充足，日常饮食对儿童多动症的影响逐渐成为人们关注的焦点。对家长和儿童进行健康饮食理念的教育，可能是治疗儿童多动症最有效且切实可行的替代疗法之一。饮食引起的炎症和神经毒素被认为是导致儿童多动症症状的关键因素，因此，去除饮食中的有害物质并采纳健康的饮食习惯，有助于治疗甚至可能改善儿童多动症。

禁忌食物

禁忌食物是指那些可能加剧多动症症状的食物，家长应尽量避免让儿童摄入（见图 3–15）。

禁忌食物

高糖食品：糖果、巧克力、甜饮料、蛋糕和冰淇淋等
含咖啡因食品：咖啡、茶、可乐、能量饮料等
含人工添加剂和色素食物：蜜饯、可乐、薯片、果冻、火腿、方便面等
含酪基酸食物：挂面、糕点以及部分乳制品
含甲基水杨酸盐食物：苹果、橘子、西红柿等
含铅食物：皮蛋、贝类、罐头食品、爆米花、油炸快餐等
含铝食物：油条等油炸食品
辛辣刺激性食物：辛辣的调味品、辣椒、大葱、生姜、胡椒油、酒精、饮料等

图3–15　多动症儿童禁忌食品

1. 高糖食物

高糖食品如糖果、巧克力、甜饮料、蛋糕和冰激凌等，可能会引起儿童血糖水平的剧烈波动。这种波动会激活下丘脑—垂体—肾上腺轴，导致皮质醇峰值延迟约 2 小时出现。在此期间，前额叶皮层的葡萄糖供应可能会减少 30%，这可能会使儿童出现情绪不稳定等不良表现，加剧多动症状。

2. 含咖啡因食物

咖啡、茶、可乐、能量饮料等含咖啡因的饮品，可加重多动症儿童的冲动和活跃性。

3. 含人工添加剂和色素食物

某些零食和加工食品，如蜜饯、可乐等，含有诸如人工色素、防腐剂和味素等添加剂，这些成分可能对儿童的神经系统产生负面影响，并可能加剧症状。例如，合成色素如柠檬黄和诱惑红已被发现能够抑制单胺氧化酶 A 的活性，从而阻碍多巴胺的降解。英国南安普敦大学的一项研究指出，在 6 至 7 岁的儿童摄入了这些混合色素后，其尿液中多巴胺代谢物 HVA 的浓度上升了 42%，并且这种变化与攻击性行为之间存在正相关关系。

4. 含酪基酸和甲基水杨酸盐食物

挂面、糕点以及部分乳制品含有较高的酪氨酸，而苹果、橘子、西红柿等水果则富含多种维生素、矿物质和其他营养素。然而，这些水果中含有的甲基水杨酸盐成分可能会影响大脑神经的信息传递，从而加剧多动症状。

5. 含铅食物

皮蛋、贝类、罐头食品、爆米花、油炸快餐等食品含铅较多，摄入过量的铅会损害神经系统。导致儿童在视觉运动、记忆、感觉、形象思维、行为等方面发生变化，出现多动症相关症状。

6. 含铝食物

油条等油炸食品在制作过程中经常添加明矾（硫酸钾铝）。过量摄入铝可能导致智力衰退、记忆力下降、食欲减退以及消化不良等症状，这对多动症儿童尤为不利。

7. 辛辣刺激性食物

在饮食中，应尽量避免添加辛辣的调味品，如辣椒、大葱、生姜和胡椒油等。而酒精饮料等则应完全禁止，因为它们可能刺激儿童的神经系统，加剧症状。且从中医的角度来看，多动症的主要病理机制是阴阳失衡和脏腑功能失调。食用辛辣和煎炸食品，会损伤阴液，助长阳气，阴阳失衡，从而影响疾病的康复。

适宜食物

适宜多动症儿童吃的食物是指那些有助于缓解症状、提供必要营养并促进儿童整体健康的食物。通过调整饮食，可以为多动症儿童创造一个更有利的治疗环境（见图 3-16）。

适宜食物

含锌丰富的食物： 蛋类、肉类、肝脏、牡蛎、鲱鱼、豆类、花生、白菜、白萝卜等
含铁丰富的食物： 肝脏、动物血、瘦肉、蛋黄、豆类、芹菜、菠菜、荠菜、红枣、樱桃等
富含蛋白质的食物： 牛奶、鸡蛋、大豆及豆制品、瘦肉、动物肝脏、花生仁、核桃仁、黑芝麻等
富含脂肪酸的食物： 鲑鱼、金枪鱼、沙丁鱼、橄榄油、坚果、海带、紫菜等
富含维生素的食物： 新鲜的蔬菜和水果，如菠菜、西蓝花、橙子、香蕉等
全谷物食物： 全麦面包、全麦意大利面、糙米等
富含卵磷脂和 B 族维生素的食物： 瘦肉、蕈类、豆制品等

图3-16　多动症儿童适宜食物

1. 含锌丰富的食物

锌与人体生长发育密切相关，研究发现，学习成绩优良的学生，大多数头发中锌含量较高。而缺锌则可使儿童食欲缺乏，发育迟缓，智力减退。

2. 含铁丰富的食物

铁是造血原料，是酪氨酸羟化酶（TH）的辅因子，研究发现，多动症儿童血清铁蛋白 <12μg/L 时，脑脊液中多巴胺浓度下降至正常值的 60%，补铁 8 周后注意缺陷症状改善率达 71%，缺铁则会使多动症儿童大脑功能紊乱，影响儿童的情绪，加重多动症状。

3. 富含蛋白质的食物

牛奶、鸡蛋、大豆及豆制品、瘦肉、动物肝脏、心脏等富含蛋白质，还可多吃花生仁、核桃仁、黑芝麻等，能促进大脑发育，改善神经传递。

4. 富含脂肪酸的食物

鲑鱼、金枪鱼、沙丁鱼等富含脂肪酸的鱼类，以及橄榄油、坚果等，有助于儿童的大脑发育和神经系统功能。

5. 富含维生素的食物

新鲜的蔬菜和水果，如菠菜、西蓝花、橙子、香蕉等，富含维生素、矿物质和抗氧化物质，能为儿童提供全面营养，有助于改善认知功能和情绪状态。儿童食用这些新鲜蔬菜和水果需要注意以下几点（见图 3–17）。

适宜食物	禁忌食物
● 不要先切后洗，以避免营养物质流失 ● 不要挤掉菜汁 ● 避免蔬菜久藏 ● 不宜烧煮时间过长 ● 避免隔夜隔顿吃 ● 烹饪时避免加入过多的油 ● 可以适当喝掉菜汤	◆ 食用时间放在两餐之间，不宜早餐后、饱餐后食用 ◆ 食用水果要适度 ◆ 避免吃苹果、橘子、西红柿等水果 ◆ 春、秋季吃梨 ◆ 夏季吃适量西瓜（脾胃虚寒者慎用） ◆ 冬季吃梨、甘蔗

图3-17　多动症儿童食用蔬菜水果注意事项

6. 全谷物食物

如全麦面包、全麦意大利面、糙米等，富含膳食纤维和多种营养，可提供持久能量，有助于稳定儿童的血糖和情绪。

7. 富含卵磷脂和 B 族维生素的食物

如瘦肉、蕈类、豆制品等含卵磷脂多的食物，对改善记忆有帮助。

09 多动症儿童行为训练游戏

游戏1 指令小达人

目标：增强儿童服从性，提升指令执行能力。

时间：每次 10 ~ 15 分钟，每天多次。

步骤：选择儿童空闲、情绪好时，发出简单指令，如“把玩具小熊拿给我”。儿童完成后，及时表扬，如“你完成得又快又好，真厉害”。每天多次进行，每次连续发 5 ~ 6 个指令。

家长辅助

家长注意指令简单、明确，及时给予反馈和表扬。

游戏2 穿衣大挑战

目标：提高自主穿衣能力，增强生活自理意识。

时间：10 ~ 20 分钟。

步骤：每天早上让儿童自己尝试穿衣。儿童成功穿上衣服后，家长可以通过微笑、点头给予儿童肯定，并说“你自己穿好衣服啦，真能干”，并奖励一个小五星（社会奖赏）。集齐 5 个小五星，可兑换一次去公园玩的机会（活动奖赏）。

家长辅助

家长在儿童穿衣过程中，给予适当帮助，如帮儿童分辨衣服的前后、正反，当儿童遇到困难时，鼓励其自己尝试解决。

游戏3 吃饭不挑食挑战

目标：养成良好的饮食习惯，克服挑食问题。

时间：20 ~ 30 分钟。

步骤：吃饭时，儿童尝试吃之前不喜欢的食物，家长给予鼓励的话语，如“你勇敢尝试新食物，太棒了”，并奖励一个小贴纸（一般奖赏）。每天不挑食，一周结束后可兑换一次去吃喜欢的儿童套餐（物质奖赏）。

家长辅助

家长在儿童吃饭时，不要强迫，而是引导儿童尝试新食物，对儿童的尝试给予肯定和鼓励。

游戏4 贴纸奖励坐端正契约

目标：培养良好的坐姿习惯，提升自控能力

时间：20 ~ 30 分钟。

步骤：制定契约，规定儿童在吃饭、看电视、看书等活动时要保持正确的坐姿，每次保持端正坐姿达到一定时间可获得一枚贴纸（代币）。家长在儿童活动时，随时提醒儿童注意坐姿。

家长辅助

家长要以身作则，保持良好的坐姿，为儿童树立榜样。发现儿童的正确坐姿时，及时给予奖励，强化儿童的良好习惯。

游戏5 洗手小标兵契约

目标：养成正确洗手的卫生习惯，增强自我保护意识。

时间：每天 5 ~ 10 分钟。

步骤：和儿童签订契约，规定每次饭前便后要按照正确的洗手方法洗手，完成后可获得代币。家长先示范正确的洗手方法，然后让儿童模仿。

家长辅助

家长在儿童洗手时，监督儿童按照正确的步骤洗手，确保洗手的效果。对儿童的正确洗手行为给予肯定和奖励，帮助儿童养成良好的卫生习惯。

游戏6 刷牙小卫士契约

目标：养成良好的刷牙习惯，培养坚持性和自控能力。

时间：每天 5 ~ 10 分钟。

步骤：与儿童签订契约，规定每天早晚按时刷牙，每次刷牙时间不少于 2 分钟，完成后可获得代币。家长先教儿童正确的刷牙方法，然后监督儿童刷牙。

家长辅助

家长在儿童刷牙时，提醒儿童按照正确的方法刷牙，确保刷牙时间和质量。对儿童的坚持给予肯定和奖励，帮助儿童养成良好的刷牙习惯。

游戏7 家务小卡片挑战

目标：培养家庭责任感，提升规则和时间意识。

时间：每次 15 ~ 20 分钟，每天安排 1 ~ 2 项家务。

步骤：制作家务卡片，写好任务内容和完成时间，如“5 分钟内把拖鞋摆整齐”。交给儿童并说明要求，启动计时器。儿童完成后，给予肯定。

家长辅助

家长提前选好合适家务，监督执行并及时反馈。

游戏8 卡片换零食

目标：建立家庭代币体系，强化良好行为。

时间：持续进行，每天统计卡片。

步骤：用扑克牌当卡片，和儿童讨论奖惩方法，准备容器装卡片。制定奖励方案，如 3 个卡片换看 15 分钟电视。列出任务清单，确定每项任务卡片数，如整理玩具可获得 2 个卡片。告诉儿童首次指令完成任务才能得卡，可积累卡片换特殊待遇。

家长辅助

家长严格按规则执行，及时更新任务和奖励内容。

游戏9 日常行为记录卡

目标：训练注意力，增强自我觉察。

时间：每天 10 ~ 15 分钟。

步骤：家长和儿童一起准备记录卡，每天记录儿童注意力相关行为，如吃饭是否专心、玩玩具时能否专注。晚上一起讨论行为表现。

家长辅助

家长提醒儿童记录，引导积极讨论，给予鼓励和肯定。

游戏10 公共场所不吵闹

目标：纠正儿童在公共场所大声吵闹的不良行为。
时间：在公共场所活动期间。
步骤：在公共场所，儿童大声吵闹时，家长装作没听见，不给予回应和关注。当儿童安静下来，家长可以用温和的语气表扬儿童，如“你现在真安静，做得真棒”。

家长辅助

家长在儿童吵闹时，控制自己的反应，避免当众批评儿童。等儿童安静下来，家长再及时给予正面评价。

游戏11 玩具归位小能手

目标：培养主动整理玩具的习惯，提升自理能力。
时间：10 ~ 15 分钟。
步骤：每次儿童玩完玩具，家长引导儿童一起整理。当儿童主动将玩具分类放回原位，立刻给予微笑、赞许和拥抱，说“你把玩具整理得这么整齐，太厉害了”，同时奖励一个小贴纸（一般奖赏）。积累 5 个小贴纸，可兑换一个小玩具（物质奖赏）。

家长辅助

家长在儿童整理玩具时，给予耐心指导，如告诉儿童不同玩具的分类方法和摆放位置。当儿童完成整理，及时给予奖赏，强化行为。

游戏12 颜色配对大挑战

目标：训练视觉注意力和颜色认知能力。
时间：15 ~ 20 分钟。
步骤：准备一些不同颜色的卡片和对应的实物，如红色卡片和红色苹果、黄色卡片和黄色香蕉等。家长依次展示卡片，让儿童找出与之颜色匹配的实物。

家长辅助

家长在游戏前帮助儿童认识各种颜色，游戏中耐心引导儿童观察和寻找，对儿童的正确选择给予肯定和鼓励。

游戏13 图形认知对对碰

目标：提升对图形的认知能力，提高

注意力。

时间：15 ~ 20 分钟。

步骤：准备一些不同形状的卡片，如圆形、方形、三角形。家长拿出一张卡片，让儿童说出图形名称，说对后给予一个甜甜的微笑、摸摸头，并奖励一颗糖果（物质奖赏）。多次重复，巩固认知。

家长辅助

家长在游戏中，展示卡片时速度适中，引导儿童仔细观察图形特征，当儿童回答正确，及时给予奖赏，强化认知行为。

游戏14 限时拼图挑战

目标：提升儿童专注度和任务完成能力。

时间：15 ~ 20 分钟。

步骤：给儿童布置拼图任务，设定时间限制，如 10 分钟内完成简单拼图。完成后，给予表扬和相应积分，如积 5 分。未按时完成不扣分，鼓励下次努力。

家长辅助

家长在儿童拼图时，在旁边观察，但不要干扰儿童。当儿童遇到困难想要放弃时，鼓励儿童坚持完成。记录儿童每次拼图所用的时间和完成情况，根据儿童的表现调整限定时间的长短。

游戏15 水果连连看

目标：锻炼视觉注意力和记忆力。

时间：15 ~ 20 分钟。

步骤：准备一些水果卡片，将卡片背面朝上摆放。家长和儿童轮流翻开两张卡片，若卡片上的水果相同则配对成功，可拿走卡片，最后看谁配对的卡片多。

家长辅助

家长在游戏中可以适当放慢速度，引导儿童观察和记忆卡片的位置。

游戏16 听指令找物品

目标：训练听觉注意力和反应能力。

时间：15 ~ 20 分钟。

步骤：家长说出一些常见物品的名称，如“红色的杯子”“蓝色的玩具车”等，让儿童在房间里快速找到相应的物品。

家长辅助

家长可以先从简单的指令开始，逐渐增加指令的难度和复杂性。

游戏17 找不同

目标：培养视觉注意力和观察力。

时间：15 ～ 20 分钟。

步骤：准备两张相似的图片，图片中有一些细微的不同之处，让儿童找出两张图片的不同点。

家长辅助

家长可以先从差异比较明显的图片开始，逐渐增加图片的难度。

游戏18 字母排序大挑战

目标：提升注意力和认知能力。

时间：15 ～ 20 分钟

步骤：家长给出一组打乱顺序的字母，让儿童按顺序排列，逐渐增加字母数量。

家长辅助

家长控制难度，根据儿童表现调整字母数量和难度。

游戏19 数字记忆大比拼

目标：提升注意力和记忆力。

时间：10 ～ 15 分钟。

步骤：家长快速说出一组数字，如“3、5、7”，让儿童重复，逐渐增加数字数量。

家长辅助

家长控制数字难度，根据儿童表现调整速度和数量。

游戏20 词语接龙挑战赛

目标：提升注意力和语言能力。

时间：15 ～ 20 分钟。

步骤：家长说出一个词语，如“天空”，儿童接一个以“空”字开头的词语，如“空气”。依次进行，接不上的暂停一轮。

家长辅助

家长引导儿童集中注意力思考，鼓励儿童大胆说。

游戏21 词语记忆游戏

目标：提升注意力和记忆力，丰富词汇量。

时间：10～15分钟。

步骤：家长说出一组词语，如“苹果、汽车、大树”，让儿童重复，逐渐增加词语数量。之后可让儿童用词语造句。

家长辅助

家长控制词语难度，根据儿童表现调整数量，引导儿童造句。

游戏22 木偶造句谈心

目标：了解儿童内心想法，促进情感表达。

时间：20～30分钟。

步骤：家长准备三个木偶，让儿童选一个并取名，家长介绍自己的木偶名字。用木偶语气说句子，如“我今天很开心，因为……”，引导儿童用木偶回应。

家长辅助

家长引导儿童进入角色，耐心倾听儿童的造句内容，给予积极回应。

游戏23 手指画猜猜猜

目标：提升注意力，增进亲子互动。

时间：15～20分钟。

步骤：家长和儿童轮流在对方背上用手指画简单图形、数字或字母，让对方猜。

家长辅助

家长画时速度适中，引导儿童集中注意力感受和猜测。

游戏24 画心情房子

目标：帮助儿童认识和表达不同的情绪。

时间：20～30分钟。

步骤：让儿童画一座房子，然后给房子的不同部分上色，代表不同的心情。例如红色代表生气，蓝色代表伤心，黄色代表开心。画完后，家长提问：“这座房子里住的人今天心情怎么样？他为什么会有这样的心情呢？”

家长辅助

家长给予适当的鼓励和引导，提供丰富的彩笔等绘画工具，帮助儿童理解不同颜色所代表的情绪含义。

part 4

为多动症儿童入学做准备

鉴于学校环境对多动症儿童的深远影响，家长在为儿童挑选学校时应尤其谨慎。

01 如何为儿童精心挑选合适的学校

学校环境是由校园内的设施、制度、语言和人际关系等多种因素构成的综合体，它具备教育功能，并对学生的身心发展产生深远的影响。

学校教育环境的影响

学校教育环境对多动症儿童的影响主要涵盖两个方面，见图 4-1。

学校的自然环境（硬环境）

优质的硬环境有助于缓解甚至消除学生的脑力疲劳。然而，对于多动症儿童来说，不适宜的硬环境可能会引发儿童的烦躁情绪，从而加剧多动症状

学校教育环境

学校的教育学习氛围环境（软环境）

一个积极向上的学习氛围能够鼓励多动症儿童自发地控制自己的多动行为

图4-1　学校教育环境对多动症儿童的影响

入学时机的选择

多动症儿童往往会表现出与其年龄不相称的不成熟特征。一些教育工作者建议让儿童推迟入学，但实际上多动症儿童入学时机的选择应基于对儿童个体情况的全面评估。

1. 智力和学习情况

在儿童入学前，可以对他们的认知能力进行评估（见图 4–2）。

2. 身高发育和年龄情况

如果儿童智力水平较高，且在幼儿园和学前班都能够轻松掌握教师所传授的知识，那么可以考虑让儿童入学，后续再通过管理多动症状来提高学业成绩

如果儿童的智力水平较低（特别是低于80），并且在幼儿园和学前班阶段无法像同龄儿童那样正常接受教育，那么建议推迟入学

图4-2　智力和学习情况评估标准

除了智力和学习情况，还要综合考虑儿童的身高发育和年龄情况。

图4-3　身高发育和年龄情况评估标准

选择合适的学校

鉴于学校环境对多动症儿童的深远影响，家长在为儿童挑选学校时应尤其谨慎。

1. 了解学校的接纳包容程度与专业支持体系

（1）教育理念与态度

优先选择包容和接纳性强的学校，这类学校对学生的个体差异认可度较高，能以积极的态度看待多动症儿童，不会将他们的行为误认为故意捣乱，还会从理解和支持的角度出发，帮助儿童成长。例如，一些学校会定期组织教师参加特殊需求学生的培训课程，以提高教师对多动症等特殊情况的理解和应对技巧，从而体现出对不同学生群体的接纳和重视。

（2）专业人员的配备

了解学校是否设有心理辅导机构，是否配备了专业的心理辅导老师或特殊教育教师等专业人员，以便在日常生活中为多动症儿童提供必要的帮助。

（3）教师专业培训与行为矫正治疗

教师是否接受过针对多动症、学习障碍或其他行为问题的专业培训；学校能否提供行为矫正治疗（包括任课老师在课堂上对儿童问题行为的管理，以及课后心理辅导老师对问题较多儿童进行的集体心理辅导或个别辅导）。

（4）成功的案例与经验

了解学校过往对多动症或其他特殊需求学生方面的教育管理成效，以及培养多动症儿童的成功率。如果学校有成功案例，说明学校在这方面积累了丰富的经验，有能力为儿童提供一个适宜的教育环境。

2. 了解学校的教学环境与教学方法

选择的学校教学环境与教学方法最好符合以下特征（见图 4–4）。

课程设置

课程设置应具有一定灵活性，除基础课程外，还提供丰富的选修课程、拓展活动等，满足多动症儿童探索不同领域的需求，帮助儿童发现自身兴趣与优势，增强自信心和学习动力

座位设置

学生每人一张课桌还是几个人围坐在大桌子周围，多动症儿童注意力集中困难，一人一张课桌会更适合

班级规模	班级规模应尽可能小（最好少于 20 人）。因为规模过大，老师精力有限，难以对多动症儿童进行有效管理
教学方法	多动症儿童注意力易分散，宜选择采用多样化、趣味性、互动性教学方法的学校。例如，利用多媒体教学，通过图片、视频等形式呈现知识，吸引儿童注意力等
教学节奏	学校能否根据多动症儿童的学习特点，合理把控学习节奏，避免长时间、高强度的学习任务，适当安排休息与活动时间，防止儿童因疲劳而加重注意力不集中的情况。比如，在课堂教学中采用动静结合的方式，每节课中间安排几分钟的放松活动

图4-4　适宜多动症儿童的教学环境与教学方法

3. 评估学校与家长的沟通合作机制

学校是否会积极促进家庭与学校之间的沟通与交流，是否欢迎父母定期访问以了解儿童的在校情况以及是否重视家长的参与度；老师是否能够妥善执行家庭和学校的联络机制，是否愿意为儿童投入必要的时间和精力。

4. 了解学校对多动症儿童相关事务的处理能力

这里所说的相关事务的处理能力包括对多动症儿童药物治疗的态度与协助和应对突发状况的能力。

对药物治疗的态度与协助	与儿童发生冲突时，不要执着于输赢或尊严问题，暂时离开现场，冷静思考，重新控制情绪，寻找更好的处理方式
应对突发状况的能力	学校是否具备应对多动症儿童可能出现的突发状况的预案和能力，如多动症儿童情绪失控、行为冲动时，能否迅速采取恰当措施，保障多动症儿童及其他同学的安全，避免事态恶化

图4-5　对于多动症儿童相关事务的处理能力

02 调整策略，搞定儿童的学习难题

多动症儿童往往表现为注意力集中困难，课堂学习过程中易分心，课后完成作业时易出现遗漏或错误。此外，该群体在理解和吸收新知识的能力较弱，导致学习时间延长，学习过程被动，以及学习成绩的显著波动的情况产生，这些因素使得多动症儿童在学习过程中面临着比同龄人更多的挑战。针对上述问题，可采取以下四项解决策略。

适当惩罚

当多动症儿童出现不当行为时，可以适当惩罚，但实施惩罚时应摒弃体罚，转而运用温和且有效的惩罚手段（见图 4–6）。

活动暂停法：一旦儿童出现不良行为，迅速将其带离当前场景，例如从教室带到走廊的安静角落，或者从客厅带到单独的房间。待其情绪平静、行为安静下来后，以平和且坚定的语气，向儿童清晰阐述其被惩罚的原因。比如，“刚刚在课堂上你一直打扰旁边的同学，这是不对的，所以让你在这里安静一会儿，好好想想”

安排儿童重复进行某一简单的单一行为，例如儿童在写生字词时，因不专注写错很多字，就让儿童在练习本上反复书写，直至其产生明显的疲劳感。通过这种方式，让儿童在重复行为中消耗过剩精力，并反思自身错误行为。不过，在执行过程中要注意观察儿童的身体状况，避免过度劳累

自然惩罚法：引导儿童体验自身不良行为所引发的自然结果。比如，儿童若拖延不交作业，需要相应地接受老师的批评

图4-6　适当惩罚的方法示例

在整个惩罚过程中，家长和教师必须注意，切勿对儿童进行羞辱、取笑，更要杜绝谩骂或殴打等暴力行为，以免使儿童产生逆反心理，导致更严重的不良后果。同时，父母和教师在实施惩罚时，要保持高度一致的标准，避免儿童利用双方的差异逃避惩罚。这就需要家长和教师提前沟通，针对不同的不当行为制定统一的惩罚规则，并严格执行。

改善环境

鉴于多动症儿童注意力难以集中的特性，改善其所处环境、减少不必要的刺激，是帮助他们提高注意力的关键。

（1）学校环境的优化

学校环境优化的具体措施包括座位安排和课桌面清理（见图 4–7）。

座位安排 1

将多动症儿童安排在教室前排靠近讲台的位置，或者是老师在讲台上能够直接清晰观察到的区域。这样，老师可以随时关注儿童的状态，及时给予提醒和引导，减少儿童因周围同学的行为或教室其他角落的动静而分心的可能性

课桌面清理 2

定期清理儿童课桌上和课桌内的物品，只保留当堂课所需的学习用具和教材，去除一切无关的杂物，如玩具、零食、多余的文具等。避免过多杂物分散儿童的注意力，让儿童能够专注于课堂学习

图4–7　学校环境优化的具体举措

（2）家庭环境的营造

家庭环境的营造包括儿童居住空间的布置和家长行为的规范（见图 4–8）。

居住空间布置

多动症儿童的卧室和书房应秉持简洁干净的原则进行布置。墙面装饰尽量简洁，避免使用过于鲜艳复杂的图案和色彩；家具摆放整齐有序，减少杂乱感；房间内的灯光要柔和明亮，避免过强或过暗的光线对儿童注意力产生干扰

家长行为规范

家长要以身作则，为儿童树立良好的榜样。避免在家中进行打牌、赌博等不良行为，防止这些行为对儿童产生负面影响。同时，在儿童做作业时，家长要关闭电视、电脑等可能分散儿童注意力的设备，为儿童创造一个安静、专注的学习环境

图4-8　家庭环境营造的具体举措

培养学习兴趣及良好习惯

帮助多动症儿童培养学习兴趣，养成良好的学习习惯，能够有效提升儿童的学习效果和学习积极性。

（1）学习前沟通与引导

在儿童开始学习前，家长或教师要与儿童进行简短而有效的沟通，帮助儿童平静心情，集中注意力。例如，通过深呼吸练习、简单地冥想或者轻松地聊天，让儿童从兴奋或焦虑的状态中调整过来，以平和的心态进入学习状态。

（2）教学方式优化

优化教学方式包括注意语言的表达、改善教学手段和合理布置作业等（见图4-9）。

语言表达

教师在教学过程中，要使用简洁明了的语言进行讲解，避免使用过于复杂的词语、句子结构和专业术语。比如，在讲解数学概念时，尽量用通俗易懂的例子进行说明，让儿童能够轻松理解

作业分解

对于复杂的作业任务，老师和家长要帮助儿童将其分解成一个个小的、易于理解和完成的子任务。例如，一篇作文可以划分为确定主题、列出提纲、撰写段落，最后再进行整体润色，让儿童逐步完成，降低作业难度，增强儿童的自信心

多样化教学手段

改进教材内容的呈现方式，采用多样化的教学手段，如利用幻灯片展示生动有趣的图片、视频，进行实物演示，开展小组讨论等，吸引儿童的注意力，提高儿童的学习兴趣。同时，根据儿童的实际情况，适当缩短作业时间，避免儿童因长时间学习产生疲劳和厌烦情绪

图4-9　教学方式优化的具体内容

（3）兴趣爱好培养

根据儿童的兴趣倾向，为儿童选择合适的兴趣爱好进行培养，如弹琴、写毛笔字、画画、下棋等。在学习这些特长的过程中，儿童需要集中注意力，专注于每一个动作的学习，可以锻炼儿童的专注力和耐心。

（4）良好习惯的培养

制定简单明确的行为规矩，采用标记方法进行正性强化。例如，准备一个小本子，儿童每安静守纪地完成一项任务，教师或家长就在本子上贴上一个五角星，积累到一定数量的五角星，儿童就可以兑换自己喜欢的礼物或奖励，如一本漫画书、一次去游乐场的机会等。同时，对于儿童的不良行为，教师或家长要及时给予适当的惩罚，如减少玩耍时间、取消某项特权等，逐步帮助儿童养成能集中注意力或静坐的良好习惯。

培养责任心

培养多动症儿童的责任心，有助于提高儿童的自我管理能力和学习主动性。

（1）任务提示与监督

针对儿童容易遗忘或时间安排不当导致任务未完成的情况，家长可以在儿童房间的醒目处，如小黑板、留言板上，按照事情的重要程度和时间顺序，清晰写下儿童当天或当周需要完成的任务，如“放学后先完成数学作业”“晚上睡觉前整理好书包”等。每天提醒儿童查看任务清单，并监督儿童逐一完成。

（2）自主记录与检查

对于年龄稍大一些的儿童，可以让其自备一个记事本，每天在学校时，将各科教师布置的作业详细记录下来，并在完成一项作业后，及时进行标记。每周，家长与教师取得联系，对照教师布置的作业和儿童记录的完成情况，检查儿童是否按要求执行。

（3）奖惩机制

如果儿童没有按照要求完成任务，暂时取消其应享受的权利，如看电视、玩游戏、去公园游玩等，让儿童明白不履行责任会带来相应的后果。相反，如果儿童能够认真完成各项任务，及时满足儿童的合理要求，给予适当的奖励，如购买心仪的玩具、品尝喜欢的美食等，以此激励儿童不断提高自我监督能力，增强学习的责任心。

03 如何高效辅导儿童完成家庭作业

对于大多数家长来说，辅导多动症儿童完成家庭作业可能会有相当大的压力，以下可以提供一些基本原则和建议。

减少干扰源

在儿童做作业期间，关闭电视和音乐，并且禁止儿童在做作业时接听电话或收发短信，这样可以避免儿童的注意力被其他无关的事务分散。

找准最佳作业时间段

观察并确定最适合儿童完成作业的时间段。

有一些儿童精力不济，放学后需要稍作休息才能开始学习，因为此时儿童已经感到疲惫，如果让其写作业，儿童很容易情绪烦躁，难以投入，显然不是个好时机	VS	但是还有一些儿童精力充沛，放学后如果先让其出去玩耍，那么儿童就将难以重新集中精力于学习了，对于这类儿童，就需让他先写作业再玩耍

图4-10 确定不同类型儿童最佳的作业时间段示例

根据学习耐力安排休息

了解儿童的学习耐力，确定儿童能持续学习多长时间，并据此适时地安排活动和休息。

1 小辉的学习耐力比较短，连续学习 20 分钟就开始坐不住。家长便根据他的情况，每让他学习 20 分钟，就安排 5 分钟休息时间，让他可以活动一下身体，喝点水。在休息时间结束后，小辉能较好地再次投入学习

2 而对于耐力稍长的小宇，家长发现他可以集中精力学习 35 分钟，就安排每学习 35 分钟休息 8 分钟，这样能让小宇在学习过程中保持较好的状态

图4-11　了解不同类型儿童学习耐力进行学习安排的示例

引导任务规划与执行

家长需时刻谨记，多动症儿童可能难以理解如何开始以及如何处理各种任务。故家长和教师需要帮助儿童学会区分任务的优先级，学会首先完成最困难和最重要的任务，并指导他们制订计划和执行，一次专注于一项任务。家长和教师还可以将家庭作业拆分为几个部分让儿童逐步完成，以避免儿童感到不知所措。

适当援助

在儿童需要帮助时提供适当帮助，但同时避免让儿童对家长产生依赖。

巧用电子设备辅助

在教师许可的情况下，允许儿童使用计算机或平板电脑写作业。

考虑聘请专业家教

如果在完成家庭作业时遇到过多难以克服的难题，可以考虑聘请专业的家教进行辅导。

04 留级是最佳选择吗

大多数研究并未提及留级的有益之处。然而，基于个人情况、教育环境以及教育工作者和其他相关人员的建议，面对多动症儿童，有时必须做出是否留级的决定。此时，需要考虑的一些问题，包括以下五方面。

年龄相关

留级可能导致儿童成为班级中年龄最大的学生，这可能对其社交和心理状态产生影响，而年龄偏大可能在社交互动中感到隔阂。

长远影响

从长远的角度审视，留级是否真的对儿童有益？留级的这一年，儿童可能在学业上的压力有所减轻，但之后儿童是否可能会因为重复学习相同的内容，而减弱后续学习的积极性，或者由于与同龄人的成长节奏出现差异，而感到心理上的落差。

综合发展

除了学业成绩，儿童在其他领域是否也面临挑战（见图 4–12）。

1 在社交技能方面，儿童是否难以与同伴建立良好的关系、融入集体

2 在身体发展方面，与同龄人相比是否存在差异，这可能影响到儿童的自信心和参与体育活动的热情

图4-12 需考虑的其他领域问题

家庭因素

如果多动症儿童有弟弟或妹妹，可能其留级后会与弟弟妹妹在同一个年级，这或许会激发家庭内部的矛盾，例如竞争关系的加剧和争夺父母关注等问题。

学校建议

学校对于多动症儿童留级持何种态度？学校在教学资源、班级安排等方面，能否为留级儿童提供合适的支持和引导？

儿童接受度

若留级是当下最佳选择，家长如何从积极角度向儿童解释，让儿童接受这一决定？例如，强调留级是为了更好地夯实基础、提升能力，未来能更轻松地应对学习。

根据经验，儿童通常比父母更容易接纳留级。但决定儿童留级是个复杂过程，切不可草率行事。决定时，要全面考量留级可能产生的负面影响，以及对儿童未来学业发展的作用。

05 如何判断儿童是否有必要转学

多动症儿童的表现起伏不定，若糟糕表现的时长远超良好表现的情况持续时，可能意味着家长需要考虑为儿童更换学校了。在某些情形下，儿童甚至可能被学校要求离开，这种情况在学龄前期较为常见。即便家长期待多动症儿童进入小学后，随着年龄增长和心智成熟会有所改变，但儿童对学校的矛盾心理不会自动消除，毕竟多动症往往会伴随其一生。

不同学校的基本情况

1. 私立学校

（1）退学风险

若儿童就读于私立小学，学校可能不会要求儿童留级，而是在新学年开始前告知家长，儿童不能返校。这会让家长陷入困境，感到恐慌，儿童也会失望，不愿寻找新的学校。此时，即使表面看似是儿童的过错，家长也切勿责怪儿童，责怪于解决问题无益，反而会伤害儿童的感情，使其再次体验失败，损害儿童的自尊。家长需向儿童说明，私立学校教学设置无法解决问题，退学往往是多种因素共同作用的结果，帮助儿童汲取经验教训，避免重蹈覆辙。

（2）家长自主决定

有时离开私立学校是家长和学校共同商议的结果，也可能是家长自行决定。因为有部分家长发现私立学校对多动症儿童的限制过多，不像公立学校那样具备充足的学习辅助设施，资源相对匮乏。尽管部分私立学校提供部分辅助设施，但校际差异较大，若儿童与私立学校不匹配，就应考虑转学。

3. 公立学校情况

（1）高容忍度

公立学校对多动症儿童的容忍度通常较高，因其学生构成更为多样。具体容忍度取决于儿童的任课教师。一些教师课堂管理能力强，能及时处理儿童诸如表情僵硬、动来动去、抢答等状况；而有些教师可能对多动症儿童缺乏了解。家长应积极与教师沟通，帮助教师了解多动症儿童的特点。许多教师很愿意学习相关的知识和技巧，以促进课堂顺利开展。

（2）特殊安排

一般情况下，除非儿童有严重的特别行为，否则多动症行为不至于让儿童被公立学校除名。但儿童可能会被安排进特殊教育班级，或被转至其他公立学校。学校工作人员在安置儿童到特殊教育班级或其他学校前，必须获得家长许可。

判断是否转校的依据

当家长屡次与多动症儿童的任课教师合作失败，与校长也沟通不畅，难以与学校心理学家或辅导员共同解决问题，且儿童愈发绝望时，可考虑为其转校。家长可通过以下问题来辅助判断是否应该转校（见图 4–13）。

1

是否几乎每天都接到学校告知儿童闯祸的电话

2

老师或学校传递的关于儿童的信息大多为负面吗

3

儿童是否有过被禁止上学的经历

4

是否不止一次因儿童行为问题被要求提前接其回家

5

儿童是否表示讨厌上学，或每天上学时感到厌烦

6

儿童自尊是否较低，是否有表达类似“我很笨。我不要上学。我的老师不喜欢我。没有人喜欢我”的话语

7

自己的直觉是否认为该转校了

图4-13　判断儿童是否应该转校的依据

如果对上述大部分问题的答案都是肯定的，那么或许确实要考虑转校了。接下来，需要思考“转到哪里”，无论转去私立学校、特殊教育学校，或是选择家庭教育、远程在线课程，家长都应综合考量后做出明智的选择。

06 巧妙应对儿童的对立反抗行为

在学龄阶段，多数多动症儿童都会呈现出不同程度的行为问题，这些问题通常包括攻击性行为与逆反心理，具体行为特征表现为频繁参与斗殴、固执己见、过度反抗、对指导和教育的抵触以及不遵守校规校纪等。这些行为问题极易引发矛盾，导致冲突的产生，哪怕微不足道的事件也可能触发儿童的情绪失控，从而与父母、教师、同学发生对抗。若不加以适当干预，儿童的性格问题可能会日益加剧，对社会和家庭造成一系列负面影响。针对上述问题，可采取以下解决措施。

转变教育方面的不当态度和观念

父母和教师应深入了解多动症儿童的行为特征与心理问题，摒弃以往那些不恰当的交流方式，积极主动地探寻解决问题的最佳途径。要知道，多动症儿童在展现出多动、捣乱等行为之际，绝非主观意愿驱使，而是由于儿童难以控制自身的行为。鉴于此，父母和教师需转变在教育方面的不当态度和观念（见图4-14）。

父母和老师的恰当教育方法

1. 秉持切合实际的态度，适当降低对多动症儿童的要求
2. 着力与儿童构建起良好的信任关系，坚决杜绝因儿童出现异常行为就加以责骂的做法

3 尽可能避免过度关注或强化儿童的不当行为，而是要将重点放在助力儿童树立自信心上，与儿童携手并肩，共同攻克难题

图4-14 父母和教师面对多动症儿童恰当的教育方法

帮助多动症儿童认识自己的特点

多动症儿童往往对自己的行为缺乏正确的认知，不清楚同学为何不喜欢自己，也意识不到自身的问题所在。此时，教师和家长需采用恰当的方式，让儿童了解自身特性。例如，通过角色互换的方法，教师或家长扮演调皮多动的儿童，让多动症儿童进行照顾管理。在角色转变中，儿童能切实体会到这类行为不讨人喜欢，甚至会给他人带来困扰。之后，老师或家长告诉儿童："你很聪明，我们都喜欢你，但有时你活动过度了，要是能改正，大家会更喜欢你。"

培养多动症儿童规律的生活习惯

依据儿童的个体差异制定适宜方案，助力儿童养成良好生活习惯，从小培养规律的生活模式。规律的作息对多动症儿童至关重要，不规律的生活以及频繁的环境变动，容易使儿童烦躁不安，难以顺利完成既定任务。

07 如何帮助儿童改善人际关系

多动症儿童很容易在人际关系上遇到困难，这些负面因素使得多动症儿童比其他儿童更容易产生焦虑、不高兴、沮丧等情绪。

导致人际关系出现问题的原因

1. 社交方式

多动症儿童在解决问题时，往往过于直接。好胜的性格使儿童在人际互动中往往不考虑他人感受，极易产生身体接触。这些行为常常被误解为“侵犯”或“攻击”。同时，儿童还缺乏从经验中学习的能力，常常会忽略别人的感受和判断。在持续的摩擦中，矛盾逐渐累积，最终可能导致友谊的破裂，而儿童对此仅意识到自己犯了错，却不清楚错在哪里。

2. 环境认同困境

多动症儿童的性格通常不受欢迎，易被看作“鲁莽”和“没教养”。而且，儿童越是遭到否定，就越容易感到紧张，进而导致犯错频率不断升高。当被环境贴上“淘气鬼”“小恶霸”等负面标签后，同学们也会随声附和。再加上儿童在学业方面表现欠佳，这更让其看起来一无是处。面对这种情况，儿童只能通过讨巧、耍宝、破坏规则甚至使用暴力等方式，来获取“自我价值感”。

3. 社交能力

患有多动症的儿童比普通儿童更加敏感、脆弱，其内心深处渴望与人交往。

但是，一旦遭遇排斥、嘲笑或被边缘化，这些经历会给儿童带来极大的痛苦，丧失人际交往的信心和动力。

改善多动症儿童人际关系的方法

1. 创造良好的外界环境

可以通过创造良好的外界环境来改善多动症儿童的人际关系，具体做法见图4–15。

开展多动症科普课程

家长可向学校老师求助，建议老师专门为同班同学开展一堂关于多动症的课程。通过这种方式，让其他儿童也能深入了解多动症儿童的特质，纠正同学们对多动症儿童的错误看法，促使班上的同学真诚接纳多动症儿童，并主动为其提供帮助

引导正确对待多动症儿童

当多动症儿童出现不良行为时，若其他同学对此有嘲笑或排斥的反应，可能会无意中加剧多动症儿童的不良行为。因此，教师必须明确指示其他儿童，避免采取不恰当的态度

图4–15 为多动症儿童人际交往创造良好的外界环境的具体做法

2. 改善多动症儿童的自我行为

除了创造良好的外部环境，改善多动症儿童的自我行为也很重要，具体做法见图 4–16。

1 **树立自我信心**

寻找合适的契机（问题刚出现时或儿童心情平稳的状态下），引导儿童讲述糟糕的社交体验，给予建议，注意是建议而不是要求，长此以往，不断关注儿童社交问题，倾听、建议、总结，帮助儿童建立在人际交往中的自信心

2 创造社交机会

主动邀请儿童的伙伴来家中做客，在可控的环境中观察儿童的社交模式，并在发生冲突时予以指导，注意一次不要解决太多问题，抓住紧要问题，重复多次，帮助、建议和指导儿童

3 培养分享、等待与共情能力

教导多动症儿童学会分享，友善对待他人，提升儿童的共情能力。当儿童暂时无法立刻得到自己喜爱的东西时，引导他们学会耐心等待，懂得分享，避免在此时争强好胜、计较输赢，让儿童逐渐理解社会生活秩序的重要性

4 纠正攻击性行为

多动症儿童大多脾气较大，在日常活动中容易出现攻击性的行为，做出一些笨拙甚至粗暴的举动。父母要及时指出儿童的错误，并提醒多动症儿童，如果继续这样，其他小朋友将不愿与其玩耍。一旦儿童养成良好的习惯，人际关系将会得到改善

图4-16　改善多动症儿童自我行为的具体做法

08 如何解开儿童的心理困扰

部分患有ADHD的学龄儿童，由于学习成绩不佳、情绪波动、行为问题及适应困难等多重因素，往往与同学、教师之间关系紧张。针对上述问题，可采取以下一系列策略予以应对。

创造成功体验

鼓励多动症儿童主动去完成一些自己能胜任的任务，为儿童创造成功体验，比如参与一些简单的家务活动、协助购买小物品、帮助老师分发练习本、擦黑板等，这些活动既能消耗儿童的体力，又能让儿童体验到完成任务的满足感，从而增强自信心，获得成就感，有助于提升儿童的自控能力。随着多动、冲动和情绪低落等行为的减少甚至消失，家长和教师还应培养儿童勇于表达自己，争取更多成功的机会。

让儿童担任职位

可以让儿童在学校和家庭担任一些职位，增加儿童的参与感和自信心。

在学校，鼓励儿童成为老师的小助手，协助管理班级纪律，通过自我示范，为同伴树立榜样。同时，与儿童强调只有在自我约束的基础上，才能有效地管理他人。

在家庭中，所有成员需地位平等，通过共同讨论去解决问题，尊重并采纳儿童的意见，确保其在家庭中感到自己的存在是重要的，被需要的。此外，儿童也应承担一些简单的家务，如打扫和洗碗等，当儿童完成得不错时，给予儿童表扬和鼓励，帮助儿童树立责任感和自信心。

关心儿童的心理

家长和教师应密切关注儿童的心理变化，及时帮助儿童解决困扰。包括时常倾听儿童的倾诉，经常带领儿童参与户外活动等。户外活动可以帮助多动症儿童刺激大脑细胞，提升儿童的兴奋水平，还能培养儿童的专注力。有助于儿童情感的宣泄，增进亲子间的沟通，拓宽视野，并锻炼儿童的意志力，激发儿童的潜能。

天赋列表

父母可以列出儿童所有的天赋，制作一个天赋列表，时常在恰当的时机与儿童分享这份列表，并对其夸赞和表扬，一旦儿童发现了自己的天赋，父母就应帮助儿童一起去探索和巩固这份天赋。

为儿童创造良好的外部环境

多动症儿童的许多心理问题与其所处的外部环境息息相关，如教师和父母的责骂，同学的排斥等，所以为儿童创造良好的外部环境极为重要。这就要求父母和教师深入掌握多动症的相关知识，理解儿童的许多行为并非有意为之，从而减少对儿童的责备，更多地给予儿童理解。同时，可以通过开展相关课程、班会或课外活动，帮助其他同学了解多动症，增进大家对多动症儿童的关怀和理解。

09 学龄期行为训练游戏

游戏1 指令与服从训练

目标：提高儿童对指令的服从性和执行能力。

时间：每次 10 ~ 15 分钟，每天多次。

步骤：选择儿童空闲时间，发出稍复杂指令，如“去房间把语文书和笔记本拿来，再把书桌整理下”。儿童完成后，给予具体表扬，如“你把事情做得很有条理，非常棒”。每天进行 2 ~ 3 次。

家长辅助

家长发出指令清晰、明确，及时表扬儿童。

游戏2 契约整理房间挑战

目标：培养良好生活习惯，增强责任感。

时间：持续一周。

步骤：家长和儿童就整理房间签订契约，完成可获奖励，如积满 8 分换一次外出游玩。

家长辅助

家长每天检查房间，按契约奖励，提醒儿童整理。

游戏3 契约叠被挑战

目标：培养良好生活习惯，提升自我管理能力。

时间：持续一周。

步骤：家长和儿童就叠被子签订契约，规定完成可获得奖励，如集满 5 个印章换一本漫画书。

家长辅助

家长每天检查，按契约给予奖励，提醒儿童遵守约定。

游戏4 契约早起挑战

目标：培养良好作息习惯，提升自律能力。

时间：持续一周。

步骤：家长和儿童签订早起契约，规定早起可获得奖励，如连续早起 5 天可看一场电影。

家长辅助

家长每天监督，按契约奖励，提醒儿童遵守约定。

游戏5 时间管理挑战

目标：提高时间管理能力，合理安排学习和生活。

时间：一整天。

步骤：和儿童一起制订一天的时间安排表，涵盖学习、休息、娱乐等。儿童按照时间表执行一天，家长给予赞许，如“你今天时间管理得很好，很自律”，并奖励一个小奖章（一般奖赏）。一周内有 5 天按计划执行，可兑换一次购买心仪文具的机会（物质奖赏）。

家长辅助

家长每天检查儿童的时间管理执行情况，提醒儿童按时完成各项任务，对儿童合理的时间安排和高效执行给予肯定和奖励。

游戏6 整理书包不依赖

目标：克服整理书包依赖家长帮忙的习惯。

时间：每天晚上整理书包时间，约 15 ~ 20 分钟。

步骤：晚上儿童整理书包，若依赖家长帮忙，家长不帮忙整理，让儿童自己面对第二天可能找不到东西的情况。当儿童独立完成整理书包，给予赞扬，如“你自己整理的书包真整齐，以后都要这样哦”，并奖励一个小印章。

家长辅助

家长在儿童依赖家长帮忙时，应狠心拒绝，培养儿童独立性。当儿童独立完成，及时给予鼓励和奖励。

游戏7 写作业不磨蹭

目标：改善写作业时磨蹭、注意力不集中的情况。

时间：每天写作业时间，约1～2小时。

步骤：儿童写作业磨蹭、分心时，家长不反复提醒，让儿童自己承担作业完成晚的后果，如减少玩耍时间。当儿童专注快速完成作业，给予肯定，如“你今天写作业很专注，效率真高”，并奖励一颗小星星。

家长辅助

家长在儿童磨蹭时，不过度干预，培养儿童自我管理能力。当儿童专注完成作业，及时给予鼓励和奖励。

游戏8 暂停游戏

目标：帮助儿童学会自我控制，纠正不良行为。

时间：根据不良行为发生情况，每次暂停时间依年龄而定。

步骤：儿童出现较严重不良行为，如发脾气扔玩具，家长先警告“我数1到5，你还不收拾玩具，就去墙角罚站2分钟”。若儿童不听，家长可带其到墙角罚站，其间不交流。儿童安静30秒且同意改正，结束罚站。

家长辅助

家长态度坚定，严格执行罚站规则。

游戏9 图书管理挑战

目标：帮助儿童解决图书管理中的问题，提高组织和管理能力。

时间：30～60分钟。

步骤：让儿童整理自己的书架，在整理过程中，儿童可能会遇到书籍分类困难、空间不够等问题。让儿童记录下这些问题，和家长一起讨论解决方案，如怎样更好地分类书籍、如何合理利用书架空间等。家长可以分享一些图书管理的经验和技巧，引导儿童尝试不同的方法。

家长辅助

家长在儿童整理书架时，给予一些指导和建议，当儿童遇到问题时，鼓励儿童思考解决办法，如“书架空间不够了，你想想怎么把书摆放得更紧凑一些”。对儿童的整理成果给予肯定和表扬，培养儿童的组织和管理能力。

游戏10 独自学习挑战

目标：培养儿童自主学习能力，减少外界干扰。

时间：每次 1 ~ 2 小时，每周多次。

步骤：家长有事前，对儿童说“我要出门办事，你在家认真学习，不要分心”。定时检查儿童学习情况，表扬专注学习，最后总体表扬。

家长辅助

家长按时检查，给予儿童学习指导和鼓励。

游戏11 错题整理小专家契约

目标：增强在课堂上的注意力集中程度。

时间：20 ~ 45 分钟。

步骤：与儿童一起签订课堂专注度契约，规定儿童在课堂上专注听讲的时间目标，如每节课至少专注 20 分钟。家长可以与教师沟通，让教师帮忙记录儿童在课堂上的专注表现，儿童每天放学回家后，向家长汇报当天的课堂专注情况，达到目标可获得代币。家长可以定期与教师交流，了解儿童的课堂表现变化。

家长辅助

家长在儿童放学回家后，认真倾听儿童的汇报，对儿童的努力给予肯定和鼓励。如果儿童未能达到目标，与其共同分析原因，制定改进措施。

游戏12 限时数独挑战

目标：锻炼逻辑思维能力和注意力。

时间：15 ~ 30 分钟。

步骤：准备一些简单的数独题目，规定一个完成时间。如 15 分钟，让儿童在规定时间内完成数独。

家长辅助

家长在儿童开始做题前，向儿童讲解数独的规则和解题方法，在儿童做题过程中，若儿童遇到困难，可以给予适当的提示，但不要直接给出答案，培养儿童的独立思考能力。

游戏13 记忆翻牌游戏

目标：训练记忆力和注意力。

时间：15 ~ 30 分钟。

步骤： 准备一些背面相同，正面不同的卡片，卡片上可以是图片、词语或数字，将卡片背面朝上打乱摆放，家长和儿童轮流翻开两张卡片，若卡片内容相同则配对成功，可拿走卡片，最后看谁配对的卡片多。

家长辅助

家长在游戏中可以适当放慢速度，引导儿童观察和记忆卡片的位置，对儿童的成功配对给予表扬，增强儿童的自信心。

游戏14 记忆地图游戏

目标： 训练记忆力和注意力。

时间： 15 ~ 30 分钟。

步骤： 准备一张简单的地图，让儿童观察一段时间后，闭上眼睛，家长提问一些关于地图上地点的问题，如“地图上 A 城市在 B 城市的什么方向？”“从 C 城市到 D 城市经过哪些地方？”等，让儿童回答。

家长辅助

家长在儿童观察地图前，向其介绍地图的基本信息和符号，在儿童回答问题时，给予适当的提示和引导，帮助儿童回忆地图上的内容。

游戏15 科学实验观察

目标： 培养注意力、观察力和科学探索精神。

时间： 30 ~ 40 分钟。

步骤： 和儿童一起进行一些简单的科学实验，如“彩虹桥实验”“火山喷发实验”等，让儿童仔细观察实验过程和现象，然后回答家长提出的问题，如“实验中发生了什么变化？”“为什么会出现这种现象？”等。

家长辅助

家长在实验前向儿童介绍实验的目的、材料和步骤，在实验过程中，引导儿童仔细观察实验现象，对其提出的问题进行耐心解答，激发儿童的科学探索兴趣。

游戏16 手工制作挑战

目标： 训练注意力、动手能力和创造力。

时间： 30 ~ 40 分钟。

步骤： 和儿童一起选择一个手工制作项目，如折纸、剪纸、陶艺等，让儿童在规定时间内（如 30 分钟）完成，观察儿童在制作过程中的专注度和创造力。

家长辅助

家长在儿童制作前，向儿童介绍手工制作的材料和方法，在儿童制作过程中，给予指导和帮助，对其作品给予肯定和鼓励，培养儿童的动手能力和创造力。

游戏17 木偶家庭秘密分享

目标： 增进儿童与家长之间的信任和沟通。

时间： 30 ~ 40 分钟。

步骤： 家长用木偶“东东”说：“我小时候有一个小秘密，一直没告诉别人。”然后让儿童用“明明”木偶分享一个自己的小秘密。

家长辅助

家长要认真倾听儿童的分享，给予儿童足够的信任和尊重，保护儿童的隐私。

游戏18 垃圾袋烦恼倾诉

目标： 帮助儿童探索解决问题的方法，缓解烦恼。

时间： 30 ~ 40 分钟。

步骤： 家长和儿童各拿一个垃圾袋，儿童在一张纸条上写下一条烦恼，家长也写。封袋后，每次治疗拿出一个“垃圾”，用木偶角色扮演解决问题。

家长辅助

家长引导儿童思考解决办法，参与角色扮演，给予建议。

游戏19 情绪管理小专家

目标： 提升情绪管理能力，学会控制冲动情绪。

时间： 20 ~ 30 分钟。

步骤： 每天让儿童记录自己产生的不同情绪，晚上和家长一起回顾。当儿童能正确识别和表达情绪，并且成功控制冲动情绪时，家长给予表扬，如“你今天情绪管理得很棒，进步很大”，并奖励一个小贴纸（一般奖赏）。一周内有 5 次良好表现，可兑换一次去吃甜品的机会（物质奖赏）。

家长辅助

家长在儿童记录情绪时，鼓励儿童真实表达感受，在回顾讨论时，引导儿童思考更好的情绪管理方法。

游戏20 不随意打断他人说话

目标：纠正儿童在他人说话时随意打断的行为。

时间：日常交流场景。

步骤：当儿童随意打断他人说话，家长不回应儿童的插话内容，继续与他人交流。等交流结束，平静地告诉儿童打断别人说话不礼貌，并在儿童安静听完他人讲话后，给予表扬，如“你刚才没有打断我们，很有礼貌”。

家长辅助

家长在儿童打断说话时，保持冷静，不被干扰，等合适时机教育儿童。当其遵守规则，及时给予肯定。

游戏21 不恶意对待宠物

目标：消除儿童对宠物不友好、恶意对待的行为。

时间：与宠物相处时间。

步骤：儿童对宠物恶意行为，如打骂宠物，家长不立刻制止，让儿童看到宠物害怕的反应。等儿童情绪稳定，和儿童沟通爱护宠物的重要性。当儿童友好对待宠物，给予表扬，如“你对宠物这么温柔，真有爱心”，并奖励一次和宠物玩耍的特别时光。

家长辅助

家长在儿童恶意对待宠物时，让儿童感受行为后果，不简单粗暴制止。当儿童友好对待，及时给予肯定和鼓励。

游戏22 不破坏公共财物

目标：改掉儿童在公共场所破坏公共财物的行为。

时间：在公共场所活动的时间。

步骤：儿童在公共场所有破坏公共财物行为时，家长不袒护，让儿童自己承担责任，如道歉、赔偿（若需要）。当儿童爱护公共财物，家长应给予赞扬，如“你爱护公共财物，是个好公民”，并奖励一个小奖品，如笔记本。

家长辅助

家长在儿童破坏财物时，严肃对待，让儿童树立责任意识。当儿童爱护财物时，及时给予肯定和奖励。

游戏23 跳绳耐力挑战

目标：提高身体素质，增强耐力和毅力。
时间：20～30分钟。
步骤：家长和儿童一起跳绳，设定一个目标，如连续跳绳50次。儿童完成目标，家长给予鼓励，如“你坚持跳完了，耐力真棒”，并奖励一个小贴纸（一般奖赏）。连续3天完成目标，可兑换一次去游乐场玩的机会（活动奖赏）。

家长辅助

家长在儿童跳绳时，给予必要的保护和指导，鼓励儿童坚持，对儿童的进步给予肯定和奖励。

游戏24 公共场所行为训练

目标：全面提升儿童在公共场所的行为规范。
时间：每次用餐时间。
步骤：进餐厅前，家长跟儿童强调规则，如不大声喧哗、不随意跑动。遵守规则奖励积分，不遵守扣分或隔离。提前找好隔离地点，安排儿童帮忙摆放餐具等。

家长辅助

家长监督儿童行为，及时奖惩。

part 5

未雨绸缪，如何应对学校生活

随着学校作业难度的提升，多动症学生和普通学生之间的表现差距可能会逐渐显现。

01 如何应对多动症儿童的初中生活

进入中学阶段，教育焦点由儿童个体转向到课程内容。多动症儿童在记忆力、注意力、组织能力和自我调节方面面临挑战，这些能力对于高等教育阶段的学习至关重要。研究显示，ADHD 的严重程度与儿童在问题解决、注意力集中和记忆力发展方面的延迟密切相关，这种延迟可能长达 4 年，同时，其社会性发展亦可能受到影响。尽管并非所有多动症儿童在青少年时期都会持续表现出相关症状，但大多数儿童会持续受到影响，甚至症状可能延续至成年期。随着学校作业难度的提升，多动症学生和普通学生之间的表现差距可能会逐渐显现，因此，家长与儿童需要共同构建支持性团队，以优化初中和高中阶段的教育体验。

中学阶段的准备和选择

1. 调整心态，迎接变化

随着儿童步入初中阶段，就将脱离小学阶段的舒适环境。家长须认识到，中学阶段为儿童提供了成长、结交新朋友及尝试新事物的机会。即便儿童在之前的学习生活中遭遇过挫折，中学阶段也可以重新开始。家长传递的情绪很关键，若家长对变化的第一反应是恐惧，则可能会让儿童也忧心忡忡。因此，家长应努力向儿童展示自己已做好了充分准备，从而帮助儿童做好相应的准备。

2. 选择教师

（1）提前沟通规划

家长可以提前几个月计划儿童过渡到中学的事宜。包括要求与学校行政人员和辅导员会面，讨论课程和教师的选择空间，并带儿童一起去做自我介绍，鼓励儿童参与和学校的沟通，表达自己的观点。

（2）教师特质偏好

当儿童进入中学高年级，家长在选择教师上的操作空间可能变小，此时可表达对教师“类型”的偏好。一般来说，多动症儿童与以下特质（见图 5-1）的教师相处表现更好。

（3）沟通方式适配

01 **灵活**

儿童理解错作业、忘带作业或忘记做作业时，能延长交作业时间

02 **接受改造作业**

明白作业目标是让学生掌握知识，接受学生以其他形式（如制作视频、艺术作品）证明已掌握知识

03 **了解多动症**

对多动症理解深入，对多动症学生的表现和困难有预期

04 **细心**

能注意到学生落后并提醒家长，多动症学生遇到麻烦时可能忘记与家长沟通，所以这点十分重要

05 **愿意合作**

愿意和家长合作，家长要与所有老师保持密切联系

图5-1　选择教师特质偏好

家长需要预先掌握每位教师所偏好的沟通方式，并予以尊重。例如，部分教师会设定特定时段以供交流，而另一部分教师则倾向于通过电子邮件或手机短信进行沟通，亦有部分教师则对随时电话联系持开放态度。因此，建立与教师、学校行政和指导人员之间基于礼貌和相互尊重的合作关系至关重要。

中学阶段的挑战与应对

1. 应对更多课程与学习任务

进入中学阶段，儿童的课程与学习任务将会显著增多，对此，家长可以采取的措施包括以下三点。

（1）建立日常生活程序

开学前，家长可以与学校沟通，申请提前和儿童走一遍校园，为儿童设计每日的活动路线。用不同颜色标记教材和笔记本，方便儿童快速找到所需材料。

（2）寻找教练

在学校工作人员中，为儿童找一位教练或导师，如儿童喜欢的教师、班主任、辅导员或助理教师。教练可以帮助儿童在学校保持生活有条不紊，按时完成作业，领先课程进度。儿童和教练可以每天早晨和傍晚，或每周开始和结束时见面，确保若有问题能在萌芽阶段被发现。

（3）尽早规划大型作业项目

在儿童接受多学科教育的过程中，可能不会主动向家长汇报所有的家庭作业情况。因此，家长需要采取策略以确保对儿童每学期、每学年所面临的大型或复杂的作业项目有全面了解。对于患有 ADHD 的儿童而言，在进行长期规划和组织多项任务时会面临更多挑战，家长应与儿童共同制订计划，以防在截止日期临近时才发现任务未完成。

2. 解决写字和写作困难

多动症儿童在写字和写作方面困难较多，如笔迹难以辨认、不完整，标点不全，写作耗时久等。随着学习深入，儿童需培养快速将思考转移到纸上且不分心的能力。中学写作要求提高，可能会让儿童感到恐惧焦虑，家长可通过以下方式（见图 5–2）帮助儿童。

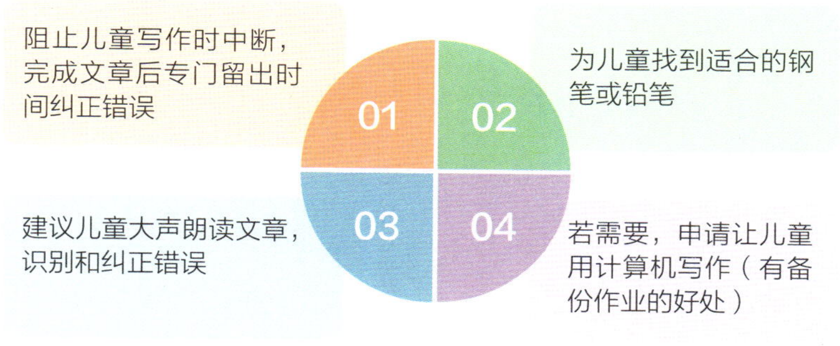

图5-2　解决写字和写作困难的具体方法

3. 设定合理期望

（1）对儿童的期望

儿童上中学，家长可向其说明必须按时完成作业，不拖沓；取得可接受的成绩，家长和儿童需共同定义“可接受成绩”，如天赋课程保持A，其他课程平均C。

（2）对家长的期望

家长要开始释放控制权，允许儿童犯错，理解多动症儿童从错误中吸取教训需更长时间，对儿童多些耐心，相信儿童最终能做到；当儿童证明能承担责任时，允许其多承担一点。

02 提早规划多动症儿童的高中生活

高中时期，多动症儿童面临的学习和社交挑战持续增加。与此同时，儿童的身体也开始经历激素变化和成长发育，然而若多动症仍影响其社会功能，那么在某些方面，多动症儿童的技能和能力发展会滞后于身体的快速变化。这一阶段也是儿童走向独立和自立的关键时期，对于多动症儿童而言，挑战更为艰巨，家长的任务不仅是助力儿童顺利度过高中，更要帮助其成长为成熟的个体。

助力儿童表达自我

1. 参与相关会面

从儿童进入高中起，应让其出席所有与自身问题相关的会面（涉及其他学生隐私等特殊情况除外）。鼓励儿童自己回答相关问题，逐渐适应并能独立参与此类会面。这能锻炼儿童表达自己需求和想法的能力。

2. 与教师沟通多动症情况

引导儿童与教师讨论自己的多动症是很好的练习。儿童需要提前准备好如何描述多动症对自己的影响，比如课堂上的表现、难以完成的任务以及有助于成功的方法。

当然，这要基于儿童多动症的严重程度及是否存在其他学习障碍，家长并非完全放手，而是在合适的时候给予儿童自主表达的机会，同时保持关注和支持。

与老师沟通多动症情况示例

“老师，我想和您聊件重要的事。我患有多动症，这是一种实际存在的障碍，我的大脑构造与其他人不同，导致我在注意力调整和记忆方面存在困难。有时课堂上我会走神，并非课程乏味或我不想学习，而是容易分心。去年语文课上，老师课前给我课堂讲义，测试时允许我放学后口头回答问题，对我帮助很大，因为书写长答案对我很难。我了解自己的情况，也知道哪些方法对我有帮助，我们能否一起合作，让多动症不影响我的学习成绩呢？”

图5-3　与教师沟通多动症情况示例

关注儿童睡眠问题

多数研究表明，青少年喜欢晚睡晚醒，但学校系统上课时间较早。而许多多动症青少年存在额外的睡眠困扰，难以让大脑平静入睡，夜里睡不安稳或常醒来，早晨感到疲倦。若儿童休息不好，将影响学习，下面提供一些改善睡眠方法（见图 5-4）。

01 设定合理就寝时间

和儿童一起商量，例如儿童可能在晚上 10：00 左右开始疲倦，但 11：00 后又精神起来，那么可以在 10：30-10：45 上床睡觉

02 避免睡前开启新事务

无论是学习还是娱乐，重要事务会让多动症儿童失去时间感，若被吸引，可能熬夜到很晚，所以在某个时间点后不要让儿童开始新事情

03 增加运动量

鼓励儿童参与骑自行车、游泳、放学后跑步等运动项目，消耗白天储存的能量，有助于晚上带着疲惫身体更好入睡

04 合理安排课程时间

与学校沟通，安排儿童日程，将非学习类课程（如体育、艺术、音乐）安排在早晨儿童从睡眠状态逐渐清醒的时间段，或者如果儿童下午精力下降，将此类课程安排在一天快结束时

图5-4　改善睡眠的方法

鼓励参与课外活动

课外活动是高中生活的重要组成部分，多动症儿童在与兴趣相投的同学相处中，有机会结交新朋友，获得归属感，释放学校积攒的能量，让生活更加平衡，满足他们总想做点事情的需求，参与活动的指导意见（见图 5–5）。

与教练或小组领导坦诚沟通　许多人不了解多动症，家长要让教练或小组领导知晓儿童的表现特点以及如何适时指导儿童

合理规划活动数量　每添加一项活动就增加了儿童需要记忆和安排的事情，鉴于多动症儿童不宜安排过多事务，家长在选择活动时要谨慎

合理规划活动数量　多动症儿童手眼协调能力往往不太发达，一些需要敏捷捕捉和投掷动作的团体运动项目（如棒球、篮球）可能具有挑战性，可能在强调运动技能的体育项目（如游泳、跑道赛跑）上更容易取得成功

选择合适运动或团队位置　若多动症对儿童损伤较严重，儿童难以对游戏规则或教练指示保持注意力，家长可与儿童讨论，鼓励选择更容易投入的运动项目或团队位置，如足球运动中，避免选择等待时间过长的守门员位置

探索多样化运动项目　定期进行日常活动有助于改善儿童睡眠和学校表现，若儿童对团队运动不感兴趣，家长可与儿童共同探索不同运动项目，建立亲子关系，例如滑板、滑旱冰、冲浪、武术（可帮助儿童发展纪律能力）等个人运动

图5–5　参与活动的指导意见

参与活动的指导意见

在众多家庭中，家庭作业引发的冲突最多，导致亲子关系紧张，充满争吵、

唠叨、恼怒等负面情绪。家长既想将作业责任交还儿童，又渴望帮助儿童规划合适的作业和学习安排，恢复家庭和谐，对此，可以尝试以下措施（见图 5–6）。

01 自主设置作业时间

让儿童自己设定每天做作业的时间，并借助手表闹钟、电脑提醒等工具坚持执行

02 设置专注学习区域

设置一个不易分散注意力的学习区域，若儿童年龄较大，在其能保持专注的前提下，可给予一定自主空间

03 优先解决困难作业

鼓励儿童在做作业时先解决更困难或自己最不喜欢的作业

04 组织学习小组

若儿童记不住作业，可尝试与未患多动症的朋友组成学习小组，帮助提醒作业并促进学习

05 合理安排休息时间

设定小目标（如阅读一节文章、回答 10 个问题），根据儿童状态决定是否继续，若不能则让其短暂休息

06 准备备用学习资料

若儿童常忘带书回家，可购买或租借一套教科书放在家里，部分教科书也可在网上找到电子版

07 不替代儿童完成作业

儿童遇到问题时可向家长求助，但家长只需检查作业是否完成，不要替其修改

图5–6　优化家庭作业和在家学习的安排的措施

额外帮助

如果多动症儿童即使遵循例行规矩却依然每晚需要好几个小时才能完成作业，这可能昭示着儿童需要额外的帮助。

1. 聘请家庭教师

若经济条件允许，聘请家庭教师对多动症儿童来说通常是不错的选择。一对一指导能帮助儿童保持专注，交流讨论学习材料也是有效的学习方法。教师、专业教育人士是最佳人选，特殊邻居或大学在读生也可能成为优秀家庭教师，这些人能与儿童建立亲密关系，挖掘儿童价值，帮助发挥能力，同时家长也可避免充当逼迫儿童做作业的“坏人”角色。

2. 申请特殊教育计划

若儿童因作业量太大总是花费很长时间完成作业，家长可与教师沟通，通过适当申请，儿童可能有资格获得特殊教育设施和服务，例如，在证明掌握学习概念的情况下，只完成作业中题号为偶数的问题。

3. 延长作业截止日期

儿童可能偶尔需要额外时间完成作业，若这是其特殊教育计划的一部分，则可使用该服务。但需强调，延长截止日期应为例外情况，避免多动症儿童因拖延导致作业积压过多。

03 没错！多动症儿童也能正常上大学

当儿童步入高中阶段，家长和儿童都应将目光从当下转移到未来，包括大学选择、职业方向以及人生规划。这是拓宽视野、探索新领域的关键时期。在高中，儿童有机会自主选择课程，开始思考未来上哪所大学，甚至思索未来的谋生之道。在这一过程中，儿童不仅需要家长的悉心指导，还需要其他有识之士经验的分享与建议。

尽早规划大学选择

一般来讲，高中阶段，家长和儿童就可以尽早对大学的选择进行规划了。

树立目标与动力 1

鼓励儿童从高中新生阶段就尽早考虑大学选择。让儿童感受到家长的支持，这有助于他们明确目标，牢记高中持续努力学习的意义

理性筛选目标院校 2

不必让儿童一下子列出30所大学，可引导其列出十多所理想院校。和儿童客观、实际地探讨对这些学校感兴趣的原因。同时，家长要和儿童一起与高中辅导员预约时间，共同探讨儿童进入理想大学所需做的准备

图5-7 规划大学选择的具体措施

实地体验大学氛围

带儿童尽可能多地访问大学校园。在校园里漫步，坐在大学教室里感受学习氛围，或者与在校学生交流，都能让儿童认识到大学并非高中的简单延续，而是一个全新的世界，需要掌握不同以往的新技能。这种实地体验能帮助儿童提前做好心理准备，明确自己未来努力的方向。

培养必备生活技能

为了让儿童能顺利适应大学生活甚至未来独立生活，家长要着手培养儿童的生活技能。例如，教儿童如何自己洗衣服，让儿童学会独立去政府机构办理相关手续。这些看似琐碎的生活技能，却是儿童在大学及以后生活中必须具备的，能够帮助其更好地照顾自己，独立面对生活中的各种事务。

引导合理选择高中课程

患有多动症的青少年有时做决定较为冲动。可能会因为好朋友选择了某门课程，而自己也跟风选择，并非出于对课程本身的兴趣。然而，在高中阶段，儿童对课程的选择将直接影响他们进入大学的可能性，以及能否进入自己心仪的大学。因此，家长要帮助儿童理解如何做出明智且有助于长期目标实现的决定，引导他们基于自身兴趣、能力以及未来规划来选择高中课程，为进入理想大学奠定坚实的基础。

04 如何破解儿童的学习难题

儿童时期多动症常表现为活动过度、注意力分散、冲动等。到了少年期，这些症状虽不再突出，但出现了新的学习障碍。此时，多动症儿童主要面临的是注意力集中困难的问题，他们专注力差，思维难以自控，常浮想联翩，对环境中的细微视听刺激敏感，难以排除干扰。在与人交流时，也会心不在焉、心神不宁。从而导致其思想混乱、焦虑不安，多种因素交织，最终使得学习成绩下滑。对此，可以采取以下三种措施。

提升主动注意力

少年期儿童思维活跃且跳跃，相比其他年龄段，集中注意力更为困难。为帮助这类儿童，需从以下方面着力提高儿童的主动注意力。

1. 制定弹性功课时间表

在家中，父母可协助儿童制定功课弹性时间表，明确规定在什么时间完成什么作业，将学习任务量化，避免学习计划杂乱无章（见图 5-8）。

01 安排儿童晚上 7 点至 8 点完成数学作业，让儿童在这个时间段内专注于数学题的解答，培养其在固定时间专注完成单一任务的能力

02 8 点 15 分至 9 点 15 分做语文作业，合理分配时间给不同学科，使儿童的学习节奏更清晰

图5-8 制作弹性功课时间表示例

2. 利用闹钟强化观念

给儿童准备一个小闹钟，设定好完成任务的时间节点，闹钟一响，儿童就必须完成规定任务，以此消除儿童“随时都能做”的松懈心理（见图 5-9）。

若儿童做一套英语试卷，规定 90 分钟完成，将闹钟设置为 90 分钟后提醒。当闹钟响起，无论儿童是否完成，都要停下手中的笔，让儿童逐渐适应时间限制，提高效率

图5-9　利用闹钟强化观念示例

3. 及时给予奖励激励

当儿童按时完成任务时，家长要及时给予奖励（见图 5-10）。

01 一个温暖的拥抱，让儿童感受到父母的认可和爱意

02 一句真诚的夸赞，如“宝贝，你今天按时完成作业，做得太棒了，妈妈 / 爸爸为你骄傲”

03 满足儿童一个小愿望，例如儿童想要一本心仪的漫画书，在其按时完成作业后可以购买给他。通过这些奖励方式，激发儿童的学习热情，增强自信心

图5-10　奖励激励内容示例

减少干扰因素

喧闹嘈杂的环境极易让儿童分心，致使他们难以将精力集中在学习上。基于此，可从以下方面优化学习环境。

1. 学校座位安排沟通

父母应根据儿童的实际状况与老师沟通，请求老师调整儿童座位安排（见图5–11）。

01 安静区域，如教室角落远离走廊、窗户等嘈杂位置的地方，减少外界干扰对儿童的影响

02 靠近老师的位置，方便老师在课堂上随时监督与指导，当儿童出现注意力不集中的情况时，老师能及时提醒

图5–11　座位安排

2. 家庭环境降噪处理

若外界环境过于嘈杂，必要时可采取以下措施（见图5–12）。

关闭门窗，减少外界干扰。例如在儿童学习时，将家中朝向街道的窗户关闭，降低马路上车辆行驶声、人群嘈杂声的传入

倘若儿童居住在临街嘈杂的住宅，条件允许的话，还可为儿童的学习房间安装隔音装置，如隔音窗帘、隔音墙板等，营造安静环境，提高儿童专注力

图5–12　降噪处理措施

3. 营造家庭学习氛围

在儿童学习期间，家长要为其打造安静舒适的氛围（见图5–13）。

01 杜绝大声喧哗，家长避免在家开展打麻将、朋友聚会等类似活动，防止这些活动产生的噪声分散儿童注意力

02 杜绝大声喧哗，家长避免在家开展打麻将、朋友聚会等类似活动，防止这些活动产生的噪声分散儿童注意力

03 全家一起读书学习，为儿童树立榜样，营造良好的学习环境。比如晚上 7 点至 9 点，全家都坐在客厅，各自阅读书籍或学习工作，让儿童沉浸在浓厚的学习氛围中

图5-13　营造家庭学习氛围的措施

组建互助小组

儿童学习成绩下降，多数并非因为智力问题，而是多种因素导致。为帮助儿童，可以组建互助小组。

1. 了解儿童的困难并沟通

家长切勿强迫儿童掌握所有知识，而是要与儿童深入沟通，了解儿童的想法和学习困难。例如耐心询问儿童在学习中遇到了哪些难题，是某个学科的知识点理解困难，还是作业太多导致压力大，之后多与老师交流，将儿童在家中的学习情况反馈给老师，同时了解儿童在学校的表现，共同探讨帮助儿童的方法。

2. 请求老师安排互助同伴

安排儿童喜欢、崇拜且行为习惯良好的同学与其同桌，例如，儿童很崇拜班级里成绩优异且乐于助人的班长，可请求老师让班长与儿童成为同桌，方便班长在学习上给予其帮助和榜样示范，针对其尚未掌握的知识，同学之间互帮互助。又如在课后，同桌可以帮助儿童复习当天老师讲的重点知识，检查儿童的作业并给予指导。

3. 避免不当指责儿童

家长切忌一味指责儿童学习不用心、上课不专心，这种做法不仅无法改善儿童的学习成绩，还会严重打击儿童的自尊心和自信心，让儿童觉得自己很失败，对学习失去信心，甚至导致儿童产生厌学情绪，一提学习就抵触，不愿去学校。

05 如何提升儿童的社交技能

少年期儿童本身情绪就比较不稳定，容易激动，情绪波动大，自我控制力欠佳，有着独立思想，反感大人干涉，常我行我素。在这一时期，部分儿童缺乏正确的是非观，可能出现攻击违抗行为。儿童解决和处理事情的能力较弱，一旦遭遇挫折或意外打击，就容易产生悲观失望、消沉的情绪。儿童也不乐意听从家长的安排，由此极易引发家庭矛盾。同时，在社交方面，儿童不善于运用良好的沟通技巧与人交流，因而容易被孤立，不受他人喜爱，陷入社交困境，对此，解决措施有如下三种。

培养情绪管理能力

1. 家长理性应对与沟通

当儿童产生负面情绪时，家长务必保持冷静、沉稳。先深入分析儿童情绪产生的原因，例如儿童因考试成绩不理想发脾气，可能是对自己期望高、害怕被批评等。待儿童情绪冷静后，与儿童真诚沟通，共同探讨解决难题的办法，引导儿童走出负面情绪。家长要杜绝过度责骂和棍棒教育，以免加重儿童的逆反心理。

2. 引导与规范负面情绪

针对儿童情绪不稳定、易激惹、脾气大、性格固执、不听劝导等负面情绪表现，家长一方面要忽略一些非原则性的小情绪发作，避免过度反应强化儿童的不良行为；另一方面要对损害他人利益的行为坚决制止。必要时，制定清晰的惩罚方案，如儿童故意损坏他人财物，需用自己零花钱赔偿并道歉，且一周内禁止玩电子游戏，同时要求儿童严格按照奖惩制度执行。

3. 培养积极情绪与联系

家长可以通过多种方式培养儿童积极乐观的情绪。日常多与儿童深入沟通交流，采用民主、开放的教育方式助力儿童学会管理和控制情绪。

01
杜绝大声喧哗，家长避免在家开展打麻将、朋友聚会等类似活动，防止这些活动产生的噪声分散儿童注意力

02
必要时，关闭电视、电脑等可能干扰儿童学习的电子产品，减少视觉和听觉诱惑

03
全家一起读书学习，为儿童树立榜样，营造良好的学习环境。比如晚上7点至9点，全家都坐在客厅，各自阅读书籍或学习工作，让儿童沉浸在浓厚的学习氛围中

图5-14　培养积极情绪与联系的具体措施示例

提升沟通与交往能力

1. 剖析问题并引导认知

对于儿童脾气大、固执、我行我素、以自我为中心、不顾及他人感受和利益等导致社交困难的问题，家长要针对性地帮助儿童。在儿童发脾气前，和儿童一起分析事情对错，并引导正确的认知。

例如，儿童因同学不同意自己的游戏提议而生气，此时家长要引导儿童思考同学不同意提议的可能原因，让儿童正确认识事物，辨清是非，逐步学会虚心听取意见，不再一味按自己方式行事

图5-15　剖析问题并引导认知示例

2. 培养共情能力与交友能力

家长要培养儿童多替他人着想的意识，例如在儿童与朋友发生矛盾时，引导儿童站在朋友角度思考感受。鼓励儿童多结识新朋友，可通过参加兴趣班，如绘画班、篮球班等，为儿童创造交友机会。同时，家长要传授儿童与人交往技巧，如教儿童如何真诚赞美他人、学会倾听他人讲话等，让儿童在交往中体会乐趣，珍视友谊。

营造和谐的家庭氛围

1. 家庭氛围的重要性

儿童大部分时间与父母共同生活，父母和儿童的关系对儿童健康成长以及家庭和睦起着关键作用。良好的家庭氛围能极大促进儿童的身心发展，父母是儿童认知行为的重要榜样，其行为潜移默化影响儿童。

2. 化解矛盾

违抗执拗的多动症儿童更易与父母起冲突，面对这种情况，家长在解决家庭矛盾时要冷静对待儿童的不服从。耐心引导教育，例如儿童拒绝完成家务，家长先心平气和询问原因，再合理沟通解决。家长要以身作则，学会倾听儿童心声，帮助儿童克服心理障碍，营造和谐家庭环境，为儿童社交能力的提升提供坚实的后盾。

06 少年期并发情绪障碍怎么办

据调查，多动症儿童在少年期并发情绪障碍（如焦虑、抑郁）的比例正显著上升。

具体表现

1. 情绪状态异常

情绪低落，时常处于过分焦虑、担心的状态。例如，儿童可能会对日常小事过度担忧，像担心明天的天气不好会影响出行计划，即便这件事对生活影响极小。

2. 生理和生活习惯改变

食欲减退，原本正常的饮食量明显减少；睡眠方式出现问题，可能早醒（比正常起床时间提前很久醒来且难以再次入睡），也可能失眠（长时间无法进入睡眠状态），或者睡眠过多（超出正常所需睡眠时间）。

3. 兴趣缺失与认知偏差

对曾经感兴趣的活动失去兴趣，如原本喜欢绘画、踢球，现在却提不起兴致参与。同时，感觉自己无用，严重者甚至会产生自杀倾向，这是极为危险的信号。

解决措施

1. 化解心理应激因素

（1）关注与沟通

少年期儿童具有独立思考能力，但对事物的全面认识尚不完善，处理问题能力不足但又不愿求助父母。加上繁重的任务、学习的压力以及不善沟通，这些问题就容易引发心理障碍。家长需密切留意儿童行为上的异常，以恰当的方式主动且频繁地与儿童沟通交流。比如，每天安排专门时间，如晚餐后半小时，与儿童谈心，询问学校生活、朋友相处等情况。

（2）分析与引导

一旦发现儿童存在心理问题，家长要深入挖掘原因。例如，若儿童因学习成绩不理想而焦虑，家长应与儿童一起分析学习困难的科目、具体知识点，帮助儿童形成积极乐观心态。还要引导儿童正确处理问题，如教儿童制订学习计划、寻求教师同学帮助等。

2. 综合运用支持、认知的心理治疗与行为干预

（1）优化家庭环境与教育方式

针对儿童的行为心理问题，家长要积极营造良好的家庭氛围，摒弃不良家庭环境或教育因素。采用民主、和谐的教育方式，避免对儿童期望值过高，不过分干涉儿童的事务，不因儿童犯错而进行过度的责骂和惩罚，以免给儿童造成心理压力。

（2）榜样示范与信心重建

家长要调整自身心态，教育儿童循序渐进，为儿童树立良好的榜样。例如，家长在面对工作困难时，积极应对、不抱怨，儿童也会受到潜移默化的影响。还要帮助儿童重新树立信心，提升自我认知，完善处理事情的方法。例如，鼓励儿童参与力所能及的家务劳动，完成后给予肯定，增强其成就感。

3. 药物治疗与家庭护理

（1）科学药物治疗

当儿童的情绪障碍对社会功能产生明显影响，如在学校学习困难、缺乏自尊、与人沟通困难时，可在专业医生的指导下进行药物治疗。家长对多动症儿童药物治疗的诸多方面，如是否用药、疗效、副作用及药物依从性等存在担忧，此时可向专业医生求助，严格听从医生指导，定期随访。

用药规范

了解药物服用的方法、时间、禁忌，密切观察儿童服药期间的不良反应与戒断症状。不能擅自中断用药，也不能自行前往非正规药店购买药物服用。药物治疗一般适用于 6 岁及以上儿童，但作为第一类精神药品，每次处方的药物量不得超过 7 日用量。建议每周前往专业医疗机构进行剂量调整，并严格按照医生开具的剂量服用，切勿自行更改剂量

不良反应应对

药物不良反应包括头痛、胃痛、食欲不振、失眠、症状加重、无力、高血压、恶心、呕吐等。服药期间密切观察儿童的症状表现，一旦出现异常，及时找专业医生调整或停药

图6-16　药物治疗家长的注意事项

（2）贴心家庭护理

若儿童有睡眠障碍，家长要合理安排固定作息时间，帮助儿童形成规律生物钟。对于入睡困难儿童，让其有困意再上床，减少在床上无效停留时间。营造安静、舒适、黑暗且温度稍低的卧室环境，避免儿童饮用咖啡、茶等刺激性饮料，睡前保持平和心态，避免剧烈运动，引导儿童放松心情入睡。家长切不可因药物有一定影响就自行停药，务必遵循医生指导，安全、合理用药。

07 重视物质滥用、沉迷网络、青少年犯罪

少年期的儿童本身求知欲比较旺盛、好奇心强，热衷于追求新鲜刺激的事物。但同时儿童的心理成熟度较低，难以辨别是非，极易受到他人行为的影响。这使得少年期儿童，尤其是多动症儿童，面临诸多严重的问题（见图 5-17）。

制定规则	多动症儿童或自制力薄弱，或有很多并发的情绪问题，容易产生物质滥用行为，包括吸烟、酗酒甚至吸毒等。这些行为严重损害儿童的身体健康，影响其正常成长发育
网络成瘾	在现代信息化普及的背景下，多动症儿童由于自制力差，极易沉迷网络游戏，部分儿童甚至沉溺于浏览不良网站。这不仅会对儿童的视力、身体造成伤害，还会扭曲儿童的价值观和认知，影响心理健康
青少年犯罪	多动症儿童受激惹后易冲动，心理叛逆，行事大胆且不计后果。儿童对抗违逆行为突出，难以听从父母、教师的教导，与同伴关系不融洽。易结交社会无业闲散人员，会模仿不良行为习惯，如打架斗殴、争强好胜、欺负弱小，甚至发展到偷盗、抢劫等犯罪行为，对社会和谐与家庭和睦造成极大冲击，且严重影响儿童自身的未来发展

图5-17　少年期多动症儿童易面临的问题

物质滥用

1. 加强宣传教育与心理疏导

针对儿童物质滥用问题，最有效的手段是强化抵制滥用物质的宣传和教育。深入探寻儿童物质滥用的根源，缓解其心理负担，积极开展心理疏导工作（见图 5-18）。

01 通过真实案例、科普视频等方式，向儿童全面剖析吸烟、酗酒、吸毒的严重危害，让儿童对这些不良行为有正确、深刻的认识，从而抵制诱惑

02 培养儿童良好的自制力，教导儿童在遇到困难时，及时寻求帮助，杜绝自暴自弃、自我逃避的行为，绝不能为寻求刺激、获得同伴认可而轻易尝试不良物质

图5-18　加强宣传教育与心理疏导具体做法示例

2. 家长以身作则

父母作为儿童最亲近的人，其行为举止对儿童有着深远影响。家长要以身作则，为儿童树立良好榜样，坚决不在儿童面前吸烟、酗酒，营造健康的家庭环境。

3. 积极干预戒除

对于已经存在物质滥用问题的儿童，家长要以积极、耐心的态度介入。可寻求专业心理咨询师或相关机构的帮助，制定个性化的戒除方案，引导儿童树立正确的人生观，逐步戒除物质依赖。

网络成瘾

1. 改善家庭教育与沟通

家长不正确的教育方式、父母关系破裂、单亲家庭、亲子间沟通匮乏、学习任务繁重等因素，都会导致儿童情绪波动，促使他们逃避现实，沉迷虚幻的网络世界。儿童要改善教育方式，加强与儿童的沟通交流。

2. 合理管控上网行为

与儿童协商，制定上网规则，如规定每周使用电脑时间，平日每天不超过 1 小时，周末累计不超过 4 小时。同时，利用网络管控工具，对儿童上网内容进行严格监控，严禁儿童浏览不良网站。

3. 心理支持与现实关系构建

对于因心理负担重而借助网络寻求慰藉的儿童，家长要给予充分的心理疏导，多关注儿童，善于发现其优点和特长，及时肯定鼓励。家长要切实承担起陪伴责任，避免随意谴责、打骂儿童，帮助儿童在现实世界中建立良好的同伴关系，获得稳定的安全感和亲密感，从而减少对网络的依赖。

青少年犯罪

1. 及时干预不良行为

研究显示，多动症儿童在少年期青少年犯罪比率显著提高。家长一旦发现儿童出现对抗违逆、与同伴不和、结交不良人员、打架斗殴等不良行为，要及时干预制止。

2. 营造和谐家庭环境

对于独生子女，家长不能溺爱，家庭成员应统一教育原则，共同营造和谐的家庭氛围，杜绝家庭内部暴力。

3. 规范活动环境与行为

家长要避免儿童出入歌舞厅、游戏机室等容易滋生不良行为的场所，对网络和电视内容进行筛选，防止儿童接触有暴力倾向的影视作品。制定明确的奖惩制度，对儿童的良好行为给予鼓励，对容易引发不良后果的行为严厉制止。若儿童问题较为严重，必要时可考虑送儿童进入特殊学校接受专业管制和教育。

08 少年期行为训练游戏

游戏1 健身计划坚持

目标：提高身体素质，培养坚持锻炼的毅力。

时间：30 ~ 60 分钟。

步骤：和儿童一起制订健身计划，包括每周的锻炼次数、锻炼项目和锻炼时间等。儿童按照健身计划坚持锻炼一周，家长给予鼓励，如"你坚持健身，毅力很强，身体会越来越棒"，并奖励一定数额的代币（一般奖赏）。连续坚持 1 个月，可兑换一次购买健身器材或运动装备的机会（物质奖赏）。

家长辅助

家长每天监督儿童的锻炼情况，给予鼓励和支持，定期与儿童一起评估健身效果，根据儿童身体状况调整健身计划。

游戏2 体育项目挑战

目标：提升注意力、身体素质和运动能力。

时间：每天 30 ~ 60 分钟。

步骤：选择一个体育项目，如篮球、足球、羽毛球等。家长和儿童制订一个训练计划，在规定时间内完成一定的训练任务，如投篮命中率、足球传球准确率等。

家长辅助

家长在训练前，向儿童讲解体育项目的规则和技巧，在训练过程中，鼓励儿童坚持训练，提高身体素质和运动能力，同时培养儿童的注意力和专注力。

游戏3 学习计划执行契约挑战

目标：培养自主制订和执行学习计划

的能力，提升学习的自律性和条理性

时间：30 ~ 45 分钟。

步骤：与儿童共同制订一份详细的学习计划，涵盖每日的课程预习、复习、作业完成时间以及周末的学习安排等。签订契约，明确若儿童能连续一周按照计划执行，且各项学习任务完成质量达标，可获得相应数量的代币。家长协助儿童分析学习计划的可行性，并提供必要的学习资源和工具，如学习资料、学习软件等。

家长辅助

家长定期检查儿童的学习计划执行情况，及时给予鼓励和指导。当儿童遇到困难或出现偏差时，与儿童一起分析原因，调整计划。记录儿童的学习进度和成果，根据契约发放代币。

游戏4 语言学习挑战契约

目标：提高语言学习能力和学习动力，培养坚持学习的习惯。

时间：30 ~ 45 分钟。

步骤：如果儿童正在学习一门外语，和儿童签订契约，规定每天要完成一定的学习任务，如背诵单词、练习口语、阅读文章等。儿童完成学习任务，并在定期的测试中取得进步，可获得代币。家长可以为儿童提供一些语言学习的资源和工具，如学习软件、教材等。

家长辅助

家长每天监督儿童的语言学习情况，帮助儿童解决学习中遇到的问题。定期与儿童一起复习和总结，对儿童的学习进步给予肯定和奖励。

游戏5 复杂拼图挑战

目标：锻炼空间注意力和耐心。

时间：30 ~ 60 分钟。

步骤：准备一幅有 500 片以上的复杂拼图，主题可以是世界名画、著名建筑等。让儿童独自完成拼图，记录完成时间。

家长辅助

家长在儿童开始拼图前，帮助儿童制订拼图计划，如先拼边框等。在儿童遇到困难时，鼓励儿童不要放弃，提供一些拼图技巧和思路，但不要直接帮忙完成。

游戏6 地理知识竞赛

目标：增强注意力、地理知识和学习兴趣

时间：30 ~ 45 分钟。

步骤：收集一些地理知识题目，涵盖自然地理、人文地理等方面。家长和儿童进行地理知识竞赛，在规定时间内，看谁答对的题目多。

家长辅助

家长在竞赛前，帮助儿童复习地理知识，整理重点内容，在竞赛过程中，鼓励儿童积极思考，回答问题，对儿童的正确回答给予肯定和奖励，激发儿童的学习兴趣。

游戏7 逻辑推理谜题竞赛

目标：培养注意力和逻辑思维能力。

时间：30 ~ 45 分钟。

步骤：收集或编写一些逻辑推理谜题，如“谁是凶手”“谁在说谎”等类型的题目。家长和儿童同时开始解题，在规定时间内，看谁解答的题目多且正确。

家长辅助

家长在儿童解题前，讲解一些常见的逻辑推理方法和技巧，在儿童解题过程中，若儿童思路受阻，给予适当提示，引导儿童自己找到答案。

游戏8 化学实验探究

目标：培养注意力、观察力和科学实验能力。

时间：根据项目进度，持续数周。

步骤：选择一个化学实验课题，如“酸碱中和反应”“金属的活动性顺序”等。儿童在家长的陪同下，在实验室进行实验操作，观察实验现象，记录实验数据，并分析实验结果。

家长辅助

家长在实验前，向儿童讲解实验的原理、步骤和安全注意事项，检查实验设备和药品的安全性，在实验过程中，引导儿童仔细观察实验现象，正确记录数据，培养儿童的科学实验能力。

游戏9 模型制作挑战

目标：训练注意力、动手能力和空间想象力。

时间：根据项目进度，持续数周。

步骤：选择一个模型制作项目，如飞机模型、建筑模型等。儿童根据模型制作说明书，使用相应的材料和工具，完成模型制作。

家长辅助

家长在儿童制作前，帮助儿童准备好材料和工具，向儿童讲解制作步骤和技巧，在儿童制作过程中，给予指导和帮助，鼓励儿童克服困难，提高动手能力和空间想象力。

游戏10 思维导图绘制

目标：提升注意力、思维组织能力和信息整理能力。

时间：30 ~ 45 分钟。

步骤：选择一个主题，如“我的兴趣爱好”“学科知识总结”等。让儿童使用思维导图软件或手绘思维导图，将与主题相关的信息进行整理和分类，构建一个清晰的知识框架。

家长辅助

家长可以向儿童介绍思维导图的绘制方法和技巧，在儿童绘制过程中，引导儿童合理安排布局，突出重点信息，帮助儿童完善思维导图。

游戏11 时间管理达人契约

目标：提高时间管理能力，合理安排学习、社交和娱乐时间。

时间：30 ~ 45 分钟。

步骤：和儿童一起制定一周的时间管理表格，将每天的时间按照学习、休息、社交、兴趣爱好等活动进行合理分配。签订契约，儿童每天严格按照时间表执行，完成所有任务可获得代币。家长可以引导儿童使用时间管理工具，如手机应用程序、日程本等。

家长辅助

家长每天检查儿童的时间管理执行情况，提醒儿童按时完成各项任务。对儿童合理的时间安排和高效的执行，家长要给予肯定和奖励，帮助儿童不断优化时间管理策略。

游戏12 情绪管理高手契约

目标：提升情绪识别和管理能力，学会控制冲动情绪。

时间：情绪爆发及平复后沟通时间。

步骤：开展“情感名称游戏”，让儿童每天记录自己产生的不同情绪，分析情绪产生的原因以及自己的应对方式。每天晚上，家长和儿童一起回顾当天的情绪记录，引导儿童正确认识和表达情绪。儿童成功控制住冲动情绪，避免不良行为发生，可获得额外的代币奖励。

家长辅助

家长在儿童记录情绪时，鼓励儿童真实、全面地表达自己的感受。在回顾讨论时，引导儿童思考更有效的情绪管理方法，培养儿童的情绪调节能力。

游戏13 心理调适策略训练

目标：提升在情绪管理中的策略思考和自我控制能力，避免冲动情绪。

时间：情绪爆发及平复后沟通时间。

步骤：通过模拟一些情绪场景，如考试失利、与朋友争吵等，让儿童学会运用心理调适策略，如情绪识别、情绪表达、情绪调节等。家长先示范如何运用这些策略应对不同的情绪场景，在儿童模拟过程中，引导其冷静思考，避免冲动做出过激反应。

家长辅助

家长在模拟情绪场景前，向儿童介绍一些基本的心理调适知识和方法；在模拟过程中，对儿童的表现进行点评和指导，帮助儿童提高情绪管理能力；当儿童出现冲动情绪时，及时给予帮助和引导，让其学会控制情绪；组织儿童进行情绪管理经验分享和交流，提高儿童的心理素质。

游戏14 亲子关系矛盾化解

目标：改善亲子关系，提高解决亲子矛盾的能力

时间：情绪爆发及平复后沟通时间。

步骤：儿童和家长分别把在亲子关系中遇到的矛盾，如沟通不畅、观念冲突等写在纸条上，放入袋子。抽出纸条后，进行木偶角色扮演，模拟解决矛盾的场景，尝试通过沟通、理解等方式化解矛盾。

家长辅助

家长在游戏中，要放下家长的架子，平等地与儿童交流，引导儿童表达自己的想法，对儿童提出的合理建议要积极采纳。

游戏15 不随意发脾气

目标：减少儿童因小事随意发脾气、情绪失控的行为。

时间：情绪爆发及平复后沟通时间。

步骤：儿童发脾气，家长不立刻安抚，让儿童自己冷静。等儿童情绪平复，和儿童一起分析原因，寻找解决办法。当儿童控制住情绪，没有随意发脾气，给予赞扬，如“你这次控制住情绪，成熟了很多”，并奖励一次购买喜欢物品的机会（合理范围内）。

家长辅助

家长在儿童发脾气时，保持冷静，引导儿童自我调节情绪。当儿童控制情绪，及时给予肯定和奖励。

游戏16 团队项目策划竞赛

目标：提升团队协作中的策略制定和自我控制能力，避免冲动行事。

时间：相关活动场景。

步骤：设定一个团队项目主题，如“校园文化节策划”“社区公益活动组织”等。将儿童和其同龄人分成若干小组，家长先示范如何进行团队分工、制定项目计划、确定活动流程和资源分配等策略。各小组在规定时间内完成项目策划方案，并进行展示和评比。家长在各小组讨论过程中，引导儿童学会倾听他人意见，冷静思考，避免冲动发言和决策。

家长辅助

家长在各小组讨论和策划过程中，提供必要的指导和建议，帮助解决遇到的问题；鼓励儿童积极参与团队讨论，合理表达自己的观点；对各小组的优秀策划方案和团队协作表现给予肯定和奖励；适当调整项目难度和评分标准，激发儿童的竞争意识和团队合作精神。

游戏17 团队项目冲突解决

目标：锻炼解决团队项目中冲突的能力，提高团队协作能力。

时间：相关活动场景。

步骤：儿童把在学校或社团团队项目中遇到的冲突，如分工不合理、团队成员消极怠工等写在纸条上，放入纸箱。家长也写下相关问题。抽出纸条后，进行木偶角色扮演，模拟解决冲突的场景，尝试通过沟通、调整分工等方式解决问题。

家长辅助

家长在游戏中，引导儿童学会倾听他人意见，合理分配任务，对儿童提出的有效解决办法给予鼓励。

游戏18 户外探险策略制定

目标：培养在户外探险中的冷静思考和策略运用能力，避免冲动行动。

时间：相关活动场景。

步骤：选择一个适合的户外探险场地，如公园、郊外等。家长先向儿童介绍户外探险的基本知识和安全注意事项，示范如何制定探险路线、识别地图、应对突发情况等策略。然后和儿童一起进行户外探险，在探险过程中，引导儿童根据实际情况灵活运用策略，避免冲动行事。

家长辅助

家长在户外探险前，准备好必要的装备和物资；在探险过程中，密切关注儿童的行为，当儿童有冲动冒险的行为时，及时制止并提醒其注意安全；对儿童的正确决策和策略运用给予肯定和鼓励；适时设置一些突发情况，锻炼儿童的应变能力。

游戏19 旅行情感记录与分享

目标：在旅行中记录情感变化，提升情感感知和表达能力。

时间：相关活动场景。

步骤：安排一次旅行，让儿童在旅行过程中，通过写日记、拍照、绘画等方式，记录自己在不同地点、不同活动中的情感变化。旅行结束后，儿童整理自己的记录，制作成一份旅行情感报告，向家长和小伙伴分享自己在旅行中的情感体验和收获。

家长辅助

家长在旅行前，提醒儿童做好记录准备；旅行过程中，鼓励儿童用心感受和记录情感；整理报告时，帮助儿童筛选和整理资料，提供一些报告制作的建议；分享时，组织大家一起倾听和讨论，肯定儿童的努力和收获。

游戏20 社交网络问题应对

目标：培养解决社交网络问题的能力，树立正确的网络社交观念。

时间：30 ~ 60 分钟。

步骤：让儿童把在社交网络上遇到的问题，如网络暴力、隐私泄露等写在纸条上，放入盒子。家长也写下类似问题。从盒子里抽出纸条后，和儿童进行木偶角色扮演，模拟应对网络不良行为的场景，思考如何维护自己的权益和良好的网络社交环境。

家长辅助

家长在游戏中，讲解网络社交的安全知识和法律法规，引导儿童正确处理网络社交问题，对儿童的合理应对方式给予认可。

青蓝